Leer levantando la cabeza

María Claudia Otsubo

Otsubo, María Claudia
Leer levantando la cabeza / María Claudia Otsubo ; ilustrado por Dolores Lohfeldt.- 1a ed.- San Martín : Uuirto, 2022.
370 p. : il. ; 23 x 15 cm.

ISBN 978-987-48546-6-7

1. Escritura. 2. Lectura. 3. Literatura. I. Lohfeldt, Dolores, ilus. II. Título.
CDD 807

www.uuirto.com
info@uuirto.com

Quedan hechos los depósito que previenen las leyes 11723 y 23412

Impreso en el mes de septiembre de 2022 en Docuprint, Panamericana km 37.5, ramal Escobar, Parque Industrial Garín, Lote 3, Pcia de Bs. As.

A Ringo, Thaís, Paloma y Camelia

ESCRIBIR

Acomodo los pequeños almohadones que protegen mi espalda, pongo música, por lo general la selección es ecléctica, aunque siempre regreso en algún momento a Bill Evans o a Erik Satie, y comienzo a escribir.
Libero el movimiento de las manos, que se deslizan por la línea de la hoja o por la línea vertical que titila sin desfallecer en la pantalla -no existe ya diferencia entre una y otra respiración- para continuar el impulso que le sigue al ritual primero de la escritura.
Mi ritual de escritura.
Para escribir.
Escribir, como reitera Marguerite, regresando una y otra vez a la razón de su existencia para poner de relieve su significancia.
Escribir.
Porque la escritura es la conversación, el diálogo que establezco con el afuera que me conmueve a partir de una interioridad que se ve impelida a manifestarse.
Algunas veces las palabras se trenzan en el relato o dan lugar a la crónica; en otras alcanza la melodía gozosa del poema.
De eso trata.
De escribir.
Procurando de algún modo, así, lo inasible.

Escribir en viaje

"Viajamos, algunos para siempre, en busca de otros estados, otras vidas, otras almas", escribió Anaïs Nin.
Emprendo un viaje al iniciar una nueva lectura. Atravieso el umbral y me asomo a otra realidad, un no-lugar personal, un universo tan fascinante como misterioso que me brinda la certeza de que es posible experimentar otras vidas cuando la real parece no alcanzar.
En este libro, quiero compartir las lecturas por las que me he desplazado en estos últimos años. Fueron vividas de ese modo, como un viaje, en especial las transitadas entre 2020 y 2021, quizás por esa ansía de salir a caminar, tan

condicionada por la extendida cuarentena que impuso el COVID 19.
En cada una de ellas, como en tantas otras anteriores, me reconocí en un mismo gesto, sobre el que tan bellamente ha escrito Roland Barthes en *El susurro del lenguaje*[1]:

> ¿Nunca os ha sucedido, leyendo un libro, que os habéis ido parando continuamente a lo largo de la lectura, y no por desinterés, sino al contrario, a causa de una gran afluencia de ideas, de excitaciones, de asociaciones? En una palabra, ¿no os ha pasado nunca eso de leer levantando la cabeza?

Entonces poder escribir que:

Cuando eso sucede,
y los ojos
imprimen
su gesto
al resto del cuerpo,
y la mano
(o tal vez
tan solo
el leve roce)
se detiene
en la letra,
es que
la lectura
se extiende
como esa playa,
sin horizontes.
Cuando eso sucede
es porque
la palabra
como el pájaro
en mi ventana
ha alzado vuelo.

---

[1] Barthes, Roland, *El susurro del lenguaje, Más allá de la palabra y la escritura*, Ed. Paidós, Barcelona: 2009.

ESCRITORAS PERDURABLES

El 16 de julio de 1920 fallece en Brasil Elizeth Moreira Cardoso, conocida como *la Divina*, considerada una de las mayores intérpretes de la música brasilera.

La escucho mientras escribo en este punto del recorrido por algunas escritoras que he estado leyendo, y a las que llego de la mano de Norah Lange (1905-1972), merodeando su vecindad; esa cofradía de mujeres que desde distintos puntos del continente 'simplemente' escribían. María Luisa Bombal en Chile (1910-1980), Armonía Somers en Uruguay (1914-1994), Elena Garro en México, (1916-1998) y Clarice Lispector en Brasil (1920-1977).

En marzo de 2021, la Dirección General de Publicaciones y Fomento Editorial de la UNAM (Universidad Nacional Autónoma de México) publica el libro *Vindictas*[2], un trabajo que reúne los cuentos de veinte escritoras hispanoamericanas.

"*Vindictas* es un esfuerzo editorial que busca recuperar y reivindicar a autoras latinoamericanas injustamente olvidadas, y ha sido posible gracias al empeño conjunto de un grupo de escritoras para rastrear obras prácticamente inconseguibles de sus antecesoras", señala Socorro Venegas, una de las responsables editoriales. En la lista descubro a Armonía Somers.

También el sitio *L 'Officiel Por culture*[3] aporta un trabajo sobre "5 escritoras latinoamericanas que cambiaron la literatura para siempre" entre las que se mencionan a Josefina Vicens (1911-1988) y Rosario Castellanos (1925-1974) en México, Idea Villarino (1920-2009) en Uruguay, Alejandra Pizarnik (1936-1972) en la Argentina e Isabel Allende (1942) en Chile.

Otros trabajos, como el que realiza la escritora peruana Sara Guardia[4], incursionan primero en las escritoras del siglo XIX

---

[2] *Vindictas*, cuentistas latinoamericanas, Dirección General de Publicaciones y Fomento Editorial: 2021.

[3] *https://www.lofficielmexico.com/pop-culture/escritoras-latinoamericanas-revolucionarias*

[4] Sara Beatriz Guardia, "Literatura y Escritura femenina en América Latina", *http://www.uesc.br/seminariomulher/anais/PDF/conferencias/SARA_ORIGINAL.pdf*

y, luego, en las nacidas a fines de ese siglo, pero con obra publicada en el siguiente. Así se mencionan, entre otras, a: Gabriela Mistral (1889-1957) en Chile, Alfonsina Storni (1892-1938) y Victoria Ocampo (1899-1979) en la Argentina, Sofía Ospina de Navarro (1892-1974) en Colombia, Teresa de la Parra (1889-1936) de Venezuela. El mismo sitio destaca la obra de María Luisa Bombal como también la de Elena Garro, además de la de Blanca Varela (1926-2009) en Perú; y, por supuesto, la de Clarice Lispector. El listado se continúa con las escritoras del siglo veinte.

Atravieso este recorrido, consciente de mis limitaciones ante el inmenso tiempo de lectura por delante; pero con mucha emoción por la personal y contundente presencia femenina en la literatura latinoamericana.

Observo, asimismo, cómo se han silenciado las voces de algunas de estas mujeres. Poco es lo que se sabe de ellas; y aunque en los últimos años se viene operando un importante reconocimiento, tanto por la pluma de escritoras contemporáneas como de investigadoras y críticas literarias –con estudios que dieron origen a diversas publicaciones editadas– todavía sus textos y sus nombres no han alcanzado un alto grado de visibilidad.

Luego de atravesar el 2020, un año que, sin dudas, no olvidaremos, y a casi un siglo del nacimiento de muchas de estas escritoras, sus voces están más presentes que nunca.

Vigentes con su narrativa o con su poesía.

Escritoras perdurables, las he llamado.

Para el diccionario, el adjetivo "perdurable" se aplica no solo a lo "perpetuo (que dura mucho tiempo)", sino también a la "tela de lana basta y tupida que se usaba para vestidos, sempiterna".

A las escritoras que incluyo en estas crónicas les cabe el sayo.

Aún me queda mucho camino por recorrer y los listados mencionados se convierten en un atractivo y tentador punto de partida.

Pero, quizás será luego porque en este instante Elizeth Cardoso, con su voz melancólica, susurrante, canta *Acontece,* en una versión única de la original de Cartola; y entonces me detengo en apenas esas dos estrofas que se reiteran como las *sambas* de João Gilberto.

Esquece nosso amor, vê se esquece
Porque tudo no mundo, acontece
E acontece que já não sei mais amar

Vai chorar, vai sofrer
E você não merece
Mas isso acontece.

Y es la pausa en la escritura para que los ojos se pierdan en el horizonte del mar; y repetir ese gesto del que ha escrito tan bellamente Roland Barthes, ese de *leer levantando la cabeza*.

Redescubriendo a Sara Gallardo

I. *Enero* (1958) y *El país del humo* (1977)

Sara Gallardo nació en Buenos Aires en 1931. Como Adolfo Bioy Casares, a quien he dedicado una sección en este libro, creció en un ambiente en el que prevalecía la cultura, sobre todo, literaria. Sara estudió periodismo y fue además una viajera incansable. Lamentablemente, murió muy joven; a los 57 años, por un ataque de asma.

Vagos recuerdos de haberla leído cuando era chica. *Los Galgos* y *El país del humo*, ambos de mi madre, forman parte hoy de mi biblioteca. Libros que llegaron junto a otros heredados y atesorados, como la obra –nunca investigué si completa– de Graham Greene, que ocupaba el estante central de la biblioteca blanca de la casa donde crecí.

De reencontrarme con la lectura de Sara Gallardo, quería que fuera con *Enero*, su primera novela de 1958.

Había llegado a la última etapa de mi viaje con Bioy, aventura emprendida durante el 2020. Me había detenido en *De las cosas maravillosas*, último volumen publicado y póstumo, postergando el momento de llegar al punto final, que era también un modo de alargar los últimos días de la travesía con el amigo. La melancolía me iba ganando a medida que me aproximaba a la meta, y estiraba las líneas de las páginas del libro como quien intenta demorar una puesta de sol, sin remedio.

La ciudad de Buenos Aires, aún expuesta al virus y al desconcierto, se desplegaba con nuevos olores, tal vez esperanzadores, que siempre acerca la proximidad del *veranillo de San Juan*.

Inicié la lectura de *Enero* en ese contexto, impregnada por la magia de Bioy, que me había protegido de algún modo de la realidad desoladora de la pandemia; conmovida además con *La tempestad* de William Shakespeare, colado entre mis lecturas como un invitado sorpresa, sin avisar.

Enero me atraía en muchos sentidos; quizás y el más fuerte respondía a que se trataba de releer una escritora argentina, de la que guardaba buenos recuerdos, y porque el título se asociaba a la fecha de mi cumpleaños y, por lo tanto, al verano, al sol y al inicio de un nuevo año.

El primer párrafo de la novela me atrapó por completo:

> "Hablan de la cosecha y no saben que para entonces ya no habrá remedio —piensa Nefer—; todos los que están aquí y muchos más, van a saberlo, y nadie dejará de hablar". La angustia le nubla los ojos y lentamente dobla su cabeza, mientras con la mano arrea modestos rebaños de miguitas por el hule gastado de la mesa. Su padre acaba de decir algo sobre la cosecha y estira la mano pidiendo el repasador que enjuga por turno manos y bocas, y que la madre le pasa, atropellando en su prisa un perro que aúlla y se refugia bajo el banco. Al caminar, su sombra pasa sobre los comensales, que la luz de un farol fija en los muros. "Va a llegar el día en que mi barriga empiece a crecer", piensa Nefer. Los bichos vibran, aletean y caen contra el farol, vuelven a trepar por la lata, vuelven a quemarse y a caer, y nadie la mira inmóvil en su rincón mientras comen inclinados sobre los platos y oyen de vez en cuando las frases que don Pedro cambia con el turco, que acaba de soltar los caballos del carro y traga su sopa resoplando.

La escena narrada por Gallardo se desplegaba ante mí como un cuadro; en especial evocaba *Sin pan y sin trabajo,* la pintura de Ernesto de la Cárcova: la tensión en las manos crispadas de las figuras, la oscuridad y el desamparo. Como en la novela, las imágenes del cuadro develaban aquellas palabras que no pueden pronunciarse.

Todo lo que le ocurrirá a Nefer, la niña protagonista está condensado en esas primeras líneas; como también su voz, que es la única que se escucha al inicio de la novela.

Juego de luces y sombras en esa familia agrupada alrededor de una mesa en la que quedan solo miguitas por barrer; el calor que se intuye en los gestos lentos, en los bichos que revolotean, en el perro que no termina de acomodarse bajo las piernas, en el resople de don Pedro, en la incomodidad. Intuí en ese instante que la lectura por venir quebraría mi inocente imaginario desarrollado a partir de im idílico enero.

La primera persona que habla, en el párrafo ya citado, es el turco, un vendedor ambulante, alguien aceptado, pero también ajeno a la pueblada. El resto continúa callado, a veces indiferente a lo qué sucede a su alrededor.

El silencio es una presencia constante durante toda la novela. Como sucede en *De eso no se habla* (1993), el cuento de Julio Llinás, el silencio evidencia que no es posible hablar de ciertas cuestiones, menos de aquello que se intenta ocultar y de lo que, incluso, no mencionará nunca Nefer.

Doble silencio en la niña-adolescente, el sin palabras de la violación primero, del embarazo después. La niña desgarrada, obligada a abandonar la infancia, buscando en soledad la forma de poder quitarse de encima ese castigo del cuerpo.

Novela tremenda, que no da descanso, que Gallardo escribe con tanta maestría sin interponer juicios ni sentencias, simplemente narrando, acompañando el derrotero de la muchacha que, al final, como una parodia a los cuentos tradicionales de hadas, se ve forzada a casarse con su violador; eso y el exilio conforman la respuesta que le brinda la familia, sobre todo, la madre, para preservar la decencia.

Varias páginas en internet enarbolan la novela de Sara Gallardo al momento de tratarse la Ley de Aborto en la Argentina. La reseñan en distintos sitios como "la primera violación de la literatura argentina narrada desde la perspectiva desde la propia afectada, que es Nefer".

Mi deseo es que, así como en su momento la novela se relegó a la literatura realista y ruralista (luego tanto Ricardo Piglia, como Leopoldo Brizuela y Leopoldo Mairal se encargaron de hacer la merecida relectura), el libro no quede entrampado en meras cuestiones ideológicas o políticas. Creo que el texto de Gallardo se merece mucho más, por empezar, por ejemplo, que sea leído.

En el 2018 el Museo del Libro y de la Lengua de la Ciudad de Buenos Aires inauguró una muestra sobre su obra.

Lucia de Leone –doctora en Letras por la Universidad de Buenos Aires y una las investigadoras que se ocupó de estudiar y rescatar la producción de Sara Gallardo– señaló el día de la inauguración:

> Es actual no solo por sus temas que podríamos decir que tocan la propia patria, la cotidianidad; temas, existenciales, revoltosos y con una gran anticipación en cuestiones de género sin ser feminista. Es decir, se la puede leer porque no creo que esté marcada por cronologías determinadas[5].

Indago por la existencia de algún nexo con mi reciente compañero de ruta, Bioy Casares. El vínculo me llega vagamente a través de Silvina Ocampo. Dice al respecto Leopoldo Brizuela (las negritas son del original):

> Sara Gallardo no es una figura solitaria. Hay dos tríos de mujeres de esa época. Uno era el exitoso, el verdaderamente best-seller que aparecía en televisión. **Eran Silvina Bullrich, Marta Lynch** y **Beatriz Guido**. Y después había otro, más secreto, del que ahora se ve cada vez más su valor. Eran **Silvina Ocampo**, **Elvira Orphée** y **Sara Gallardo**, que además eran amigas[6].

No encuentro mucho más sobre la amistad que pudieron haber mantenido.,
Entre los cuentos que conforman *El país del humo* –en una edición de Sudamericana que de tan usada ha extraviado la contratapa (nada escapa a las pérdidas que provoca el paso del tiempo)– leo "Una nueva ciencia", relato en el que Sara Gallardo la menciona a Silvina Ocampo:

> Contaré lo que llegué a saber.
> Era 1942. El año en que Silvina Ocampo dio a conocer sus "Epitafios para doce nubes chinas". Un hombre alto y melancólico quiso hablar con ella. Tipógrafo. Había visto al azar

---

[5] *https://www.cultura.gob.ar/a-sara-gallardo-le-costo-el-canon-literario-que-siempre-fue-patriarcal-y-normativista_6796/*

[6] *https://www.infobae.com/cultura/2018/06/14/sara-gallardo-la-escritora-luminosa-en-el-pais-del humo*

> las pruebas de los poemas sobre una mesa...
> (p. 22) [7].

El cuento es muy bueno, y me evocó a algunos de Jorge Luis Borges. Sara construye una historia que se basa en un dato real, como es citar a Silvina Ocampo, para luego continuar con el registro de una serie de nombres, fechas y datos de libros –en los que ya no importa la veracidad– solo para respaldar la existencia de la siguiente teoría: "La influencia de las nubes en la historia de los hombres".
Comprendo que al pasar al *País del humo* he hecho un salto en el tiempo, de su primera novela en los años cincuenta a este conjunto de relatos, su único volumen de cuentos, publicado veinte años después.
En este sentido, escribe Leopoldo Brizuela:

> Sara Gallardo proclama su necesidad de "volver a narrar ante todo", pero rechaza las poéticas consagradas del cuento desde Poe a Chéjov, desde Horacio Quiroga o Abelardo Castillo, para explorar en tradiciones muy disímiles –del cuento folklórico a los epitafios biográficos de Edgar Lee Masters, de las fábulas animales de Rudyard Kipling a los inclasificables relatos de Silvina Ocampo–, y sobre todo en formas marginales o premodernas, en especial, las que perviven en la narración oral[8].

Destaco en el volumen, los cuentos "La noche de los trenes" y "Amor".
En este último descubro la perfecta conjunción entre austeridad y concisión narrativa en el desarrollo de una trama en la que prevalece la incertidumbre; con un final preciso condensado en apenas dos palabras.
Sara Gallardo se fue de este mundo muy temprano; a diferencia de Bioy que vivió y hubiera vivido otros tantos si le hubiera sido posible.

---

[7] Gallardo Sara, "Una nueva ciencia" en *el País del humo*, Ed. Sudamericana, Bs.As.: 1977.

[8] "Escrito en llamas", por Leopoldo Brizuela para *Página 12* *https://www.pagina12.com.ar/diario/suplementos/libros/10-881-2004-01-04.htm*

Tienen en común que ambos encontraron en su oficio la razón de ser. Como expresó en una entrevista Sara:

> En mi caso escribir –y escribir mucho, aunque sea de manera imperfecta– significa un esfuerzo por desenrollar una especie de madeja interna. Llegar a ser, mediante el trabajo, uno mismo. Es decir, trascenderse a sí mismo para llegar a ser quien uno es y no sabe[9].

O como prefería Bioy:

> [...] un rostro de mujer; la libertad para quien está preso, la salud para quien está enfermo: algo que ve un chico en una juguetería; un cambio de luz después de la lluvia, que infunde intensidad en los colores de la tarde; una música; un poema; un premio inesperado; para algunos, por increíble que parezca, la esperanza de escribir una buena historia...(p. 737).[10]

Agradezco de ambos, esa esperanza que trascendió su existencia.

Buenos Aires, agosto 2020

II. *Pantalones azules* (1963)

> Corrió antes de ver el estallido y la gruesa chorreadura roja que ya empezaría a bajar por la madera, cruzó la calle en dos saltos y fue a refugiarse en el portón del teatro Cervantes

Leo la novela de una sentada.
Como ocurre cuando me embarco en esta clase de lectura, al atravesar el punto final, la mirada, en el regreso a la realidad (al universo que me rodea), está cargada de extrañeza.

---

[9] En entrevista Revista *Confirmado* en julio de 1968. *https://www.elcuencodeplata.com.ar/en_los_medios/897*

[10] Bioy Casares, Adolfo. *De las cosas maravillosas*. *Obra completa III*, Ed. Emecé, Bs. As.: 2014.

Por empezar, al levantar la vista enfrento la inmensidad del mar (y evoco nuevamente a Barthes, creo que lo evocaré demasiadas veces y espero no agotarlo en mi insistencia). El mar es un horizonte que no deja de asombrarme.
La playa se ha ido aligerando de huellas, está casi vacía. El sol es apenas un resplandor débil que va muriendo a mis espaldas. En el cielo ya se vislumbra brillante la media luna coronada por la cópula milenaria de Júpiter y Saturno. Demasiado hermoso este mundo mío para perder las esperanzas.
Y es en este escenario que he desplegado las páginas de la novela, leídas en la computadora ante la imposibilidad del libro físico. El brillo de la pantalla le fue ganando espacio a la luz del día; luz del atardecer que, de pronto, me sorprende con su belleza.
He leído y disfrutado. Por eso, tal vez, no abandoné la novela salvo por pequeños descansos.
El relato cuenta sobre Alejandro Hernández, el protagonista, un joven estudiante de arquitectura que vive y transita por las calles de Buenos Aires. El muchacho llega del campo, donde vive con su familia en una situación acomodada. Está de novio con Elsa, que proviene de una familia de una clase económica similar. Por momentos el deambular de Alejandro por la ciudad, el contacto que establece con algunos amigos, incluso algunos mayores que él y el idealismo –que se vuelca en su poesía– me recuerdan a algunos personajes de Bioy Casares, en especial a Esteban Gauna del *Sueño de los héroes*.
Alejandro se declara católico practicante y también antisemita, incluso participa activamente en el ataque a la sinagoga ubicada frente a la Plaza Libertad, ahí cerquita del Teatro Colón, en la ciudad de Buenos Aires. Los tabúes religiosos son fuertes al momento de establecer una relación física con su novia, y frente a los pensamientos pecaminosos más de una vez recurre a la oración. Un episodio fortuito, sin embargo, provocará que se vincule con Irma, inmigrante polaca y judía, que ha perdido a sus padres en la reciente guerra de Europa.
Así Alejandro vivirá, a lo largo del relato, en tensión continua, debatiéndose entre su deseo por Irma –a quien al mismo tiempo desdeña– y en la fidelidad que le debe a su novia, futura esposa, obviamente virgen. También experimentará la ausencia –y en este sentido me acercó a Gauna– de los otros vínculos afectivos: sin el apoyo de su propia familia, de quien está cada vez más alejado, sin el de

la futura, la de Elsa, encerrada en su propio mundo de intereses y cuestiones de clase.

Irma es, sobre todo, diferente a las demás personas con las que se relaciona Alejandro. Sus pantalones azules, de un azul que imagino eléctrico, cubren sus muslos muy femeninos y sugerentes –muy distintos a los virginales de Elsa– y lo atraen con culpa. Irma carga además con una experiencia de vida traumática, y se diría que las circunstancias de su presente la hacen vivir "con los pies en la Tierra", a diferencia de Alejandro y quienes lo rodean, que transitan por la vida sin problemas sumidos en la vida de estancia, los modismos en inglés y la despreocupación por el afuera, según cuenta la narradora con voz crítica y certera.

Sara Gallardo sabe describir con precisión los personajes y las situaciones de cada grupo social; así como en *Enero* lograba retratar las miserias familiares de una familia de campo, sin ahondar en detalles innecesarios y sin emitir juicios de valor.

La trama se desarrolla durante el verano y, como en la novela anterior, es difícil escaparle al calor y a esa cierta latencia en que parecen sumergirse los días de estío.

Vuelvo a levantar la vista luego del punto y dejo que mis ojos se estiren en el horizonte.

Comienza a llover en Imbassai, la tormenta, aunque breve, es reparadora, y entonces tomo como mías la línea de la novela: "… y de nuevo en la ventana pudo ver que el sol ya no alcanzaba las azoteas".

Imbassaí, diciembre 2020

III. *Los galgos, los galgos* (1968)

> Los galgos resollaban echados
> en la sombra, si tenían hambre no lo
> demostraban. Son así, aristocráticos.

Los galgos, los galgos
letanía,
un eco,
reitero su nombre
en el vacío
de tu ausencia.
Los galgos, los galgos
no comprenden
porque no comprenden
solo permanecen
y ella,
sin embargo,
se ha ido.
Los galgos, los galgos
corren veloces
y mueren, luego,
como la nota final
de una *bossa*
como mi tristeza
sin remedio.
Los galgos, los galgos
eco,
letanía
que murmuro
en otra tierra
junto al río
sinuoso.
No los encuentro
a mi regreso;
uno ha partido,
antes,
la otra es apenas
un reflejo dorado
en el lago.
Como mi amor,
se trata
de pérdidas
y desencuentros,
se trata
tan solo,

solo de eso.
Amor
te busco
en el horizonte
donde el sol
ilumina el monte.
Amor
te imagino
en las otras
donde el cuerpo
dibuja recuerdos.
A veces llega la tarde
sin que el rocío
levante de los pastos,
sin que se derrita
el caramelo barroso
que bordea los charcos
evoca mi memoria,
cuando te pienso.
Los galgos, los galgos,
repito
letanía, eco.
Ahora no éramos
tan jóvenes
como se es al amanecer
murmuro.
—El hombre tiene que vivir,
don Julián;
las cosas son así no más
respondí
ayer,
último día del verano.

Esta crónica se fue armando en dos momentos.
El primero, inmediato, surgió del arrobamiento y dio paso al poema.
El segundo se inicia ahora, con la misma intensidad, conmovida.
Ricardo Piglia hace referencia a Sara Gallardo en la conferencia que dicta en Cuba, en la Casa de las Américas, en el 2000. Allí la escritora es mencionada como parte de la tradición literaria argentina junto a Julio Cortázar, Manuel Puig, Rodolfo Walsh, el poeta Juan Gelman; Piglia suma también a la brasileña Clarice Lispector.
Por fin, los trabajos de investigación y valorización de la obra de Sara Gallardo, como los de Lucía De Leone,

Leopoldo Brizuela, entre otros, destacan la importancia de su narrativa, disruptiva, que escapa a la generación de mujeres que la circundan en ese momento.
Gallardo se atreve y se afianza como una increíble narradora, a la par que va ganando espacio, también particular, en la tarea periodística.
Con respecto a este oficio, señala Lucía de Leone[11]:

> Pensemos que ella escribió semanalmente durante muchos años de manera ininterrumpida una columna semanal para *Confirmado* y en la misma revista escribía una página de modas, "La Donna é Mobile", que no firmaba, que no era una página de modas convencional, sino que ahí se encontraba la pluma de la escritora y se establecía un diálogo con la columnista estrella que también era Sara Gallardo en el mismo medio.

Esa maestría, a la que agrego yo el humor (mucho humor) es lo que encuentro en la lectura de *Los galgos, los galgos*, tanto que demoré llegar al final, a ese punto último que me dejaría en orfandad, como me suele suceder (y compruebo que me repito) cuando voy acercándome al cierre de un buen libro.
Cada sección en la que se divide el texto, son cuatro, tiene una impronta distinta. Incluso podrían leerse casi de modo independiente.
Sin embargo, en todas sobrevuela el devenir de Julián y su relación con Lisa, vínculo que nunca llega a ser pleno. Es así, que ya en la primera parte, cuando ambos están juntos y van construyendo los planes –la llegada a Las Zanjas, la remodelación, los proyectos de "impostado estanciero"– se palpita el momento del desencuentro y la ruptura. Y eso lo transmite el protagonista solo con sus gestos y esa pesadumbre que desde el inicio y durante todo el relato gobierna su vida.
Son los perros Corsario y, luego Chispa (porque los otros dos galgos que llegan después no alcanzarán la jerarquía de los primeros) quienes contienen lo más fiel y más verdadero de los vínculos; ya que de eso trata la ligazón con los

---

[11] "Sara Gallardo y el coraje de animarse a todo". Ministerio de Cultura argentino, 12 de marzo de 2021, *https://www.cultura.gob.ar/sara-gallardo-10250/*

animales: aman sin miramientos, sin condiciones, misteriosamente; del mismo modo que nos aman los niños. Descubro el recurso narrativo de la reiteración, presente en toda la novela partiendo desde el propio título. Esa iteración le otorga no solo ritmo, casi melódico, a la narración, es también una insistencia o un regresar a la idea inicial, e incluso la esperanza, o la imposibilidad, de que en la repetición se puedan encontrar las respuestas. Reiteración que descubro en la voz de Julián, y que condensa la inercia y el sentimiento de indefensión ante las pérdidas y los desencuentros.

> Los dados por ejemplo juegan para ellos de manera diversa. Entre la gente caen dados, sale amor; caen, sale encanto; caen, sale drama; caen, sale boda; caen, no sale nada. ¿Por qué? No soy yo quien los tira ¿Cómo saber? (p. 488).[12]

Los galgos,
los galgos,
repito,
letanía,
eco.

Imbassaí, 4 de enero 2020

IV. *Eisejuaz* (1971)

No hay lugar para nosotros ni allá ni acá

Manuel Mujica Laínez le escribe en una carta a Sara Gallardo:

> ¡Qué libro extraño y bello has logrado! No imagino cómo se te ocurrió ni cómo te atreviste a emprenderlo. ¡Qué audacia! (...) Ojalá la gente comprenda lo valioso de tu texto. Ojalá deje atrás la sorpresa de las

---

[12] Gallardo, Sara. *Los galgos, los galgos* (Spanish Edition). Penguin Random House Grupo Editorial Argentina. Edición en Kindle.

> primeras páginas y se interne en su singularidad alucinante.

El vínculo con Manucho es significativo para Sara. Luego de la muerte de su segundo esposo, Héctor Murena, en 1975, buscando refugio para su tristeza, acepta la invitación del escritor, y amigo, y se instala en la casa de este en la Cumbre, Córdoba. "Allí encuentra hojeando Eisejuaz, la frase que había olvidado: 'Un animal solitario termina devorándose a sí mismo'"[13], y vuelve entonces a partir.
Porque Sara Gallardo es un espíritu nómada. Vive en continuo movimiento. En distintas reseñas sobre su vida, se cuenta que, desde el primer viaje que realiza a Europa a los diecisiete años, nunca abandonó esa posibilidad.
Así lo señala Elena Vinelli:

> La escritura se lleva puesta a cualquier lugar del mundo y ella anda de una parte a otra sin asiento fijo; ser escritora es para ella una fatalidad, una misión, un destino inevitable"[14].

Lo voy sabiendo a medida que avanzo por sus novelas y cuentos. Así la voy reconociendo en el diálogo, silencioso primero en las marcas sobre las hojas del libro, sobre su letra; luego, manifiesto en el despliegue de mi propia escritura.
Y me identifico con esas ansías de movimiento.
Quizás por eso la lectura de *Eisejuaz*, como ocurrió también con *Los galgos, los galgos*, se produce en Imbassaí.
Aunque haya motivos más que suficientes para estar aquí, también la mudanza obedeció a una necesidad de echar a andar el cuerpo, trasladarme, ponerme en movimiento.
Después el tiempo detenido por el coronavirus forzó a arrojar anclas en la playa para sobrellevar de pronto la vida a un nuevo ritmo, el de las mareas.
Cambio de escenario, y aún así continuar leyendo en estos presentes inciertos e impredecibles.

---

[13] Gallardo, Sara, *Eisejuaz*, Ed. El cuenco de plata, Bs. As.: 2020 (en Contratapa).
[14] Tentoni, Valeria, "Un perfil de la autora de *Los galgos, los galgos* y *Eisejuaz*, entre otros títulos", Eterna Cadencia Blog, *https://www.eternacadencia.com.ar/blog/libreria/fondo-celeste/item/la-nomade.html*

De algún modo, en este sentido, lo que expresa Eisejuaz, "Éste También", resulta tan real en el actual contexto:

> —Ha terminado nuestro tiempo y el de todos los paisanos. Ahora cada cual debe vivir como pueda. Por qué nos ha tocado nacer en estos tiempos, no lo sabemos. Todos los hombres tenemos la ceguera como triste herencia. (p.87).[15]

Leopoldo Brizuela, en la contratapa de la edición, define al protagonista, Lisandro Vega –Eisejuaz–, como "un mataco psicótico en busca de su propia santidad". Aunque está bien empleado el término, ya que el indio tiene ideas que rayan con las alucinaciones y pierde noción de la realidad, la inclusión del término para explicar su trastorno me resultó desacertada; es insertar una categoría construida desde un mundo que no tiene nada que ver con Eisejuaz: desde el mundo de "los blancos", de los misioneros o desde el comerciante de esos pequeños y míseros pueblos. Pienso que el "establecer un diagnóstico" nos aleja del personaje y su idiosincrasia.

Brizuela –que ha estudiado y aportado en relevancia a la obra de la autora– agrega luego algo fundamental: "la herramienta de Sara Gallardo había sido la invención de una lengua nueva que imita el habla del indio salteño en su economía de vocabulario, su uso del silencio (...)". Esta característica, señala, la sitúa junto al mexicano Juan Rulfo o al brasileño Mário de Andrade, autor de *Macunaíma*.

Señala Alberto Julián Pérez, en un trabajo sobre la novela:

> Es singular que una escritora porteña haya logrado recrear la voz de un hombre indígena, distante de su experiencia individual, tanto por su género como por su mundo socio-cultural. Posesionarse de la voz de un otro, cuando ese otro no pertenece al mundo social del escritor, y más aún cuando es radicalmente distinto y casi imposible de imaginar, como es el caso de un indio mataco del monte salteño para una escritora criada en

[15] Gallardo, Sara, *Eisejuaz*, op.cit.

> un grupo social de clase alta de Buenos Aires, es un logro narrativo extraordinario [16].

Mi experiencia de lectura, y luego de haber finalizado *Los galgos, los galgos* –en este viaje que he emprendido siguiendo la cronología de sus libros publicados– fue la de la sorpresa y también la admiración.
La narración, difícil, ardua en sus inicios –porque nada se explicita y porque requiere incorporar de inmediato el modo de hablar de Eisejuaz, asistir a sus monólogos interiores y a las conversaciones con su Dios– me transportaba a un mundo desconocido, tan diferente al de los textos anteriores.
De inmediato sentí una profunda ternura por este indio, casi un gigante, un émulo de "Sansón".
Enseguida pensé, y entonces busqué sorprendiéndome con la asociación, que el nombre Sansón proviene del hebreo tiberino y significa [el que] sirve [a Elohim].

> Al mencionar sus hazañas el texto bíblico emplea expresiones tales como "el espíritu de Yahveh le invadió" (Jueces 14, 19), o "el espíritu de Yahveh vino sobre él" (Jueces 15, 14), con lo que el escritor bíblico implica que la fuerza sobrehumana de Sansón provenía únicamente de realizar actos por voluntad de Dios[17].

También Eisejuaz ha recibido un llamado divino cuando era mucho más joven. Su Dios le ha pedido que ponga a su servicio las manos: "Un día me darás las manos".
Y de esto trata la novela, de ese peregrinar del indio encontrando destino a ese llamado, luchando contra las tentaciones del "Maligno" o contra la ira, la furia, la mala fe del hombre blanco.
Eisejuaz encarna en sí toda la historia de su pueblo, pero no hay en el relato juicios de valor, ni él establece ninguna batalla ideológica. El dilema es personal, el quedarse a la intemperie (apenas un cuchillo, tal vez un perro), una

---

[16] Pérez, Alberto Julián, "Sara Gallardo, *Eisejuaz* y la gran historia americana", Mitológicas, vol. XXIV, 2009, pp. 45-56. Centro Argentino de Etnología Americana, Bs.As. Argentina.
https://www.redalyc.org/pdf/146/14615300003.pdf

[17] *https://es.wikipedia.org/wiki/Sanson*

elección que lo aparta del mundo, incluso al que pertenece, el de sus paisanos matacos.

Eisejuaz puede intuir lo malo y lo bueno. Y es misericordioso, aunque tampoco se lo describe como un santo. En un contexto de violencia, sobre todo hacia la mujer, muestra respeto y consideración por las que se le acercan y recuerda con veneración a la que tuvo y se le murió.

Eisejuaz es "Agua que corre", como la del río que por momentos se desborda e inunda la planicie, o enloda los caminos. Avanza "como la semilla en su ceguera, sin conocer el árbol de mañana". Con confianza y a la vez con el temor o el abandono al que lo somete su Dios.

Señala el mismo trabajo de Alberto J. Pérez, ya citado:

> El mundo de *Eisejuaz* rebosa de vida y es además un mundo americano. Gallardo no recurre al pintoresquismo ni a lo folklórico ni a lo costumbrista ni a lo conceptual filosófico: narra desde adentro del personaje, seducida por la barbarie americana. Se pone en el lugar del bárbaro, del salvaje.

Creo que por eso subyuga. Y por el estilo de la narración que también conserva, como en la novela anterior, un ritmo en el que reconozco la cadencia similar de una letanía.

Lentamente, poco a poco, ya no me iba siendo tan desconocido el modo de decir del indio, ni la geografía norteña se me hizo tan distante. Incluso contemplando ese otro escenario, tan distinto al de la playa que me rodea, podía sentir el murmullo del Pilcomayo o del Bermejo y la precariedad de los ranchos.

Aquí también el clima es tropical y un río que corre paralelo al mar cuenta historias de pueblos cercanos.

Las lagartijas trepan por las paredes y me observan con mirada milenaria, detenidas bajo el sol como piedras secas.

Porque, aunque se trata de habitar otros lugares, estos pertenecen a la misma América, la de los recursos saqueados, la de las desigualdades.

Y Eisejuaz me habla de habitar.

El habitar de Heidegger:

> En el salvar la tierra, en el recibir el cielo, en la espera de los divinos, en el conducir de los mortales, acaece de un modo propio el

> habitar como el cuádruple cuidar. Construir, habitar, pensar[18].

Sara Gallardo logra acercarme a esa cuestión para reflexionar sobre ella. Logra hacerme pensar en no olvidar los orígenes y rendirles homenaje.
En estos tiempos, en este deber permanecer, no deja de ser más que significativa su lectura.
La escritura, no importa si está o no en movimiento. La escritura, es el modo de habitar este mundo, en el que existimos con la esperanza de que "he visto que todo pasa".

Imbassaí, 12 de enero 2020

Alejandra Pizarnik y Valentine Penrose. Las mujeres tras la condesa.

La condesa sangrienta (1962 y 1966)

> Pues lo que fascina no es lo agradable sino lo insondable.

Hoy quiero escribir sobre nosotras, las mujeres tras la condesa: Valentine Penrose y Alejandra Pizarnik.
He leído los textos completos de ambas, uno después del otro y viceversa, publicados con pocos años de diferencia, el de Penrose, *Erzsébeth Báthory, la comtesse sanglante,* en 1962; el de Pizarnik, *La Condesa sangrienta*, en 1966.
He comprobado que hay mucho escrito sobre esas escritoras; y resalto la excelente reseña de María Negroni[19] (que invito a leer).

---

[18] Heidegger, Martín. Conferencia brindada en Darmstadt, 1951. *https://www.fadu.edu.uy/estetica-diseno-ii/files/2013/05/Heidegger-Construir-Habitar-Pensar1.pdf*

[19] "Algo late siempre": Valentine Penrose y *La Condesa Sangrienta*. Blog, Prólogos 05-03-2020, *https://www.eternacadencia.com.ar/blog/ficcion/item/algo-late-siempre-valentine-penrose-y-la-condesa-sangrienta.html*

Sin embargo, esta crónica intuyo que va por otro camino. Porque, también como le sucedió a Alejandra Pizarnik, quedé prendada de la lectura de la novela de Penrose, y necesito dar cuenta de ello.

Penrose (Andrée-Valentine Bouée) nació en Francia en 1898 y murió en Inglaterra en 1978. Adopta el apellido de su primer marido, el poeta, pintor y fotógrafo inglés Roland Penrose. Publica poemas y mantiene vínculos con el surrealismo francés. Pronto comienza a interesarse por la filosofía de la India, el hinduismo y el esoterismo, el tarot, los templarios, la astrología y el zodíaco. En ese camino, abandona a su marido para vivir en un Ashram de la India con la pintora Alice Rahon Pallen, sin perder contacto ni amistad, sin embargo, con Roland. En 1962, publica un relato histórico sobre Erzsébet Báthory, apodada la "Condesa sangrienta", que fue anunciado por Georges Bataille en su libro, *Las lágrimas de Eros*.
Me detengo en algunas fotografías de Penrose, algunos de los retratos fueron tomados por Marx Ernst. Su cara transmite más que nada una intensa interioridad. Podría decirse de ella que es hermosa, sin serlo del todo, quizás una belleza similar a la que exhala Virginia Woolf. Las fotografías la muestran casi de perfil, la frente despejada, los ojos oscuros y melancólicos.

Algunos años después, en 1936, nace en Avellaneda, Argentina, Alejandra Pizarnik (muere en Buenos Aires en 1972). Alejandra fue pintora y traductora; estuvo vinculada a la pintura surrealista y vivió en París entre 1960 y 1964. Su vida fue muy corta, tan solo 36 años, pero en ese tiempo supo construir como pocas un lenguaje poético nuevo profundo, íntimo y desgarrador.
En febrero de 2020, el diario *El País* le dedicó una nota a *Valentine Penrose*. No podía faltar la alusión a Pizarnik, presente en casi todas las reseñas que se le hacen a *La condesa sangrienta*:

> La editorial Wunderkammer rescata la novela, hasta hoy descatalogada, que fascinó al gran pensador del mal, George Bataille, o a la poeta Alejandra Pizarnik. Pero, sobre todo, publicará a primeros de febrero la edición más completa en cualquier idioma de los poemas de Penrose, con el título de *La surrealista oculta*. La editora Elisabet Riera

> contempla así esta doble noticia: “Es un acto de amor a ella y a su obra, uno de aquellos trabajos que pueden llegar a obsesionar a una durante años y no borrarse de su recuerdo nunca más”[20].

Las líneas fluyen en desorden como las hebras de lana liberadas de su ovillo, extendidas bajo mis pies. Las líneas me impulsan hacia otras y distintas direcciones y la crónica, entonces, se va armando con su propia impronta, escapando a la decisión de las manos.
Quizás sea efecto de este tiempo suspendido en la playa, por el encantamiento que provoca el susurro constante del mar y la presencia, al mismo tiempo también, del particular silencio que ha venido a suplir el desgaste de otras voces.
Tiempo y espacio disponibles para explorar, para emprender viajes literarios insondables.
Sin embargo, debo intentar encontrar alguna punta que me permita recomponer la madeja. Poner en palabras qué fue lo que tanto me cautivó de la novela de Penrose.
¿Sería lo mismo que cautivó a Alejandra Pizarnik?
Mariana Enriquez señala en una reseña del texto de la poeta argentina:

> A Pizarnik la deslumbró esta historia de la loba de los Cárpatos, su claustrofóbica vida criminal, su ser monstruoso, el círculo erótico y voraz de mujeres brujas que armó a su alrededor. Pero, sobre todo, la impresionó el libro de Penrose: una biografía muy libre, que indaga en los documentos accesibles –pocos y en muchos casos fragmentados– y ensaya una mezcla peculiar de lirismo con historia de la nobleza y la superstición en la Hungría del siglo XVI, junto a reflexiones sobre la naturaleza del sadismo y el Mal manteniendo el equilibrio entre los datos y la preocupación por el estilo[21].

---

[20]*https://elpais.com/cultura/2020/01/19/actualidad/1579449418_309297.html - 15-6-2021*

[21] Enriquez, Mariana. “Alejandra Pizarnik y Valentine Penrose unidas por el mito sangriento de la condesa de Báthory”.
https://www.pagina12.com.ar/262503-alejandra-pizarnik-y-valentine-penrose-unidas-por-el-mito-sa. 15-5-2021

Roberto Ferro en su libro, *El aparejo de un crítico*[22], señala sobre el trabajo de Pizarnik:

> (…) la escritura se convierte en su propia referencia, al preguntarse sobre sí misma, esa escritura propaga como una endemia la interpelación al lector de cómo debe ser leída, abriéndose a incalculables cursos de sentido. (p. 85).

¿Qué es lo que le sucedió a Alejandra con la novela?
No puedo encontrar ninguna referencia que indique que ambas mujeres se conocieron. Los años en los cuales Pizarnik vivió en Francia y trabajó como traductora le permitieron vincularse con muchos escritores y escritoras de la época, además de establecer una intensa relación de amistad con Julio Cortázar; ambos leyeron y seguramente conversaron mucho sobre el texto de Penrose. Por otra parte, George Bataille señala que Pizarnik admiraba y trataba, tanto como él mismo, a su par francesa.
Se me ocurre imaginar entonces un posible encuentro de las dos mujeres y, a falta de datos que me den esa certeza, recreo mi versión de una reunión entre ambas:

"Es mayo de 1963, luego de un día sorpresivamente caluroso para la época, ha refrescado. Valentine Penrose llega caminando a un bar ubicado en el distrito latino. Hace unos meses el *Mercure de France* le ha publicado un texto que la ha dejado exhausta; conserva las marcas del cansancio bajo los ojos. Nadie la reconoce en ese bar ni en las calles por ese reciente trabajo, no es una actriz famosa para que se arme revuelo a su paso, tampoco los franceses lo harían, aun si se tratara de la misma Dietrich. Penrose ha elegido un café poco concurrido por el ambiente literario, y espera a la muchacha argentina de la que tanto le han hablado. No tiene prisa y sí mucha curiosidad por la cita. Recuerda los comentarios de Bataille insistiendo para que la conozca.
Unos pocos minutos después llega una mujer muy joven, de pelo corto e inolvidables ojos oscuros y muy grandes. Ambas se reconocen de inmediato y se saludan a la francesa (dos besos).

---

[22] Ferro, Roberto. *El aparejo de un crítico: Lecturas literarias.* Ed. Metaliteratura, Bs. As.: 2021.

Soy Alejandra, dice la muchacha con algo de timidez. *Alexandra*, repite con suavidad Penrose para agregar luego: "princesa de la pasión y de la lujuria".
Se sonríen y en ese primer intercambio se comprenden de inmediato.
Desde otra mesa, las observo; y también tomo notas que guardaré como un secreto, porque en algún momento Penrose me mira (¿con complicidad?) y comprendo que ya no puedo revelar lo que ocurrió en el resto de esa cita. Así que corre por cuenta de los lectores imaginar de qué otras cosas hablarían, si fue de poesía o sobre la reciente novela publicada. También si llegaron a pedir un vino cuando por la vereda se esfumaba la tarde.
Lo que evoco hoy, y puedo contarlo sin reservas, es la pequeña ventana que las alejaba del resto del mundo, el vidrio que reflejaba sus caras de perfil y la nariz recta de Valentine envuelta por el humo tenue, pero persistente, del cigarrillo de Alejandra. Y las manos de ambas casi rozándose sobre la mesa".

Un año más tarde, en 1966 y ya en Buenos Aires, la poeta argentina publica *La condesa sangrienta.*
Las hebras me conducen con prisa a la relectura del texto de Pizarnik.
Antes de comenzar a lamentarme por la distancia que me separa de mi biblioteca, logro encontrar digitalizada la edición del Zorro Rojo[23], incluso con las bellísimas y al mismo tiempo tremendas ilustraciones de Santiago Caruso (artista argentino, nacido en 1982 que "va por ahí ilustrando el misterio; buscando ese punto en la psique en el que se tocan lo místico y lo simbólico"[24]).
Y con el horizonte azul cielo, azul mar de fondo, releo el texto.
Esta vez para tomar otras notas, o para reparar en las marcas que descubro como si lo hiciera por primera vez. Porque Pizarnik se detiene en "el silencio" de la condesa y en su mirada, los ojos que observan las torturas. Ojos que contemplan, que esperan, mirada que "asola y agosta cómo y dónde quiere*"* (p. 20).
Y se detiene en su risa, "Pero nada era más espantoso que su risa*"* (p. 18), quizás coincidiendo con Bataille cuando

---

[23]*https://libroschorcha.files.wordpress.com/2018/04/la-condesa-sangrienta-alejandra-pizarnik.pdf*
[24]*https://www.yaconic.com/santiago-caruso-ilustrador/-* 17/5/2020

escribe: "Al mismo tiempo, la risa y la muerte, la risa y el erotismo, están vinculados…"[25].

Con una prosa por momentos muy poética, despojada de las circunstancias históricas e incluso, como Penrose, del sado-saquismo, Pizarnik describe a la condesa con pocas palabras:

> Lenta y silenciosa (p. 15).
> Vestida de blanco en su trono (p. 17).
> Era un monstruo (p. 29).
> Amaba el laberinto, que significa el lugar típico donde tenemos miedo (p. 49).

Y formula esa pregunta, escrita entre paréntesis, que me convoca desde otro plano, el de la intimidad, la que intento de algún modo entender: "(¿en qué pensaría durante esa breve interrupción?)" (p. 17).

El ovillo se ha quedado quieto, por unos instantes, como para permitirme cerrar esta crónica.

Pronto se deslizará de mis piernas para extenderse más allá de mis pies, en otras lecturas. La imagen me recuerda las líneas finales de un cuento publicado hace varios años. Al citarlas, y por lo tanto citarme, advierto que me incluyo textualmente en la crónica. ¿Quizás por eso y sin saberlo en el inicio escribí un "nosotras"?

> Y Penélope hizo una última lazada ese día y estiró el tejido delante de sus ojos y vio, con sofocado deleite, que otra vez se había equivocado en el cálculo.
> Con los ojos bajos, entonces, se dispuso a la tarea de deshacer las últimas hileras mientras a sus pies, como serpentinas, volvían a amontonarse en voluntario desorden las hebras de lana[26].

Imbassaí, 17 de marzo 2020

---

[25] Bataille, George. *Las lágrimas de Eros,* (p.62). Versión *online* digitalizada por *silvestreparadox.files.wordpress.com*

[26] María Claudia Otsubo,"Un espacio entre dos puntos" en *De esto se trata.* Ed. Tantalia&Crawl. Bs.As.: 2001.

Al encuentro de María Luisa Bombal

I. *La última niebla* (1934) y *La amortajada* (1938)

– La lluvia

Llueve en Imbassaí. Por momentos a la lluvia se le suman el viento arremetiendo contra los ventanales y el quejido del mar. Ese mar que avanza sobre la playa con olas remotas y abundantes, desplegándose desde el horizonte. Un horizonte que, incluso, se disuelve en la bruma fantasmal confundiéndose con el cielo gris.

El murmullo de la lluvia me acompaña mientras voy leyendo *La amortajada*:

> La lluvia cae, fina, obstinada, tranquila. Y ella la escucha caer. Caer sobre los techos, caer hasta domar los quitasoles de los pinos, y los anchos brazos de los cedros azules, caer. Caer hasta anegar los tréboles y borrar los senderos, caer (p. 8)[27].

Y me abre a las sensaciones, como a la protagonista de *La última niebla*:

> Fuera crecía y se esparcía el murmullo de la lluvia, como si ésta multiplicara cada una de sus hebras de plata. Un soplo de brisa hacía palpitar las sedas de las ventanas (p. 41)[28].

La lluvia está presente en las dos novelas breves de María Luisa Bombal, y su presencia perturbadora me envuelve –la del agua y la de la lectura– de un modo tan particular que, habiendo iniciado y finalizado el primero de los textos, me sumerjo de inmediato en el otro, sin que importe ahora develar el orden en que llego a ellos porque ambos se corresponden en lo que me provocan.

Suena entonces en mi parlante *Gymnopédie N°1* de Erik Satie.

Las notas del piano parecen fundirse con las gotas que, una a una, van haciendo un charco junto al tronco de la *aroeira*. Algunas quedan suspendidas, aferradas y enamoradas a los pequeños frutos rojos, y serán el oasis de los pájaros.

---

[27] *La última niebla* y *La amortajada*, en versión digitalizada por el sitio *Memoria Chilena*. Las citas corresponden a estas ediciones, disponible en *ebookelo.com*

[28] Bombal, María Luisa. *Obra completa Tomo 1*, op.cit.

De este modo leo a María Luisa Bombal, escritora chilena, nacida en Viña del Mar en 1910, criada y educada en París –ciudad a la que llegaría a los doce años, junto con su madre y hermanas, después de la muerte del padre–. En la ciudad francesa, en la Universidad de la Sorbona, estudiará Letras, como también arte dramático y violín, este último declarado por Bombal como su vocación frustrada.

– La "mangosta"

La escritura en pausa para escuchar a Alexis Ffrench y su *Bluebird.*

Desde el inicio de esta crónica, pareciera que la música se ha ido anticipando –como ocurrió con Satie– a mi mano, ya que estaba a punto de teclear que Bombal debió ser, por lo que me cuenta su biografía, un espíritu libre (como un pájaro) en el contexto impuesto de los años cuarenta y cincuenta. Se casó dos veces, la primera solo de fachada, ya que esa primera pareja era homosexual (lo conoce a través de García Lorca); la segunda, con un conde francés con el que se radica en Estados Unidos, país donde vivió treinta años (de este matrimonio nacerá su única hija Brigitte).

Neruda la llamaba cariñosamente "mangosta", que es el "nombre de un animalito oriental que se acomoda en cualquier parte, y es suave y discreto"[29]. Una pequeña mangosta para el poeta, un pájaro sutil en mi crónica, imagen que crecía por la música que me acompañaba en la lectura, la de *Bluebird.*

– Buenos Aires y Norah Lange

Bombal vive en Buenos Aires desde 1933, ciudad a la que llega acompañada por su amigo Pablo Neruda. Allí conoce a la pareja Girondo-Lange. A ellos, como también lo hiciera Onetti con *La vida breve*, les dedica su primera novela, *La última niebla*. Sin embargo, mujer, al fin y al cabo, es capaz de agregar bajo el nombre de sus amigos: *con admiración y gratitud.*

Imagino, por lo que voy leyendo de ella, que debió ser una persona subyugante, tanto por su personalidad como por su presencia física, según confían las fotos.

Encuentro dos tesoros circulando en la red: una filmación (dos capítulos) sobre su vida[30], y la grabación de la entrevista que le realiza Victoria Pueyrredón (creo que fue

---

[29] *https://es.wikipedia.org/wiki/Mar%C3%ADa_Luisa_Bombal*

[30] *https://eligecultura.gob.cl/cultural-sections/15/*

en 1972, el audio es bastante defectuoso)[31], material auspiciado por el Ministerio de Cultura chileno.

En esa charla, Bombal destaca, dentro de toda su narrativa, el cuento "Lo secreto"; también confiesa su vocación frustrada por el violín y recuerda al profesor Ferdinand Strowski, de la Sorbona (Francia), que premió un cuento suyo entre cientos presentados. En la entrevista anticipa sobre la novela en la que está trabajando, vinculada al Antiguo Testamento, que no llegó a publicar.

Pero regreso a las dos novelas a las que dedico esta crónica. *La última niebla* se publicó en Buenos Aires en 1934. La primera edición es de la editorial Francisco A. Colombo, a cargo de Oliverio Girondo, con prólogo de Norah Lange e ilustraciones de Jorge Larco.

La amortajada, publicada en 1938, ganó el Premio Novela de la Municipalidad de Santiago, Chile.

En ambas, la voz femenina, alternando la primera y la tercera persona, es quien narra sin un orden cronológico, de modo fragmentario y a partir de la propia vivencia y de lo que provee la memoria.

Si tuviera que precisar alguna palabra clave en esos textos, escribiría en primer lugar: erotismo para luego agregar sensualidad.

> Mis trenzas aletearon deshechas, se te enroscaban al cuello (*La amortajada*, p. 18).
>
> Así vivía golosa de olores, de color, de sabores (*La amortajada*, p. 23).
>
> Casi sin tocarme, me desata los cabellos y empieza a quitarme los vestidos. Me someto a su deseo callada y con el corazón palpitante. Una secreta aprensión me estremece cuando mis ropas refrenan la impaciencia de sus dedos. Ardo en deseos de que me descubra cuanto antes su mirada. La belleza de mi cuerpo ansía, por fin, su parte de homenaje. Una vez desnuda, permanezco sentada al borde de la cama (*La última niebla*, p. 50).
>
> Entonces me quito las ropas, todas, hasta que mi carne se tiñe del mismo resplandor que

---

[31]Bombal, María Luisa, *Obra completa Tomo 1*, op.cit..

> flota entre los árboles. Y así, desnuda y dorada, me sumerjo en el estanque.
> No me sabía tan blanca y tan hermosa. (*La última niebla*, p. 41).

Construidas con párrafos breves, cinco líneas lo máximo (en especial en *La amortajada*). Una escritura de fragmentos.
Una narrativa por sobre todo poética:

> Y ya no deseaba sino quedarse crucificada a la tierra, sufriendo y gozando en su carne el ir y venir de lejanas, muy lejanas mareas; sintiendo crecer la hierba, emerger islas nuevas y abrirse, en otro continente, la flor ignorada que no vive sino en un día de eclipse. Y sintiendo aún bullir y estallar soles, y derrumbarse, quien sabe adónde, montañas gigantes de arena (*La amortajada*, p. 91).

¿Cómo no identificarse con las protagonistas de ambas novelas si las dos me remiten a mi propia escritura, a mis cuentos "Amalfi"[32] y "Amor de una noche"[33]?
¿Cómo no admirar su narrativa breve, concisa, que no raya nunca el lugar común y que hace de la poesía su esencia?
Leo los dos textos casi en simultáneo, encontrando que ya en *La última niebla* hay indicios que se desplegarán en *La amortajada*:
–la mujer muerta que se interpone entre los casados: "En aquella inmovilidad y también en la de esa muerta estirada allá arriba, hay como un peligro oculto".
–la mención al convento, el escenario del campo y la distancia con la ciudad.
–el personaje de la Reina (la otra mujer, la que se anima a tener una aventura con su amante en *La última niebla*), y lo que ella despierta en la protagonista: sensualidad, la tentación por el roce de las pieles, la seducción femenina.

---

[32] María Claudia Otsubo, "Amalfi" en *Memoria de un roce.* Ed. Vinciguerra, Colección Nuevo Cauce: Bs. As.: 2016.
[33] María Claudia Otsubo, "Amor de una noche" en *Mujeres al sol, sábanas al viento*. Ed. Nuevo Hacer: Bs.As.: 2008.

–y en el vínculo que la muerte establece (¿amor prohibido?, todo se intuye, nada se cuenta) con su nuera, María Griselda.

Ya ni sé si sigue lloviendo en Imbassaí.
He perdido la noción del tiempo, del espacio.
Suele suceder cuando algo me sorprende y me toma por completo.
Leer a María Luisa Bombal (y aún no he terminado, a corto plazo abordaré "Lo secreto" y luego sus otros textos, su obra no fue extensa) me acerca de algún modo a Norah Lange.
Intuyo, porque aún no lo sé, que a través de Bombal he estado casi en el umbral de su puerta.
Golpeo, quizás si insisto, abrirá.

Imbassaí, junio 2020

II. "Trenzas" (1940)

La trenza de Thaís

… los sueños, la neblina,
las pasiones desaforadas,
los meteoros, los milagros,
las mujeres con largas
trenzas.

Mientras escribo, Thaís está sentada a mi lado dibujando…
Así comenzaría esta crónica si fuera posible escribir junto a Thaís, ya que con ella a mi lado no puedo hacer otra cosa que jugar, saltar y estar en movimiento. Junto a Thaís no podría estar escribiendo, menos aún con el universo abierto de la computadora frente a sus ojos.
Así que voy pensando algunas cosas mientras la miro. La observo, con deleite, luchar con el mechón dorado –herencia de su madre y marca de nacimiento– que le cae brillante entre el resto de los rulos oscuros, sobre la frente. Enseguida me acerco para sujetárselo en una trenza.

"Trenzas" es el cuento que acabo de leer de María Luisa Bombal, luego del recorrido por los otros relatos: "El árbol", "Las islas nuevas" y "Lo secreto"[34].

---

[34] Bombal, María Luisa. *Obras completas-Tomo 2* (Spanish Edition).

A diferencia de lo que han provocado en mi escritura otras escritoras como Virginia Woolf, Silvina Ocampo, Colette, Tununa Mercado, entre tantísimas otras, Bombal me emociona por la similitud y el modo de merodear por ciertos tópicos, vitales también para mí. La identificación no es tanto por la temática de su narrativa, sino por la sensibilidad con que aborda esos temas.

Así fue la emoción desatada, y reiterada una y otra vez, ante el territorio del mar.

Complicidad, empatía e intensa satisfacción.

Mar.

Las tres letras sobre el plano blanco de la hoja como una pequeña embarcación a punto de zarpar.

> Brígida se interna playa adentro hacia el mar contraído allí lejos, refulgente y manso, pero entonces el mar se levanta, crece tranquilo, viene a su encuentro, la envuelve, y con suaves olas la va empujando, empujando por la espalda hasta hacerle recostar la mejilla sobre el cuerpo de un hombre (El árbol, p. 92).[35]
>
> Hizo pie en el lecho de un antiguo mar y reposó allí largamente, entre pepitas de oro y caracolas milenarias (*La amortajada,* p. 79).[36]
>
> Conozco del mar, de la tierra y del cielo infinidad de secretos pequeños y mágicos.
> Esta vez, sin embargo, no contaré sino del mar.
> Aguas abajo, más abajo de la honda y densa zona de tinieblas, el océano vuelve a iluminarse. Una luz dorada brota de gigantescas esponjas, refulgentes y amarillas como soles ("Lo secreto", p. 86).

Thaís me pide agua. La pequeña trenza danza sobre su cabeza mientras acerca el vaso a la boca. Sus ojos bailan entre sirenitas y hadas coloridas, entre las princesas Anna y Elsa, y su amigo Olaff y al mirarme brillan como sonriendo.

---

[35] La última niebla- El árbol – *Memoria chilena* (las citas corresponden a este pdf disponible en *ebookelo.com*

[36] Bombal, María Luisa, *Obra completa-Tomo* 2.op. cit.

Leer “Trenzas” fue encontrarme con un registro familiar ya que no pude dejar de vincularlo con los cuentos de mi primer libro publicado, *De esto se trata*[37], allá por el 2001.

> [...] Los cabellos largos le daban cientos de vueltas a lo largo del cuerpo como el capullo de una mariposa y le envolvían la cabeza como una corona. (“Pabellón “E”, p. 43).
>
> Como una corriente de aire que nos hizo levantar las cabezas, la mujer entró. Una trenza blanca y perfecta le colgaba de la nuca (...). La trenza enroscada felinamente a la cintura le mantenía erguida la cabeza (...) (“El juego”, p.21).

María Luisa escribió su cuento en 1940, y originalmente lo publicó en la revista *Saber Vivir,* en Buenos Aires:

> Porque la cabellera de la mujer arranca desde lo más profundo y misterioso; desde allí donde nace y tiembla la primera burbuja; que es desde allí que se desenvuelve, lucha y crece entre muchas y enmarañadas fuerzas, hasta la superficie de lo vegetal, del aire y hasta las frentes privilegiadas que ella eligiera. (...). Y es por eso que las mujeres de ahora al desprenderse de sus trenzas han perdido su fuerza divina y no tienen premoniciones, ni goces absurdos, ni poder magnético. Y sus sueños no son ahora sino una triste marea que trae y retrae imágenes cansadas o alguna que otra doméstica pesadilla[38].

En un breve recorrido, el cuento narra la historia de algunas “heroínas”, aquellas mujeres que consiguieron mantener el vínculo con el misterio y la profundidad de lo femenino.
En el “Testimonio autobiográfico”, que forma parte de la edición que manejo, Bombal señala:

---

[37] Otsubo, María Claudia, *De eso se trata.* op. cit.
[38] Bombal, María Luisa, op. cit.

> (…) porque yo siempre he pensado que el pelo de la mujer es como las enredaderas, ¿ves tú?, el pelo las une a la naturaleza, es una prolongación de la naturaleza. Por eso, mi María Griselda hunde su cabellera en el río Malleco y en mi cuento Trenzas digo que los árboles del bosque y el cabello de la hermana en la ciudad poseen las mismas raíces (Obra Completa, p. 17).

Las trenzas están presentes en otros textos de la escritora. En *La última niebla:*

> –Corona la cabeza de la protagonista: "Pienso en la trenza demasiado apretada que corona sin gracia mi cabeza. Me voy sin haber despegado los labios" (p. 39).
>
> –Es lo que le han cortado a Reina: "Vislumbro en las manos del amante, enloquecido de terror, dos trenzas que de un tijeretazo han desprendido, empapadas de sangre" (p. 83).

En *La amortajada* hay siete menciones a las trenzas:

> –Mis trenzas aleteaban deshechas, se te enroscaban al cuello (p. 27). (La misma oración se repite unas líneas después, en una iteración que acentúa la carga poética de Bombal en toda su narrativa).
>
> – ... Que ella tejía, no hacía sino tejer en la veranda de cristales que abría sobre el jardín (...) y que la suerte había querido que el fundo de él, aquella negra selva inculta, no dispusiera de un solo camino transitable; que así, de paso por un camino prestado, pudo admirarla, tarde a tarde, durante un año (...) que un pesado nudo de trenzas negras doblegaba hacia atrás su cabeza, su pequeña y pálida frente (p. 54).
>
> – Es un espejo, un espejo grande para que desde el balcón te peines las trenzas. ¡Ah,

> peinarse eternamente las trenzas a esa desoladora luz de amanecer! (p. 55).
>
> – […] el gran salón de fiestas donde temblaban las lágrimas de cristal de las arañas y donde, con las trenzas recogidas por primera vez, bailó cierta noche locamente hasta el amanecer (p. 57/58).
>
> – Añoró el momento en que, aferrado a sus trenzas como para retenerla, Antonio se aprestaba a dormir (p. 59).
>
> – Recuerda. Llegaba exhausta del fundo y no atinó tan siquiera a arreglar sus trenzas deshechas, su tez fatigada (p. 60).
>
> –Secuestrada, melancólica, así te veo, mi dulce nuera. Veo tu cuerpo admirable y un poco pesado que soportan unas piernas de garza. Veo tus trenzas retintas, tu tez pálida (…) (p. 67).

En "El árbol":

> –Las que lleva Brígida (la hija de la protagonista): "Sus dieciocho años, sus trenzas castañas que desatadas le llegaban hasta los tobillos, su tez dorada, sus ojos oscuros tan abiertos *y* como interrogantes" (p. 91).

En "Las islas nuevas":

> –Yolanda duerme caída sobre el hombro izquierdo, sobre el corazón; duerme envuelta en una cabellera oscura, frondosa y crespa entre la que gime y se debate (p. 131).

Una nueva pausa y en este imaginario que he construido, nos levantamos con Thaís para acomodar sus papeles. La vienen a buscar y ya la veo caminar hacia la puerta. Aunque, en un impulso se da vuelta para regresar corriendo por un beso, y otro más, y otro, que repite en su eterno juego. Su trencita se me pega a la mejilla. Intento retener su aroma antes de que se marche.

Las mareas

He subrayado la mención a las mareas. En el mismo "Testimonio" ya citado, ella escribe:

> Siempre busco un ritmo que se parezca a una marea, la oración, es una ola que asciende y desciende y luego vuelve a subir... Yo creo que, en el fondo, soy poeta, mi caso es el del poeta que escribe prosa. Yo soy poeta, pero como tengo una educación francesa, también soy la lógica personificada (Obra completa, p. 16).

También señala en una de las tantas entrevistas publicadas:

> (…) porque aunque la palabra me guste, si no entra en el ritmo, la rechazo. Busco algo que se parezca a la marea. Siempre hay una ola que se despeña, va hacia arriba, cae y vuelve para formarse de nuevo, y de repente viene otra..." (Obra completa, pp. 179, 180).

Y pienso entonces en mis propias mareas:

> Esta necesaria marea
> este flujo de sangre
> esta corriente
> que llega
> y no se retira[39].
>
> Mis pies,
> sin embargo,
> se aferran al suelo
> y es con el poema,
> marea de luna
> una barca azul
> un punto de encuentro,
> que a veces
> me voy,
> o a veces, regreso[40].

---

39 Otsubo, María Claudia, "Marea" en *Respiración involuntaria.* Ed. Vinciguerra: Bs.As.: 2016.

40 Otsubo, María Claudia, "Punto de encuentro" en *Diminuto verde.* Ed. Vinciguerra: Bs.As.: 2018.

O en todo mi poemario, aún inédito, dedicado a las mareas titulado *Mar de mareas*.
Porque la marea es el ritmo.
Y lo sé, como lo sabe Bombal al momento de encontrar la palabra que calce, como la nota imprescindible para no quebrar la melodía.
A las dos nos importa mucho la música.
María Luisa Bombal trabaja además con lo fantástico, de un modo particular y poético. Ella señala en las entrevistas haber quebrado la narrativa criollista chilena y también la de otros países latinoamericanos. Creo que peca de modestia.
Lo fantástico explota con toda su carga en el cuento "Lo secreto", el único relato que escapa a la atmósfera de los demás textos. Para la misma escritora (ya comentado en una crónica anterior) es su relato preferido.

Los escenarios
Las historias de Bombal se desarrollan en escenarios difíciles de precisar. Casas aisladas –"casa de niebla"–, casi extraviadas en la fantasmal niebla donde la realidad convive con lo onírico. La tranquera, que nos ubica en el escenario del campo, es el lugar al que llegan las protagonistas:

> "Y así fue como mi corazón –mi corazón de carne– me guió hasta la tranquera que abre al norte" (Obra completa, p. 34).

Se incluye en el inicio de "La historia de María Griselda": "Nadie salió a recibirla. Ella misma hubo de abrir la tranquera…".
La tranquera se convierte en el pasaje que permite el ingreso a esos espacios imprecisos donde se va a desarrollar la trama.
Es en la tranquera, como una frontera posible, donde se producen los encuentros eróticos entre Juan Manuel y Yolanda, en "Las islas nuevas".

Ya la tarde se ha oscurecido por completo en Imbassaí.
Mi escritura se interrumpe por la foto que me llega de Thaís en su cama. Su cabeza descansa sobre la almohada, y sonríe.
No ha querido soltarse la trenza, me escribe su mamá.

Me la ha hecho vovó, dijo, *y esta noche quiero dormir con ella.*

Imbassaí, junio 2020

III. *Crónicas poéticas* y *Otros escritos*

La poesía hecha crónica

Leo las *Crónicas poéticas* de María Luisa Bombal gracias a que, como toda la narrativa de la escritora chilena, el texto está disponible en la red.

Pienso entonces en cada uno de mis intentos infructuosos para encontrar, del mismo modo, a Norah Lange (teniendo en cuenta que no estoy en la Argentina, y que el *e-book* y la lectura on-line se ha convertido en mi única opción).

Y reparo hoy en el valor de la obra digitalizada, y en esa decisión del gobierno chileno por difundir de modo virtual su literatura. Instancia, acorde a los tiempos que vivimos, que no se pelea con las ediciones de papel, y que permite la lectura, el estudio y la difusión de distintas obras, en este caso la de María Luisa Bombal. Una escritora que, a pesar de no haber obtenido el Premio Nacional de Literatura, ha tenido un fuerte reconocimiento como parte del legado cultural de Chile.

Lamento no exista el mismo impulso, la misma vocación, para la circulación de algunos escritores que no deberíamos dejar de leer en la Argentina.

Dicho esto, voy a las crónicas poéticas.

Sara Vial le realiza una entrevista a Bombal en Viña del Mar –su ciudad natal– en 1975[41].

> María Luisa es una escritora eternamente insatisfecha de su propio esfuerzo, implacable crítica de su obra, y a quien consumen días y meses o años de desvelos, ya que nunca termina de cortar, tachar, reparar, volver a escribir, sin darse tregua en su combate de honestidad y búsqueda del logro auténtico. “Para mí es doloroso el oficio de escribir –nos confiesa–, siento la desesperación de exigirme más y más, y a veces esto me frustra y el dolor es aún mayor.

[41] Bombal, María Luisa. *Obras completas-Tomo 2*. op. cit.

> –María Luisa, ¿a esa dura autocrítica se debe el hecho de que tu obra aparezca en sólo dos novelas? ¿Y a ese mismo hecho, el que no te decidas a publicar otros libros que sabemos has escrito?
> MLB: Desde luego, no publicar no significa no escribir o haber dejado de cultivar el oficio de escribir. Yo he seguido escribiendo siempre. Pero por el concepto que tengo del escritor, por el respeto que me inspira escribir, y por este desesperado deseo de perfección, no he vivido pensando en publicar, sino en crear (pp. 171/172).

La obra publicada de María Luisa Bombal es breve y eso da lugar a que se le haga la misma pregunta en casi todas las entrevistas. Por mi parte me pregunto si no es un absurdo medir el trabajo literario de un escritor por su extensión y si ella no estaría un poco cansada de argumentar explicaciones en este sentido.

De una escritora de crónicas a otra

Recorro las siguientes crónicas escritas por María Luisa Bombal por su fecha de publicación. (Las citas corresponden a la obra completa recopilada por Lucía Guerra, estudiosa de la autora)[42].

La crónica para la escritora chilena es el resultado del recorrido de la mirada sobre la realidad. Sus ojos hacen un recorte del preciso instante, sin dejar de lado la propia experiencia de vida y los recuerdos: una música, un clima, un encuentro. No hay en las crónicas una secuencia cronológica, ni un interés por desarrollar una historia. La palabra justa para definirlas, sería tal vez la de "la instantánea", a la fotografía se suma también la propia vivencia del que ha operado el accionar de la cámara.

(Me pregunto si lo recién escrito es sobre las crónicas de María Luisa o sobre las mías).

La primera crónica publicada es "Mar, tierra, cielo", de 1940.

Reconozco de inmediato los primeros párrafos que versan sobre el mar porque forman parte del cuento "Lo secreto", publicado un año después. En algunos momentos la transcripción ha sido literal: "Sé muchas cosas que nadie sabe. Conozco el mar y de la tierra infinidad de secretos

[42]Bombal, María Luisa, *Obra completa- Tomo 2*. op. cit.

pequeños y mágicos" (p. 18). Luego Bombal realiza algunos pequeños cambios, a veces tan solo de disposición. Pero percibo que su escritura ha quedado fijada a la atmósfera de su cuento; o tal vez ambos textos fueron escritos en simultáneo; y quizás, al momento de su crónica poética ya vio desplegarse por las líneas de la hoja ese destino del barco pirata.

Lo cierto es que este es tan solo un ejemplo. Habiéndola leído en su totalidad, puedo reconocer las repeticiones o insistencias; en definitiva, cómo opera el vínculo entre sus propios textos –el intratexto– en su narrativa.

Después "de agotar" lo que quiere escribir sobre el mar, la cronista me conduce a la tierra. Árboles, bosque otoñal, y los sapos: "Porque nadie lo sabe, pero la verdad es que todos los sapos son príncipes" (p. 91), escribe desmitificando de algún modo los cuentos de princesas.

La misma línea citada está presente también en la crónica sobre las ardillas, que evoca la niñez. Bombal quiebra el estereotipo de la candidez o la inocencia en la niñez ya que al "Nadie sabe adónde va, nadie sabe de dónde viene…"[43] le agrega "…al amanecer, tinta en sangre que es la suya" (p. 92). La infancia, dice, es el miedo ("pavor") contenido en el juego de la gallinita ciega.

La tierra es también el espacio propicio para que crezca el vino.

Así escribe: "El nacimiento del vino es tenebroso y lento; yo sé mucho de ese crecer furtivo de asesino" (p. 92).

¿Fue esa escritura sobre el vino, de 1940, un anticipo de su destino? ¿El preanuncio a la dificultosa y mortal relación que Bombal mantendrá con el alcohol?

El párrafo siguiente evocó la lectura de una nota leída tan sólo unos días antes sobre "La ciudad italiana de Curon": la torre de la iglesia emergida en el Lago Resia, en la provincia de Tirol en el sur de Italia (no de entre las dunas, como escribe Bombal, sino del agua): "Sé de una región desértica donde un pueblo ha quedado sepultado en los médanos, tan sólo emerge la aguja de la Torre de la Iglesia".

Bombal escribe sobre el cielo: "El cielo, en cambio, no tiene ni un solo secreto pequeño y tierno. Implacable, despliega entero por encima de nosotros su mapa aterrador" (p. 92).

---

[43] El poema infantil "El sapito Glo, Glo, Glo" es del poeta argentino José Sebastián Tallón (1904-1954). La asociación al poema surge por la propia experiencia de infancia.

El cielo solo le produce temor, o quizás un profundo respeto, sobre todo el nocturno poblado de sueños.
Mar, tierra, cielo no se agotan en este texto, sino que se deslizan por toda la narrativa de Bombal, una escritora interpelada por la naturaleza.
La segunda crónica "Washington ciudad de ardillas" también es de 1940 y está dedicada a María Rosa Oliver, escritora y ensayista argentina[44].
El inicio es irónico: Bombal señala que por debajo del pensamiento científico y de las definiciones exactas está "el infeliz poeta que escribe en prosa –y éste es mi caso– nada más difícil que encarar un artículo en tercera persona, ya que es su especialidad" (p. 94).
María Luisa Bombal ha elegido vivir en Washington, más que en Nueva York, pero en esa ciudad tampoco logra escapar a la melancolía y a la añoranza por su propia tierra: "¡Y nuestro pasado, por muy triste que sea, es el único compatriota que en el extranjero nos permite reconocernos a nosotros mismos!" (p. 94).
Su narrativa me conduce también a la calle de mi infancia, a la vuelta a la manzana en bicicleta y a aquella primera experiencia perturbadora narrada en mi cuento "Rescate"[45].
Bombal describe: "Era un día gris, de esos días en que la tristeza cae del cielo como una lluvia. Atardecía cuando me tocó atravesar un parque…" (p. 95). Es cuando aparecen las ardillas. Su presencia desencadena algunas evocaciones, las que por algunos instantes logran apartarla de los miedos, como lo que les contaba su madre: Las ardillas son "las brujas", "unas brujas juveniles y traviesas, pero brujas, a pesar de ello", como "todos los sapos son príncipes" (p. 95).
Luego un episodio (regreso a lo ya explicitado sobre el proceso de sus crónicas, como los recuerdos marcan el ritmo, la experiencia personal en el no-límite de la ficción) da lugar a la escena de la "Maquinaria del tiempo", quizás para poder escribir que las ardillas "Son como relojes perdidos que laten por su cuenta" (p. 96):

> "¿Qué hacen?, ¿qué piensan, qué utilidad prestan, para qué viven las ardillas?, me preguntan".

---

[44] María Rosa Oliver (1898-1977) fue una de las fundadoras de la Revista *Sur* junto a Victoria Ocampo. En 1958 recibió el Premio Lenin de la Paz.

[45] Otsubo, María Claudia. *De eso se trata*, op. cit.

> Pues, para jugar y contemplar. Para que no se pierda la noción del juego en el mundo, y para contar los minutos inadvertidos como aquel reloj. Para que nada se pierda (p. 96).

La tercera crónica se titula "La magia y el ruiseñor", es de 1960 y está dedicada a Patricia Lutz, escritora chilena[46].
El título evoca el cuento de Oscar Wilde y, luego de atravesar el texto, me animo a pensar que se produce en el mismo un gesto similar al del príncipe. ¿No estuvo acaso Bombal observando desde el borde de una ventana su infancia y su pasado?, ¿no fue también un ruiseñor quien finalmente con su música –aunque ya no su sangre– le ha regalado desde el inicio el impulso que precisaba para poder escribir?
La crónica mantiene un registro particular: la voz narradora conversa con un "ustedes" que por momentos somos "nosotros" y que también es ella misma.
En ese intercambio afloran los recuerdos, en especial los de Viña del Mar, que es lo mismo que decir los recuerdos de su infancia.
Entre ellos sobresale el vínculo con el mar, sobre todo cuando llega el verano y el Pacífico abandona su amenazante tempestad.
Escribe Bombal:

> —Es que tiene corazón y es de verdad amigo… aunque rencoroso —agrego casi a pesar mío. —¿Rencoroso él, luego de lo que acaba de contarnos? ¡Imposible! (p. 101).

La crónica narra sobre los juegos de niños, los castillos en la arena, la magia de ciertos personajes de Viña; una historia de amor y los paseos costeros donde sobresalía la figura de Felicitas Subercaseaux (que fue Reina de la primavera en 1920 y 1924, y actriz en los Estados Unidos).
De pronto la narración hace un salto, y el escenario es Nueva York desde donde la mirada se detiene sobre lo ya narrado, desde aquella ventana imaginaria, y es de pura melancolía. Al punto de preguntarse:

> —¿Existe, existe ese rincón de paraíso —me pregunto súbitamente alarmada—, o es que,

---

[46] Patricia Lutz es hija del General Lutz, asesinado bajo la dictadura de Pinochet.

> sin darme cuenta por mero placer poético, he estado propagando una ficción? (p. 106).

El sonido del mar consigue traerla de regreso a Chile y a las "tres niñas, ahora adolescentes, mis dos hermanas y yo leyendo en francés su primera novela rosa" (p. 107); las novelas *Magalí, Malencontre, L'héritière de Ferlac....*
Llega también el sonido de las campanas del Colegio de las Monjas Francesas de los Sagrados Corazones y, en el final, el momento para el homenaje a la música con la mención a Enrique Granados, el compositor español; el "ruiseñor" de su texto para poder cerrar el círculo: "Viña del Mar, mi pueblo, tu ruiseñor".

IV. *Otros escritos* (1939-1977)

Finalizo esta crónica sobre María Luisa Bombal incluyendo la lectura de los *Otros escritos*.
Se trata de cuatro textos publicados entre 1939 y 1977.
El primero es la reseña cinematográfica de *A Puerta cerrada* (1939), película argentina dirigida por Luis Saslavsky, con grandes elogios a la dirección y a la actuación de Libertad Lamarque. Bombal inicia su texto con unas líneas de Jorge Luis Borges: "Hay que entrar en el juego, la gente no sabe entrar en el juego" para continuar:

> Entrar en el juego. Había aquí motivo para una serie de reflexiones trascendentales; por ejemplo: que el grueso público no quiere entrar nunca en el juego de la poesía; que las mujeres no quieren arriesgarse nunca en el juego del amor; que media humanidad se resiste a aceptar el juego de la vida, etc. Pero quiero hablar de un juego mucho más accesible, de un juego popular y cotidiano: el del cinematógrafo[47] (p. 112).

El segundo texto es "Nueva York con Sherwood Anderson" (1939), una entrevista realizada al escritor americano en 1939. "Nueva York es una ciudad poética", dice Bombal, "y es la ciudad del silencio".
En este escenario –y en el del congreso del *Pen Club,* al que Sherwood, como tantos otros autores estadounidenses no acudirá– la escritora, en su rol de periodista, le realiza una

[47] Bombal, María Luisa, *Obra completa, Tomo 1*, op. cit.

breve entrevista al autor de *Winesburg, Ohio*, que incluirá además un paseo por algunos sitios de la ciudad, como la emblemática *Girl Lib*.

Bombal tiene una mirada crítica sobre muchas cuestiones que están ocurriendo tanto en EE.UU. como en Europa. Así finaliza, y hace suya, una sentencia de Sherwood: "Algo terrible parece haberse apoderado del viejo mundo. No podemos ya seguir tomando nuestros impulsos culturales allí. Algo está allí corrompido".

Invitada a disertar en 1973, para la "La inauguración del sello Pauta", Bombal confiesa su amor por la música "Sólo soy y formo parte de esos miles de 'vagos' enamorados de la música, que no logran vivir para ella, pero que no pueden vivir sin ella"; también elogia al maestro Tortorella (Adalberto) y al clavicordio.

Para expresar su amor por este instrumento lo cita a Pascal:

> No se puede sino pensar que el clavicordio y sus compositores e intérpretes resumen ese pensamiento de Pascal que unía un todo en tres palabras: *Geometría – Pasión – Poesía* (p. 120).

El último relato corresponde al "Discurso en la Academia Chilena de la Lengua", en ocasión de recibir el Premio de la Academia Chilena de la Lengua que le fue otorgado el 22 de septiembre de 1977, en el que hace una síntesis de su recorrido como escritora.

Imbassaí, julio 2020

La audacia de Armonía Somers

I. *Una mujer desnuda* (1950)

Desnuda,
una mujer desnuda
y a lo oscuro,
como cantó un día
el catalán.
Porque su presencia
iluminada
es puro deseo
y pecado,
sábanas que
deberán tenderse,
más tarde
al sol.
Desnuda,
una mujer desnuda
nunca recuerda
nunca;
se abre camino
libre
virgen,
perfecta.
Una daga
y el corte
por donde sangra
lo perdido,
le da sentido
a su peregrinar.
Su nombre resuena
en mis versos.
Eva, Friné
Grisalba
O quizás, también
Simonetta,
y Dánae de Klimt.
Las hembras
no deben llevar nombres
que volviéndoles
una letra
sean de varón.
Una mujer desnuda.
El horizonte
dibuja demudado

su figura.

Y el paraíso
se rinde a sus pies.

II. Desnuda o Rota

Rebeca Linke, treinta
años. Dejó su vida
personal atrás, sobre una
rara frontera sin
memoria.

Me acerco a la escritora uruguaya Armonía Somers (1914-1994) a partir de la lectura de *La mujer desnuda*, novela publicada en 1950.
Mi primera correspondencia con el texto, como ya ocurrió con la novela de Sara Gallardo, *Los galgos, los galgos*, es con un poema. Las palabras surgen, luego de la pausa, en la suspensión del instante que le sigue a la lectura (similar al instante luego del goce de los cuerpos), y se anudan en los versos que se fueron escribiendo uno a uno, con ritmo propio, sobre la hoja.
He dado el paso inicial por la narrativa de Somers, sin sospechar que no hay camino de retorno y que, por lo contrario, solo sentiré necesidad de continuar avanzando.
El acceso a su obra es gracias (otra vez agradecida, ya me he referido a este tema) a encontrar sus novelas y cuentos digitalizados.
Descubrir que podía tener acceso a Somers, como me había ocurrido con María Luisa Bombal, renueva la obsesión, que había logrado calmar, de intentarlo otra vez más con la escritora argentina Norah Lange. ¿Sería posible que no hubiera implementado las herramientas de búsqueda adecuadas?, me pregunto con renovada incredulidad, mientras regreso a los sitios ya visitados o me sumerjo en otros nuevos para comprender, por fin, que no hay modo de leer *online* a Lange, salvo pocos poemas o algunos desordenados fragmentos de su narrativa.

La mujer desnuda, a continuación de la lectura de Bombal, incrementa mi admiración por estas narradoras latinoamericanas que, debo confesar, no conocía.
Para la fecha de la publicación de la novela que leo, Somers se desempeña como maestra, pero también comienza a

especializarse en criminalidad juvenil. (A partir de la experiencia que adquiere trabajando en barrios marginales de Montevideo). Su trabajo se ve reflejado en distintas publicaciones; comienza a participar de seminarios internacionales (OEA, UNESCO). En 1957 recibe por su labor el Premio Universidad de la República y también es invitada a algunos países de Europa: Francia, Inglaterra y Alemania. Distintas becas le permiten también vivir en Ginebra y Madrid. Sin embargo, en 1971, a los 57 años, deja las funciones oficiales y se dedica solo a escribir.

La mujer desnuda y la mayoría de sus cuentos, en especial "El derrumbamiento", son por sobre todo provocativos, audaces y, para la época, sin duda, escandalosos. (La autora elige hacerlo con el seudónimo con el que la conoceremos: Armonía Somers, manteniendo el nombre, pero no el apellido de familia, Etchepare).

La protagonista de la novela es Rebeca Linke quien, el mismo día en que cumple treinta años, se corta (se auto decapita) la cabeza. No hay dolor o terror, tampoco sorpresa, en ese gesto tremendo; y luego, así como la cabeza cae, la levanta y se la vuelve a colocar, con naturalidad; y al ver que encaja perfectamente toma la decisión de "aventurarse desnuda al exterior".

Un inicio surrealista, en algún punto gótico, perturbador y deslumbrante.

En su peregrinar, la mujer se detiene a plena luz –cuando la desnudez ya no puede ser resguardada por la oscuridad de la noche– en un pueblo. La visión fugaz, confusa y perturbadora, que tienen de ella un par de pobladores alimenta no solo la leyenda (la duda) de su existencia, enciende también todas las pasiones ocultas, reprimidas o simplemente olvidadas a fuerza de tedio, de hastío o por la costumbre. La aparición de la mujer enciende el erotismo entre los esposos, hace tambalear la vocación del cura (pintor frustrado que, luego incapaz de soportar otros matices de la realidad, se inmolará en el fuego), desata el desborde de los iracundos y la ceguera de los fanáticos quienes, ante lo que los perturba, solo atinan a responder con la violencia. La presencia femenina despierta la pasión de Juan, como también la de la misma Rebeca, la mujer primera, la Eva del paraíso:

> —Dame esa manzana, no la cortes —dijo de pronto obsedido siempre por los mismos pensamientos" (p. 68).

> —¿Fuiste tú quien mordió una manzana de estas cercas? (p. 86).
>
> —Bah… —contestó ella evasivamente—, es una historia demasiado vieja. Hace miles de años y yo no tenía ombligo. ¿Qué puede importarte a ti de la desgraciada manzana? (pp. 86-87)[48].

Mientras leo, la memoria me va trayendo recuerdos de otras narraciones, de imágenes de películas, incluso de cuadros. Percibo también las propias lecturas que ha realizado Somers, como ese verso que se cita entrelíneas de César Vallejo (las cursivas en la cita son mías para señalar el intertexto):

> Alguien que había dicho cosas del dolor del hombre, el hombre de todos los lugares, cosas que podrían servir entonces para andar cualquier camino y hacia cualesquiera de los vientos. "*Mi dolor es del viento del norte y del viento del sur, como esos huevos neutros que algunas aves raras ponen del viento. Si hubiera muerto mi novia, mi dolor sería igual…*" (p. 103).

Mi biblioteca se enciende también con *La mujer rota* (1967, de Simone de Beauvoir), incluso tratándose de una historia disímil, muy diferente a la novela que estoy leyendo, es quizás la resonancia de ambos títulos. Busco el texto de la escritora francesa para recuperar (y asombrarme con) las líneas del inicio:

> Doble sensación de extrañamiento: me iba muy lejos, a orillas de un río desconocido; alzaba la vista y volvía a encontrarme en medio de estas piedras, lejos de mi vida.

La novela de De Beauvoir es posterior a la de Somers. ¿Habrá leído una a la otra cuando escribió, por ejemplo "Yo perdí mi imagen" o esas últimas líneas desesperadas de

---

[48] Somers, Armonía. *La mujer desnuda* (Spanish Edition) Trampa ediciones. Edición de Kindle. Las citas sobre la novela corresponden a esta edición digital.

la mujer que ya no tiene el amor de su marido (su único afán de vivir), y que por ello se quiebra, como la figura de porcelana que forma parte de la decoración de su casa?

No hay similitud aparente en las historias narradas en los dos textos. Sin embargo, se trata de dos mujeres "mutiladas".

En el caso de *La mujer rota,* la protagonista se va desmembrando en su afán por asirse a su obsesión –Maurice, el marido infiel y el pasado que tienen en común–; la mujer de *La mujer desnuda* decide auto decapitarse para poder ser ella misma. Las dos, en ese trance, emprenden un camino existencial con finales que no cierran las historias, porque no se busca una respuesta cierta a esa cuestión que queda sin resolver:

> Rebeca Linke pasó por segunda vez junto al bosque, con su largo pelo suelto. Flotaba boca abajo, como lo hacen ellas a causa de la pesantez de los pechos. Fuertemente violácea en su último desnudo, en su definitivo intento de justificación sobre el féretro deslizante del agua. (*La mujer desnuda*, p. 107).

¿Para nacer una mujer nueva de las aguas?

> Pero sé que me moveré. La puerta se abrirá lentamente y veré lo que hay detrás de la puerta. Es el porvenir. La puerta del porvenir va a abrirse. Lentamente. Implacablemente. Estoy sobre el umbral. No hay más que esta puerta y lo que acecha detrás. Tengo miedo. Y no puedo llamar a nadie en mi auxilio. Tengo miedo (*La mujer rota*, final).

Es la propia mujer la actora de su destino.

La infancia de las autoras no ha sido muy diferente en cuanto a las posibilidades económicas, Simone de Beauvoir nace en una familia burguesa y adinerada, que pronto queda en la ruina debiendo hacer cambios drásticos para acomodarse. La familia de Armonía Somers es muy pobre.

Ambas se crían en ámbitos muy particulares: madres muy católicas, intelectuales y con gran personalidad. El padre de Armonía Somers fue anarquista y decide no casarse con su mujer por sus convicciones revolucionarias (aunque tiene dos hijos más con su cuñada); el de Simone de Beauvoir fue abogado, también actor aficionado y bohemio.

(Recomiendo con énfasis la lectura del capítulo dedicado a Armonía Somers, escrito por Ana Inés Larre Borges, que forma parte del libro coordinado por Cielo Pereira, *Mujeres uruguayas. El lado femenino de nuestra historia*)[49].

De cualquier modo, las dos autoras, la "no visible" uruguaya y la reconocida francesa, provocan, desafían y estimulan desde su particular narrativa y por el tratamiento de lo femenino, un tópico impensado o difícil de abordar años atrás. Previo a la publicación de *La mujer desnuda*, se editaba *El segundo sexo,* un ensayo feminista (que no he leído) de Beauvoir, que en su momento escandalizó por el abordaje del tema.

Quizás esta vinculación mía pueda resultar forzosa o sea incluso inexistente.

Hoy diría que, así como en algunos aspectos (no todavía en lo que hace a ciertas obsesiones y a la incapacidad para no perderse en un otro sin poder reconocerse a sí misma), la mujer de *La mujer rota* ha avanzado varios casilleros. Sin embargo, la protagonista de *La mujer desnuda* es eterna, porque su perdurabilidad se centra en ese gesto inicial de la novela para permitir un nuevo inicio como mujer.

No he podido separar a las dos escritoras desde el inicio de la lectura de la novela de Somers, y el vínculo que estableció mi memoria literaria es lanzado al viento como estas crónicas de viaje, que solo resultan de la experiencia de mi andar. Nada más, ni nada menos que eso.

Imbassaí, julio 2020

III. *El derrumbamiento y otros cuentos* (1953)

Hay cosas que no
pueden decirse, no por
lo que expresan, sino
por la soledad que
encierran.

Derrumbamiento.

Según el diccionario: "Destrucción, hundimiento o caída de una cosa que está derecha o en equilibrio (…)".

---

[49] Somers, Armonía. Mujeres Uruguayas.Tomo 2. Coord. Cielo Pereira 2001. Documento disponible en Scribd.com

La definición les cabe a los cinco cuentos que conforman este volumen, publicado en 1953, porque todo se desmorona en los relatos: lo sagrado, las normas morales. Los cuerpos se desnudan, sufren o son maltratados y se convierten en "despojos".
Armonía Somers señala frente a una pregunta sobre la escritura del cuento "El derrumbamiento":

> … sobre una roca de Podios nuevo, luchando con el viento que quería llevarse los papeles y el diablo que pugnaba por mi alma[50].

La historia que se narra es la de un negro que está escapando del asesinato de "un bruto blanco". El relato se inicia a media res, el hombre está huyendo bajo la lluvia y maldice: "Sigue lloviendo. Maldita virgen, maldita sea. ¿Por qué sigue lloviendo?".
Aterido por el frío, empapado, lastimado, "a paso lento, pero persistente", encuentra refugio en una cabaña. Allí se producirá el encuentro con la "Virgen blanca"; en ese lugar, casi un rancho, donde se le destina un lugar para dormir, que se asemeja a un "valle" ("en este valle de lágrimas", evoco), entre otros cuerpos sudorosos y cansados como el suyo, y en el que se deja caer agotado, descubre a la Virgen, "la rosa blanca", que se corporizará a su lado para llamarlo por su nombre, Tristán, y pedirle que la ayude a liberarla de su caparazón de cera. Porque "yo no quiero ser más virgen", le suplica.

> Que luego no pude llorar más por haberlo perdido. Desde que me hicieron de mármol, de cera, de madera tallada, de oro, de marfil, de mentira, yo no tengo otro llanto. Y debo vivir así, mintiendo, con esta sonrisa estúpida que me han puesto en la cara[51].

Con sus manos avergonzadas y torpes, guiado mayormente por las de la Virgen, el negro la irá recorriendo palmo a palmo hasta lograr que aflore (desflorar, leo) la verdadera carne de la mujer. "Has derretido una virgen", le dirá entonces ella, para agregar después: "Alcanza con que el

---

[50] Somers Armonía, op. cit.
[51] Somers, Armonía. *El derrumbamiento*, *https://anaforas.fic.edu.uy*

hombre sepa derretir a una virgen. Es la verdadera gloria de un hombre".

Una vez liberada de sus ataduras, la mujer escapa por la ventana, al mismo tiempo que llegan los que persiguen al negro, que ya está enfermo y condenado de antemano. Es entonces, en ese instante que la cabaña se deshace "como un esqueleto" por el derrumbe.

Se han publicado diferentes trabajos sobre este relato que se abre a tantas interpretaciones (se encuentran en la red).

Asumo que al escribir hago un recorte.

Así como cuando se eligen unas palabras y se desechan otras, que no por eso dejan de existir o tener valor.

Así también como los caminos que se toman y no hacen desaparecer los otros.

Así en este relato, elijo desde donde mirar para situarme, entonces, en ese movimiento de la Virgen y en su deseo expresado.

Observo al hombre, un negro desnudo que no puede negarse a sus pedidos, y se convierte en un instrumento. Como sus manos se ocuparon en matar al "bruto blanco" (que asesinó a su Hijo, dice la Virgen), ahora ellas se entregan para satisfacer a la mujer.

Es posible que ninguna imagen que enfrente de aquí en más de la Virgen escape al recuerdo del cuento, pero, y aun entendiendo el escándalo que pudo haber provocado en su momento, no leo en el relato ofensa ni brutalidad. Solo puro erotismo y fascinación, y las palabras elegidas por la autora son las exactas para describir el deseo temeroso y respetuoso del negro y el casi visceral de la virgen.

Las palabras transmiten, sobre todo, muchísima ternura. Y es esa perfección narrativa lo que dimensiona y da valor a lo que se quiso contar.

El segundo cuento es "Réquiem para Goyo Ribera", que se inicia cuando Miguel Bogard llega al cuarto donde está muerto Goyo Ribera, para ser testigo de su triste y solitario final.

Mientras tanto, en el exterior de la casa, ya estaba esperando un furgón de mediana calidad como la caja en donde están embalando al hombre, como el estilo total de la habitación indescriptible, que hace expresar al protagonista: "Todo era irreal, nebuloso, inasible" (p. 28).

La particular relación de Miguel con Goyo, que se descubre en las evocaciones de Miguel, se lee en entrelíneas y sugiere un amor no correspondido por parte del amigo.

El número tres emerge una y otra vez en el texto y lo voy destacando cuando aparece, porque creo alude a que tipo de vínculo existió entre ambos hombres, el de un trío: Miguel, Goyo y una chica que, según Miguel, no lo merece y por la que, en su momento, habían tenido una discusión. "Tres años –le señala Goyo cuando ambos discuten– es el tiempo que ha perdido la chica a su lado".
El número tres se destaca incluso en la esfera del reloj que encuentra Miguel en el cuarto:

> Se veía en un rincón un lecho desordenado, dos sillas, un reloj colgado en el muro. Un reloj. Martin se precipitó en la esfera, desesperadamente, buscando allí algo vivo donde asirse de la muerte de Goyo. Pero el reloj estaba detenido. Las tres (p. 28).

Tres días le había pedido Goyo a Miguel, tiempo necesario para confiarle una conversación, una "cuestión de conciencia".
Y se repite en las recriminaciones que le hace Miguel:

> Tus hijos a medio plasmar tirados al caño de la m... cada tres meses, o cada tres días si pudiera hacerlo. ¿O crees que no sé a dónde va a parar periódicamente tu reloj de oro para pagar esa traición inaudita con tu sangre? Sí, tu formidable sangre, más formidable que todo tú, menospreciada por esa matriz sin vibraciones, por esa alma sin sexo, por esa infrahumana cosa que ya nació perdida (p. 39).

Son también tres las mujeres del relato:
-la otra, que le disputó el amor de su amigo;
-una viuda joven italiana, dueña del restaurante donde almuerza el día del entierro y frente a la que se siente impotente para brindarle consuelo sexual;
-y la propia mujer de Miguel, María –la señora Bogard–, que hace muchos años navega en un mar de frivolidad, lejana en todo sentido a lo que él siente (lejana desde siempre, ya que Miguel nunca pudo desearla).
El mundo ha dejado de "girar" tanto para Goyo (cuyo oficio ha sido el de relojero) como para Miguel. Así lo expresa con desgarro y con las rodillas clavadas en la tierra recién removida que voluntariamente retendrá bajo las uñas: "No

me dejan, nunca me dejaron, jamás me permitirán tenerte, Goyo Ribera" (p. 44).

El dolor lo persigue al regresar a su casa, decorada en exceso con flores –por su aniversario número veinticinco de casados (que ha olvidado)– como si se tratara de un velorio, "su velorio", ya que es en ese instante cuando se da cuenta que, como su amigo, él también hace rato que se ha muerto.

El cuento "El despojo" se estructura en tres mini relatos.

El primero es "La araña", que se inicia con un hombre que huye de una granja (muy similar al negro del cuento primero) y así de su opresor: "...escapaba de la granja tal como había llegado, completamente dueño de su alma y de su cuerpo". En la huida, se adentra entre las mieses y se lastima: "parecía que era necesario rasgarse, meterse aquella experiencia en la carne para saberlo,...". La experiencia dolorosa del cuerpo es también la del recuerdo del contacto con la mujer del patrón, que tenía lugar en el mismo lecho de la pareja mientras el marido dormía. Pero en la distancia que le proporciona la huida entiende que tanto él como el otro se han comportado como "arañas" con la mujer: una víctima como otras que "noche a noche, son devoradas en silencio, a grandes saltos"; para confesarse por fin que "el hombre sólo se ama a sí mismo y en los otros hombres". (¡Cómo resuena "Todos los hombres son iguales", el cuento de Adolfo Bioy Casares!).

El segundo relato es "La violación". Un hombre entra a robar pan, pero termina violando a la hija, casi una niña, del panadero. "Era inocente como la harina de los sacos". De nuevo, los protagonistas son los cuerpos. Este hombre, como el del relato anterior, "Necesitaba volver a tener los huesos duros para alcanzar cuanto antes la sombra" y poder seguir huyendo, que parece ser el destino de los infelices.

El tercero, "El enjuiciado", narra el despertar de un hombre sobre una pila de heno, la extrañeza de su condición, ¿está vivo o muerto?, ¿es todo un sueño?, que se acentúa luego en la escena donde una mujer lo amamanta (¿real o imaginada?, y erótica por demás).

Al finalizar los tres relatos, comprendo que siempre se trató del mismo hombre, aquel que huía de la granja con su caramillo (una flauta, la única posesión que lleva consigo, ¿falo?). Un instrumento que ahora solo emite una música vulgar, como ha sido siempre él en el recuerdo y para "(...) aquellas míseras mujeres (que) lo habían transmigrado a tantas formas, Aquellas mujeres... Quiso volver a pensarlas a todas, desde el primer deseo de la vida".

Como anunciaba el título del cuento, lo que queda finalmente del hombre mientras se adentra en la muerte, es su "despojo".

"La puerta violentada" me sienta (y la palabra es la adecuada) en la mesa donde están comiendo Juan y sus tres hermanas solteras (Virginia, Clara y Violeta), para asistir desde ese lugar a la progresiva locura de todos –como si esa condición hubiera sido, desde siempre, herencia de sangre–. Resalto algunas intervenciones, donde se escucha la voz de la narradora; como, por ejemplo:

> No hay nada más obsesionante para el hombre que eso que ha convenido en llamar el paraíso. No tanto porque lo imagine hermoso e interminable. Aunque se persista en decir lo contrario, nadie piensa que pueda existir algo que supere a la tierra, aún en la precariedad de su tránsito (p. 109).

El cuento finaliza con Clara tragando:

> (...) en su quemada salivilla antigua lo que los demás se estaban perdiendo estúpidamente, la maravillosa corporeidad de la locura, su sabor insuperable (p. 112).

Pero ya ni esa misma saliva podría ser suya. Acababan de violentar también su boca cerrada.
La saliva y el paraíso, presentes en este relato, conforman el título del siguiente: "Saliva del paraíso".
La historia se inicia con una pareja conversando en un parque. A pesar de esa supuesta intimidad que les proporciona cierta penumbra son observados por dos ancianos: uno, un vagabundo, "un pobre diablo" enfermo, al borde la muerte; y el otro, "el banquero", que los mira desde su auto, donde están también sus dos nietos de "orejas telepáticas" y el chofer.
A partir de la visión de la pareja, los dos viejos recuerdan sus propios abrazos (otra vez en Somers la memoria sobre lo perdido o lo olvidado).
Ambos hombres son ahora un "despojo" de lo que eran, y saben que morirán solos.
Sin embargo, mientras me aproximo al final del relato, las escenas se superponen, (el paso de una a otra está marcado por los puntos suspensivos al inicio de cada párrafo): la

pareja del parque pasa frente a un hotel donde dos mujeres y un hombre están ingresando, una mujer soltera y una pareja:

> Ellos pidieron las llaves, con una inconfundible sonrisa de alta clase. La frágil y dorada mujer soltera tomó la suya con cierto aire de ausencia. El joven matrimonio pareció atársela al cuello (p. 126).

¿Cómo no admirar en esta síntesis la capacidad narrativa de Somers, que se centra en el objeto –la llave– y el distinto significado para la pareja o para la mujer soltera?
¿Qué es en realidad lo que sucede luego? Es confuso, ambiguo.
La escena dentro del cuarto del hotel ¿es un recuerdo del anciano banquero?, ¿es la pareja del parque? ¿o una evocación del vagabundo?
Ya en el supuesto "paraíso", el viejo vagabundo (ha muerto) comprende que nada es como se cuenta allá abajo.

> Mentira con la música sacra. Un silencio monstruoso había endurecido el espacio. Quizás el cielo fuera de granito, siempre había tenido él esa sospecha, un cielo duro, tan íntegro, que no se rompía en pedazos sobre el dolor de los hombres (p. 137).

Ninguna de las situaciones que se fueron planteando durante el cuento tiene desenlace y el relato finaliza con la rebeldía del viejo vagabundo que desde el paraíso se da el gusto de salivar a la pareja, gesto que recuerda el refrán: "el que al cielo escupe, en la cara le cae", máxima que descubre "ahora no servía para nada".

Imbassaí, julio 2020

En la tierra de Clarice Lispector

Un aprendizaje o El libro de los placeres (1973)

Entender es una creación, mi único modo.

En esta tarde lluviosa de sábado, habiendo regresado de *Bomarzo*, deshecha ya la valija, y luego de acomodar esas cosas que uno trae de los viajes, además de la experiencia y las imágenes, permitiendo que los ojos vuelvan a reencontrarse poco a poco con lo cotidiano; lentamente, dejé caer la cabeza sobre la almohada y estirando apenas un poco el brazo busqué lo que había abandonado dentro del cajón de mi mesita de luz cuando me fui de viaje con Mujica Lainez: el libro de Clarice Lispector.
Retomé la lectura, que era casi como iniciarla nuevamente.
No era sencillo luego de haber transitado *Bomarzo*, y Clarice nunca me lo ha hecho fácil.
Copio entonces, como si esas palabras justificaran mi falta de paciencia, el comienzo del prólogo escrito por Rosario Hubert:

> Como sugiere Hélene Cixous, la escritura de Clarice Lispector es un ejercicio de esfuerzo, una experiencia inevitablemente incompleta, inabarcable, quizás infinita. Leer a Clarice implica negociar los límites de la expresión y de los significados de la lengua (…) (p.14).

Me reencuentro entonces con Lori y su dilema por vivir porque "(...) vivir finalmente no pasaba de acercarse cada vez más a la muerte". Y por lo tanto con la narradora, que es Lispector; solo ella es quien puede escribir:

> (...) estaba vibrando de puro deseo como le ocurría antes y después de la menstruación[52] (p.23).

Diviso como entre bambalinas a Ulises, ese hombre que la observa curioso, expectante. No puedo dejar de asociar su nombre con el del Odiseo griego, quien pidió ser atado al

---

[52] Lispector, Clarice. *Un aprendizaje o El libro de los placeres*, Ed. Corregidor, Bs. As. 2021

mástil de su embarcación para no sucumbir al canto de las sirenas.
El placer, la búsqueda del placer se vincula a la muerte, señala Lispector, y en este sentido se corresponden los acápites elegidos:

> "...una puerta abierta en el cielo...", del Apocalipsis,
> "del dolor en la alegría", de Augusto dos Anjos,
> "morir y vivir, en palabras", de Paul Claudel.

Como el título de la primera parte: "El Origen de la Primavera o La Muerte Necesaria en Pleno Día" (así en mayúsculas lo escribe Clarice); y esa coma, tan particular, con que inicia la novela, omitiendo y develando al mismo tiempo, el devenir del monólogo interior, que es el de Lori, que es el mío propio como lectora.

La lectura crítica de Cixous sobre la obra de Clarice Lispector es compleja. Es una lectura de pistas por la que yo, doble lectora –de la crítica y de la narradora– debo ir encontrando los propios significados.
Cixious insiste sobre el "mirar" de Lispector, como un ejercicio de "ojos ante una ventana", desde un adentro hacia el afuera; desde el afuera para que se modifique entonces el adentro.
Enseguida recordé el poema de Pessoa (con el heterónomo de Álvaro de Campos), "Tabaquería" y esa conversación que derivó en mis propios versos:

> Porque tras del vidrio ocurre
> el misterio de la vida
> y más aquí el tan adentro
> que provoca
> el pensarte.

Mirar ¿desde dónde?
Desde el *deslumbramiento*, dice Cixous.
El deslumbramiento según el diccionario es la "turbación de la vista por luz excesiva o repentina".
Cuando nos "alumbran por sorpresa", la reacción es de "deslumbre" porque la luz invade con toda su fuerza nuestra retina, en contraste con la oscuridad; tal vez aquella original, la de la primera experiencia de vida; el destello (la lumbre) que queda a resguardo, y desde ese instante tan solo en la mirada. Esa primera respiración única e

irrepetible en que fuimos deslumbrados, tal vez y como nunca, para siempre.
Lispector nos conduce a ese primer lugar.
Y es al agua, a la inmensidad del mar, el refugio al que acude para recrear esa experiencia perdida:

> ...Ahora que el cuerpo está íntegramente mojado y del pelo gotea agua, ahora el frío se vuelve gélido. Avanzando, abre las aguas en dos. Ya no necesita valor, ahora ya es antigua en el ritual retomado que había abandonado hace milenios (p. 83).

Quizás intuyendo o soñando de antemano esta lectura, yo había escrito hace algunos meses un texto (del que extraigo unos párrafos) en comunión con el pensamiento que voy transitando:

> ...Se me figura como un estado de Gracia. Cuando nos adentramos en el agua, evocamos un hechizo silencioso cuando éramos, allí, nada más que lo original. Cuando nuestro ser se desarrollaba en ese mar calmo y tibio, ajeno a la conciencia, el corazón latiendo al ritmo del otro, dependiendo de su fuerza y alimento para sobrevivir.
> Al agua acudimos, regresando a aquellos que fuimos una vez, fascinados por su misterio de profundidad.
> Qué goce más exquisito dejarse mecer cara al sol por el vaivén de las olas; observar el discurrir tumultuoso de un río horadando rocas o sentarse frente a un lago y su imponente quietud.
> Hacia el agua caminaron Virginia y Alfonsina, adentrándose hasta hundirse por completo, con la carga de la vida sobre sus hombros, regresando, tal vez como en un bautismo, a ese amor único del ser original.
> Por ella bracean esta mañana las siluetas negras y sobrevuelan los pájaros.
> Universo de olas y sal.
> Agua, en definitiva, agua donde aquietar el espíritu.

Es apenas un breve acercamiento a la obra grandiosa de Clarice, que escribía con todo el cuerpo, con total entrega, como lo expresa en las líneas de la Nota, que antecede a la novela:

> Este libro requirió una libertad tan grande que tuve miedo de darla. Está por encima de mí. Intenté escribirlo humildemente. Yo soy más fuerte que yo.

Buenos Aires, 29 de abril 2018

La escritura de Elena Garro

"Andamos huyendo, Lola" (1980)

Viva un mes gratis en el mejor barrio.

Subo y bajo las escaleras. Entro y salgo de cada departamento con frío, temor, confusión. Desconfío de los vecinos, camino atenta a las murmuraciones en los pasillos; vigilo a través de la puerta entreabierta; observo tras las mirillas quién llega al edificio, quién se aleja, presiento, supongo, presumo; pero, sobre todo, sospecho.

"Aquí todos desconfían de todos", me susurra Aube, intentando no ser escuchadá por la señora Lelinca, aunque Aube Mayer por momentos, y frente a la necesidad, declare que ella es "su amiga". Porque lo más terrible de ese vínculo entre las mujeres es justamente que: "Las cuatro se tenían desconfianza".

Leo y me introduzco en "Andamos huyendo, Lola", el cuento de Elena Garro, publicado en 1980. Es mi primer acercamiento a la escritora mexicana, nacida en Puebla en 1916, fallecida en Cuernavaca, en 1998.

Me sumerjo en el ir y venir incesante de quienes habitan el edificio del señor Soffer.

Es casi imposible detener la lectura una vez iniciada la historia, o no sucumbir a la tentación de escuchar las conversaciones en los departamentos –también lo que no se cuenta– que alquilan la señora Aube y su hija Karin, o la señora Lelinca y su hija Lucía; poder dilucidar el misterio que rodea a la yugoeslava María; asistir al desfile de quienes llegan o se van del edificio; oír al señor Soffer o al negro Joe, con sus modos tan particulares de hablar.

Las historias de vida de las protagonistas, o de quienes llegan al edificio, no se develan demasiado, solo las conozco por lo que conversan entre ellas (así sé de la existencia y la derrota del viejo Al Mayer, a partir de la versión de Aube, su ex–mujer, y su hija).
Garro maneja con destreza y ritmo los diálogos.
Las descripciones de quienes van llegando al edificio surgen de la mirada de las mujeres que acechan cada nuevo movimiento, de modo que también, como lectora, me convierto en un *voyeur* del edificio. En este sentido, la observación deriva en conjeturas, también en cierto temor.
Los personajes son seres desterrados. Viven en un edificio de Park Avenue, pero no pertenecen a ese lugar ni a ningún otro porque han perdido todo, sobre todo su propia patria. Los buenos recuerdos, que se van diluyendo por la realidad que les toca vivir, son los de la infancia o de una etapa anterior al presente. Así los evocan la señora Aube o Lilinca, y el mismo señor Soffer.
A diferencia de Joe, el negro que para hablar de sí mismo lo hace en tercera persona. Según un estudio, "rememorar una conversación situándose en tercera persona puede ser de ayuda para eliminar los prejuicios y empatizar más fácilmente con todos los puntos de vista"[53] .
Garro utiliza este recurso para caracterizar a Joe, que es un hombre que vive según su ley, que no siente temor ni ha emigrado, ni se siente perseguido. A diferencia del resto de los personajes, él pareciera ser el único capaz y dueño de tomar sus propias decisiones.
El título del cuento provocó dos asociaciones.
La primera vinculada con la película alemana *Corre, Lola, corre* (1998). La segunda con la cantante mexicana, Julieta Venegas, y un tema suyo de 1997: "Andamos huyendo".
Un amigo me escribió hace poco que:

> La gente confunde memoria fotográfica con inteligencia, por eso uno puede pasar por erudito e incluso por inteligente. Pero, como decía Voltaire, la mayoría de nosotros (ese *nosotros* no te incluye, *ça va sans dire*) apenas somos loros que repiten a otros loros.

En este caso, la memoria había funcionado tanto en modo fotográfico, como también auditivo. Para superar al loro,

---

[53]*https://www.lainformacion.com/management/hablar-ti-mismo-tercera-persona-no-parecer-idiota-mas-sabio/6511481*

como escribió mi amigo, necesitaba poner en funcionamiento la inteligencia.

La película, recordaba, no tenía ninguna relación con el texto de Garro, salvo por el nombre "Lola", y por ese gesto de correr, que seguramente yo había vinculado con escapar de algo, estar huyendo.

En cambio, la letra de la canción de Venegas se correspondía en su totalidad. Así dice una de las estrofas:

> De qué andamos huyendo si hemos hecho
> nada
> Somos los escondidos en el armario
> De qué andamos huyendo si no cometimos
> nada
> Somos los perseguidos sin saber por qué.

La cantante explica cómo compuso la canción[54]:

> "Andamos huyendo" habla de esta sensación de la otredad perseguida, el sentir que nunca puedes estar tranquilo y no sabes por qué. Me parecía buena la reflexión, ser mujer, ser indígena. El no aceptar las diferencias es una visión patriarcal.

Y en otra entrevista, señala[55]:

> Respecto a *Andamos Huyendo*, cuya inspiración fue el libro de Elena Garro *Andamos huyendo, Lola*, destacó que encontró un nuevo significado a la canción que tiene todo que ver con el panorama que se vive actualmente con los temas del racismo y el clasismo.
>
> "Creo que también puede ser vista como una canción de la 'otredad' de las personas que estamos fuera de la estructura heteropatriarcal, que vemos a una persona ya sea mujer, que sea gay, que sea indígena, y como que estamos en un lugar súper cómodo y creo que la otredad suele incomodar

---

[54]*https://lavozdgo.com/2020/06/07/julieta-venegas-regresa-con-musica-mas-socio-politica/*

[55]*https://elporvenir.mx/enescena/julieta-venegas-reversiona-dos-temas/96514*

> mucho, la diferencia, que sea distinto... como que somos un país muy complejo que pareciera que no acepta su propia diversidad", profundizó.

El gesto de Venegas se aviene al espíritu militante y comprometido de Elena Garro, que hizo de su narrativa un modo de decir revolucionario.
Varias biografías circulan en la red sobre la escritora mexicana. Elijo, aunque la opción no excluye a otras, la escrita por Jan Martínez Ahrens, para el diario *El País*, del 15 de octubre de 2016[56], que entre otras cosas no puede dejar de mencionar que Elena Garro fue pareja de Octavio Paz por veintidós años ("el matrimonio terminó en llamas", dice el autor de la nota). Ahrens manifiesta su admiración por la escritora que está reseñando, señalando con acierto: "Garro hizo posiblemente de su existencia un cuento absurdo, pero dio al mundo una literatura que sólo ahora, en el centenario de su nacimiento, empieza a contemplarse en toda su inmensidad".
Tal vez Ahrens ha exagerado el "sólo ahora". Creo que Elena Garro hace tiempo ocupa un lugar preponderante en la literatura latinoamericana, y no hay dudas de que yo la seguiré leyendo.

Imbassaí, Julio 2020

La mirada de Norah Lange

Sabía reducir el mundo
hasta cuadricularlo
en una ventana.
Alfonsina Storni

Años más tarde descubriría que el mirar es
actividad primordial en Norah Lange.
Silvia Molloy

---

[56] "Elena Garro, una escritora contra sí misma", en *https://elpais.com/cultura/2016/10/13/babelia/1476359923_131235.html*

I. Acercamiento

La recurrencia a ciertos temas que, como la punta de un iceberg, asoman en la narrativa poética del escritor y de la escritora es, a veces, involuntaria, incluso para el propio autor. Como el trazo del pincel sobre la tela, la mano se dirige, misteriosamente, hacia un algo, procurando retener con palabras la imagen, el sentimiento, la emoción, la idea.

Más adelante, por la lectura de los otros o por el propio camino de madurez sobre el continuo desplegarse de la letra, se van advirtiendo esas marcas, las recurrencias (prefiero más esta palabra que obsesiones) con las que el escritor ha ido construyendo su narrativa. Ellas no son conclusivas ni determinantes. Están ahí, van y vienen, dirigen o no el acto de las manos sobre el papel, sobre el teclado. No condicionan, se suman a la búsqueda de ese algo, que como decía Borges, se hace tan inasible.

Las palabras, con las que se escribe, según Blanchot, "(...) autorizan también esta esperanza: la de asir, la de hacer surgir el término donde se anuncia lo interminable".

Adhiriendo al concepto de Noé Jitrik, "el lector no existe; existe el texto que crea al lector"[57], sale a mi encuentro la obra de Norah Lange.

Comencé su lectura en noviembre del 2020, fuera del país, en el nordeste brasileño. Había comprado, antes de viajar, la única novela de Lange, que conseguí de primer intento: *45 días y 30 marineros.* Pensaba seguir con su lectura a través de alguna plataforma *online* hasta mi regreso. Los planes no fueron posibles. No encontré, a excepción de algunos pocos

---

[57] "Siempre se habla de lector, y creo que se cae en la sociología y hay un alejamiento de la filosofía en relación al lugar que ocupa la lectura en el conjunto de las relaciones humanas. Se la pone en un terreno inverificable. Y fatalmente se llega a la conclusión de que todos los lectores son diferentes, ya que todos interpretan de modo diferente aquello que leen. Eso me parece pobre. Pienso, por desafiar esa visión, que el lector no existe; existe el texto, que crea al lector. En el momento en que alguien se encuentra con un texto, empieza a funcionar como lector. O no: evita funcionar como lector". En "Entrevista a Noé Jitrik: Leer un texto como una música", por Jorge Ariel Madrazo, Atenea Nº 492 – Segundo Sem. 2005: 181-195, *https://www.scielo.cl/scielo.php?script=sci_arttext&pid=S0718-04622005000200011*

poemas y fragmentos dispersos de sus novelas, ninguna obra digitalizada de Lange y regresé a Buenos Aires varios meses después de lo previsto.

Por lo que durante ese tiempo fuera del país, procuré leer algunos trabajos, tesis doctorales, ensayos, entre otros, sobre Lange (sabiendo que eso no era lo mismo), como también incursioné por las escritoras y los escritores de su tiempo.

A mediados de julio, me trajeron desde España a Brasil, *Personas en la sala.* Fue en ese momento cuando la voz de Norah Lange salió a mi encuentro con mayor intensidad.

Personas en la sala encendía algunas luces, en ese camino que una y otra vez intentaba iniciar infructuosamente. En particular, una de ellas, ponía en relieve la cuestión de la mirada.

Junto con la novela –generoso regalo de un amigo español, residente en Imbassaí– llegó la tesis doctoral de María Cecilia Ferreira Prado[58], a la que yo venía siguiendo en sus trabajos subidos a la red. La autora le dedica un aparte a la mirada y, en relación con la novela citada, señala:

> *Personas en la sala* es una novela que aporta temas contemporáneos, uno de ellos es el *voyeurismo.* El acto de mirar sin ser mirado, la aventura de inmiscuirse en la intimidad de tres mujeres sin que se den cuenta (…) (p. 216).

A los pocos días de regresar a la Argentina, tuve en mis manos el primer tomo de las *Obras completas* (el segundo está en falta, según me informaron en la editorial Viterbo, por ahora indefinidamente).

Ya entonces con mayores posibilidades de lectura sobre su obra, pude ir siguiendo las huellas de la mirada en la escritura de Lange, sin saber aún hacia dónde me conduciría ese camino.

Los primeros libros de Norah Lange publicados son de poemas: *La calle de la tarde* (1925), *Los días y las noches* (1926) y el *Rumbo de la rosa* (1930). En 1927 se intercala en la trilogía poética: *Voz de vida*, un libro epistolar (treinta y una cartas) que también se inicia con un poema, una suerte de acápite al desarrollo del texto. Decía Lange en una

---

[58] Ferreira Prado, María Cecilia. “La Obra en Prosa de Norah Lange”. Universidad de las Islas Baleares. Fundación Universitaria Española, Madrid: 2017.

entrevista al respecto: "(...) me decidí a escribir un libro epistolar que ahora retiré de mi registro. Como novela era muy mala" (Nóbile, 1968: 18)[59]. (Advierto una diferencia sobre el final del libro en las distintas ediciones. Ferreira Prado, que trabaja con la de Proa (1927), señala que: "Cierra la obra otro poema titulado 'Verso final para su recuerdo que irguió mis lágrimas', que reaparecerá en *El rumbo de la rosa* (1930) (...)". Sin embargo, el poema no está incluido en la edición de Viterbo, y en el poemario presenta un título reducido: "Verso final para su recuerdo").
Inicio mi recorrido por el prólogo a la *Obras Completas*, escrito por Silvia Molloy. Empatizo con ella de inmediato, tanto con su escritura como en el análisis, al descubrir que coincide –y por lo tanto entiendo que fue acertada aquella intuición primera frente al mar de Imbassaí– con la importancia de la mirada en Norah Lange.

> La ventana empañada, que prefigura tantas otras ventanas en la ficción de Lange (...). En *Cuadernos de infancia* Lange afina la capacidad creadora del voyeurismo y lo pone al servicio de la autobiografía –como más tarde al servicio de su ficción–. (...) Perversamente, la mirada convoca espacios de representación y de reflejo. (...) En Lange el secreto se nutre del espiar. Se espía *–per speculum–*, a través de una ventana empañada, o un espejo o una rendija[60].

A partir de estas líneas, volcadas en crónicas de lectura, con la vocación de convertirme también en una voyerista, afinando la mirada sobre el camino, doy inicio el recorrido.
Mi ojo (de esto trata este intento, de mirar y descubrir) lo transitará desplegando una mirada voluntaria, sobre esa involuntaria –solo en sus inicios aventuro–, que desarrolla Lange en sus textos.
Llevo en mi mochila de viaje el otro mapa, el que me fue señalando la periferia de los textos, o si se quiere, donde ellos se sitúan: el contexto de las vanguardias, y el vínculo de Norah con su pareja, Oliverio Girondo, y con otras escritoras y escritores contemporáneos.

---

[59] Ferreira Prado, op. cit., p. 79.

[60] Lange, Norah, *Obras completas, Tomo I.* en "Prólogo". Beatriz Viterbo editores. Bs.As.:2006

II. *La calle de la tarde* (1925)

Contra la tarde he recostado mi alma

Primera detención (¡y tan pronto!) del camino sobre la primera línea del primer poema publicado, "Poemas en prosa":

> Sentir cerca de mí –temblar tus miradas (p. 31).

Continuo luego por la "tarde" extendida de Norah, en la cual se recuesta y se refugia; el espacio de dolor y de los recuerdos, de un horizonte que se repite una y otra vez en la palabra "Poniente", hasta llegar al verso de un poema sin título:

> Yo me he asomado
> a las ventanas de tus ojos (p. 47).

Algo se ha invertido.
Ya no es la mirada de un otro sobre la voz lírica, es la propia atravesando el marco de "una ventana". La ventana surge por primera vez en la lectura que estoy realizando; pronto veré que ya no la abandonará.

> La noche entró por la ventana (p. 58).
> El bullicio se da // a las ventanas abiertas // como un éxtasis ("Ciudad", p. 65).
> Acaso en tu ventana// un verso mío se desangra (p. 70).

La mayoría de los poemas del libro no tienen título y eso contribuye a que puedan leerse, sin esfuerzo, como una continuidad.
Uno de los versos, más adelante, me condujo sin remedio a mis tardes en Imbassaí y al horizonte de mar:

> En el afán de encontrarte
> mis miradas se disuelven hasta confundirse
> con los horizontes azules (p. 80).

Hago una pausa antes de continuar, mientras cierro el primer libro de poemas atrapado en el grueso volumen de las *Obras completas,* como mi alma apresada en la ciudad, con muchísima melancolía.

III. *Los días y las noches* (1926)

Ventana, que has ocultado en vano
tanto pudor de niña.

El poemario (dedicado "A mi madre") se inicia con una serie de versos que aluden a los escenarios por donde transita la voz lírica: la calle, la plaza, la iglesia. Le siguen otros melancólicos que hablan de partidas y tristezas, hasta que finalmente la noche vuelve a acomodarse en la ventana en el poema "Mi pena":

La noche agitanada y mala
se agolpó en mi ventana

Mis ojos comenzaron la vigilia de tu ausencia (p. 96).

Llego después a "Tarde a solas":

Voy a solas desde un recuerdo a otro
abriendo las ventanas (p. 103).

y al poema "Ventana" (p. 105), que preanuncia la escritura por venir de Lange, que se desarrollará tanto en *Cuadernos de infancia* como en *Personas en la sala.*
La noche vuelve a aparecer en "Mi corazón y el alba" (p. 109). Sin embargo, ya no existen impedimentos para que ingrese por completo:

Por la ventana abierta
entra la noche
fuerte como el deseo.

"Éxtasis", se había escrito en el poemario anterior; ahora "deseo", que ingresa a partir de la decisión de la mujer de ir "abriendo las ventanas".
Se intuye la búsqueda por donde transita el poema, como también el anhelo, y entonces evoco un verso propio (e incluso tantos que he escrito sobre la ventana) con tan similar afán:

Abro la ventana
para buscar

tus ojos
descansando
en mi alma[61].

IV. *Voz de vida* (1927)

¿Acaso la vida es más?

Esta primera novela de Lange tiene un registro epistolar. Reúne treinta y una cartas enviadas por Mila a Sergio, que se ha marchado para vivir en Europa. A través de ellas, puedo saber del vínculo entre ambos y el porqué (solo algunas pistas) del alejamiento de la pareja; se menciona el amigo que tienen en común, Iván, y cómo se relaciona con Mila.

La voz que narra es unidireccional, se omiten las cartas que escribe Sergio.

Las cartas aluden al amor y a la imposibilidad. También hay referencias a la muerte, pero lo que prima es el desencuentro y la ausencia.

"Hoy entre nosotros interpone//su apresuramiento el mar", leo en una línea del poema que, como un acápite, inicia el texto.

La ventana aparece en una de las primeras cartas que la mujer le escribe a su amado, ya distanciado:

> Y hay demasiado resplandor que penetra de lleno por la ventana abierta, y cae sobre las carillas llenas de tu recuerdo, poniendo en mi carta un reborde rojo que no quiero ver (p. 128).

Me detengo en estas líneas porque creo que hay varias cuestiones en ellas que pueden ser leídas en la continuidad de la escritura de Lange.

Vinculo el resplandor con el Poniente ("reborde rojo"), una palabra escrita con insistencia en los poemas anteriores. La puesta de sol se corresponde con la hora melancólica de la tarde, cuando la mujer escribe. Es la vivencia de escritura de Virginia Woolf, al regresar de una de las caminatas por sus *Paseos por Londres*:

---

[61] "Camelia", poema inédito de mi autoría.

> La hora del atardecer nos confiere también la irresponsabilidad que ofrecen la oscuridad y la farola. Ya no somos nosotros mismos totalmente.

Mila no quiere aceptar (no quiere ver) la distancia con Sergio; y no puede porque: "llevo en los ojos una continua humedad de lágrima".
Más adelante, en los textos futuros de Lange, casi podré tocar esa humedad de los cristales empañados.
Por último, al final de una de cartas, es que expresa:

> Afuera la noche se aprieta contra mi ventana (...). ¡Cada crujido pone un temblor desesperado en todo el cuerpo, y quisiera arrojarme, a una muerte feroz, desde mi ventana abierta a tanta noche inútil! (p. 160).

Voy resaltando algunas palabras que comienzan a resonar en la lectura, y las que, de algún modo, se confabulan en el mirar de Norah Lange: ventana, temblor, muerte e inútil.
Las anoto también al margen de la hoja porque intuyo que volveré a encontrarlas más tarde.

V. *El rumbo de la rosa* (1930)

> Y me dejaste sola, de pie
> sobre el camino de tristezas.

El libro comienza con un poema sin título. Leo en la primera línea:

> Sobre la noche empobrecida
> por tanta mirada mala (p. 179).

Los escenarios se repiten: la tarde, la calle, la noche, el poniente –"La soledad dichosa del poniente" (p. 190)–; pero y, sobre todo, persiste la mirada, los ojos que se miran "pero sin decirse nada".

> Y la soledad muy cerca.
> Tan cerca, que el silencio de tus ojos
> ya era un claro presagio (p. 180).

El poemario, a diferencia de los dos primeros, se organiza en secciones: "Las manos de mi pena", que incluye versos vinculados con la extranjería, Noruega y las partidas. "Leguas de penitencia", donde "la mirada afiebrada" recae sobre "el niño" y sobre el tema de la maternidad. Y luego siete poemas elegíacos dedicados reunidos en "Envíos".
Alfonsina Storni le dedica un poema a Lange, en relación con este libro.
Dos mujeres, opuestas según la mirada y la crítica de la época.
Leo con detenimiento un artículo de *Página 12*, que incluye la entrevista a María Moreno, en relación con la aparición de las *Obras completas* de Alfonsina Storni[62], donde entre otras cuestiones, dice:

> La supervivencia de la obra de Alfonsina está más allá del marco de la poesía de las mujeres escritoras, crece cada vez que se la traduce o se la reescribe al leerla. Y leerla puede significar cambiar el mapa de la poesía argentina.

Storni formó parte de mis primeras lecturas.
Su *Obra poética*, en una segunda edición de 1948, de Roggero y Cía., me ha acompañado creo desde siempre y en las distintas mudanzas ocupando siempre un lugar de privilegio en mi biblioteca. Lo busco ahora para restablecer el contacto con el libro. Descubro (no recordaba su existencia entre las páginas, ni quien los guardó; todo me viene heredado y así lo atesoro) dos recortes de diario, *sepiados* por el paso del tiempo. Uno es de marzo de 1970, escrito por Odín Fleitas, que escribe un artículo sobre la Municipalidad de la Ciudad de Buenos Aires en el que destaca el nombre de Alfonsina Storni dentro del plantel municipal (ficha n° 19.094), y su puesto como profesora de declamación del Teatro infantil, tarea que Alfonsina desempeñó por quince años hasta su fallecimiento. El segundo recorte es un artículo de Ricardo E. Pose, para *La Prensa*, de 1963. Pose fue un joven testigo de la visita de Alfonsina a una escuela del barrio de Belgrano y también fue amigo, luego, de Atilio E. Caronno, a quien Alfonsina

---

[62] Alfonsina revisitada, *https://www.pagina12.com.ar/2000/suple/las12/00-08-18/nota3.htm*

le dedicó y le entregó muchos poemas, cartas y libros propios.

El poema de Alfonsina, de 1935, del que ya he citado un verso en el acápite de estas crónicas dedicadas a Lange, manifiesta su admiración por la escritora contemporánea. Lo transcribo como cierre de la crónica:

¿Dónde anclará tu "Rosa"
Norah?

La echaste a vagar
por los canales verdes
del alma;
sobre olas de silencio;
en las tardes
redondas, de perfumes porteños:
más allá de la esfera
de ti misma.

A veces se balanceaba
sobre el cero de una laguna,
en éxtasis de paz.

O se alargaba como gusano
para resbalar por entre
los estrechos de la angustia.
O se clavaba
en lo alto
de una peña;
pájaro de fuego.

No era siempre
una rosa...

Ya trepaba
por las chimeneas
negras de la ciudad,
rata pintora,
atisbando paisajes.

O era cazadora
de cabezas de niños,
flores de pies huyentes...

O se ponía dos alas
de papel;

carta triste,
aeroplano diminuto
cortando nieblas...

Podía doler
como raíz
de árbol anciano.

O era moledora
de corazón harinoso,
blanco de sal desmigajable,
rezumador de pétalos
acromos.

Sabía reducir el mundo
hasta cuadricularlo
en una ventana.
Doble mandíbula de 24 horas,
un labio matinal,
otro nocturno,
apresaba un consejo
que era soledad.

Y llamaba a los pájaros
del silencio
para que empollaran
en tu boca
el beso que no hiere.

¡Rumbo de la Rosa,
que navega agua de libro
sin límite posible...!

¿Qué nueva Atlántida
te cazará
en tan vasto
océano?

VI. *45 días y 30 marineros* (1933)

El mar que se le sube a los
libros, a los ojos, a las palabras.

La lectura completa que ahora realizaba de la obra Lange me conducía a un segundo encuentro con la novela que había leído meses atrás, y de la que ya había escrito en Imbassaí. Divido la crónica según estas dos aproximaciones.

Melancólica deriva

Leer a Norah Lange es como asistir a una película de Fred Astaire; a medida que voy sucumbiendo a la magia de sus pies de bailarín, arriba calladamente, y al mismo tiempo, una intensa melancolía, quizás por un tiempo irremediablemente perdido.

Tal vez el desasosiego se deba también a que la lectura de la novela *45 días y 30 marineros*, corresponde a una edición de Interzona, prologada por Jorge Luis Borges, que reúne algunas fotos del lanzamiento del libro. Fotos que retratan a Lange junto a Federico García Lorca, César Tiempo, Emilio Pettorutti, Oliverio Girondo, Pablo Neruda, entre otros. Las imágenes en blanco y negro evocan de inmediato un ayer que hoy, atravesando este presente incierto, no hacen más que cubrirme de nostalgia.

También, y seguramente, porque finalicé la novela frente al mar, y mientras se desata sin aviso el temprano atardecer en el nordeste brasilero, la casa, hasta ayer colmada de *brinquedos* y *Little Ponys* se ha acallado en ordenado silencio.

O quizás tuvo que ver un llamado que me enfrentó a la certeza de la pérdida y de lo irreparable.

Lo cierto es que la lectura es una acción atravesada siempre por las circunstancias del momento, al igual que la escritura.

Como escribirá luego Norah Lange en *Cuadernos de infancia:*

> ¿Cómo es posible, solía preguntarme, que alguien eluda esa emoción por no enfrentarse con la pesadumbre que sobreviene un día, una noche, en que las cosas adquieren mayor hondura, en que uno se siente más bueno, más solitario…?
> (p. 474).

Intento atrapar las líneas de las hojas que se extienden mecidas por esta brisa que va desordenando las letras, incluso las atrapadas en la pantalla de la computadora; a ellas también las alcanza la *maresía* deslumbrante, insistente y corrosiva que ha alimentado mis últimos meses. Siempre se escribe a la intemperie.

No hay resguardo al momento de deslizar los dedos por el papel o al insistir sobre el teclado.

Solo, por algunos instantes, se tiene la ilusión de que es la mano quien guía el trazo.

Solo por unos instantes antes de que llegue la zozobra frente al abismo.

Ya ha comenzado el mes de febrero y los días van transcurriendo morosamente, sin fiestas ni estruendos de Carnaval, con *saudades*.

Febrero es para mí el mes del capullo, de la espera. Lo he comprendido no hace mucho, y saberlo ha sido un consuelo; algo así como la respuesta frente a los círculos de piedra o al deseo dormido por el cuerpo ocupado en otros menesteres.

“Siguen días desarreglados de horarios y actitudes”, dice la protagonista de la novela, incapaz de hacer algo con su alma que, como el barco, se mece a la deriva.

“La noche le alcanza un cielo, atareado de estrellas y un horizonte poblado de mástiles cercanos”, escribe más adelante, y me pierdo en esa imagen nocturna que, como el mar que persiste al alzar la mirada, es hoy mi única certeza.

El foco en la mirada

Para la nueva lectura de la novela el horizonte de mi mirada ya se había modificado, por lo tanto, el texto (siguiendo el concepto de incesancia de Noé Jitrik) también me permitió leer otras cuestiones.

La cuestión de la mirada es el nuevo foco en el que concentro mi lectura en este segundo tránsito por novela, sin desestimar ninguno de los estudios sobre los otros temas que también aborda Lange.

Así leo en el inicio:

> Al subir a bordo, una multitud de miradas celestes le corretea las piernas. Los noruegos no tienen ni la más leve insinuación de ojeras. ¡Ojos_celestes y párpados color rosa! (…). En apretada hilera, los ojos celestes le suben por las piernas, le llegan a la cintura, ingenuos y redondeados por la curiosidad (p. 239).

Los ojos son, desde el comienzo del relato, protagonistas en el texto. Ojos de hombres que, además de mirar, también espían o pueden trepar por el cuerpo de la única mujer del

barco para seducirla; los ojos son los que se permiten lo que está prohibido: tocarla.
Pero además está el ojo de la mujer, primero observando la ciudad que se aleja y a los que la despiden; luego, lo que sucede a su alrededor, en especial, lo que espía a través del ojo de buey, la pequeña ventanita del camarote, por donde ve pasar a la tripulación. Asimismo, por esa abertura la vigila el capitán e incluso, a veces, se comunican con ella: "Pero vete, porque te busca— anuncia Guttorm, desde el ojo de buey que da sobre la cubierta" (p. 261).
El camarote se convierte por momentos en el único lugar seguro (en ciertas noches incluso debe echar llave ante el acoso del capitán), pero no hay demasiadas descripciones sobre la cabina, ni tampoco parece importarle demasiado a la narradora hacerlo. Porque lo significativo ocurre del otro lado cuando al abrir la puerta al universo del barco la muchacha se expone sin remedio a la mirada de los otros. Resulta interesante la ubicación del camarote ya que la ventana no mira hacia el mar, sino hacia el corredor y hacia esa geografía poblada de hombres.
Entonces leo, en concordancia con lo que expresa Silvia Molloy, y en relación con el papel de Norah Lange en el grupo ultraísta:

> Norah Lange operó sin duda en ese grupo homosocial como la diferencia que vuelve más fuerte el lazo entre esos varones que la reconocen, como los marineros de 45 días y 30 marineros, ubicada totalmente en su destino de mujer. (...) propongo que (la novela) se lea como elaboración de la experiencia ultraísta, suerte de picaresca femenina que atestigua las maniobras y los ardides a los que recurre el único personaje femenino para manejar a un grupo cerrado de treinta hombres "un poco excesivo[s] de ternura". (p. 13) [63].

Molloy refiere también a la fotografía y a cómo el retrato evidencia la relación de Lange con el grupo de vanguardia.
Las fotografías son nuestras "ventanas" al pasado y al recupero de la memoria.
La renovada lectura me permite superar el primer sentimiento de la derivada melancólica –provocado por el

---

[63] Lange, Norah, Prólogo a *Obras completas*, op. cit.

contraste entre esos tiempos "de esplendor cultural" y nuestro desangelado presente– para fijar la mirada en ella, la única mujer, vestida de sirena, reina y dueña total de la situación.

Pienso en el hecho de que Lange había terminado el texto en 1930. Oliverio Girondo, que había vuelto ese año a Buenos Aires, le desaconsejó la publicación (que recién se hará tres años después), posiblemente dudando de la calidad de la obra.

Es entonces que me animo a preguntar, y sin ninguna intención de incursionar en una cuestión de género, si no presintió también Girondo esa primacía de su mujer, "de la mujer", cuando leyó la novela y la desechó "posiblemente recelando de la calidad de la obra", según palabras de Ferreira Prado.

Recelar tiene dos acepciones según el DRAE: "1.tr. Temer, desconfiar o sospechar. U. t. c. prnl." y la "2.tr. "Poner el caballo frente a la yegua para incitarla o disponerla a que admita el burro garañón". Prefiero esta segunda y particular acepción al pensar en la demora de la publicación.

La edición de Interzona incluye la nota escrita por Jorge Luis Borges, quien también había escrito el prefacio de su primer libro de versos (Nota publicada en Crítica, "Revista Multicolor" N°18 p.5 9/12/1933) y el excelente prólogo de María Elena Legaz. Será Legaz quien evidencie esta posición de Lange en el grupo ultraísta, citando a Silvia Molloy.

Legaz también hace referencia a la entrevista que Lange brindó, unos años antes de morir, a Beatriz de Nóbile, donde afirmó:

> Es un libro superficial. También fue a parar al cajón de los desechos. Sólo me queda de él el recuerdo de una fiesta que me dieron cuando se publicó. Para mí fue un entrenamiento. Me divertí muchísimo mientras lo escribía, pero, sobre todo, me daba cuenta de que empezaba a hacer con el idioma lo que quería.

Podría decir luego de esta segunda aproximación que la novela más allá de tratarse de un viaje autobiográfico, es el símbolo de ese otro tránsito necesario en el recorrido emprendido por Norah hacia la propia y particular escritura.

V. *Cuadernos de infancia* (1937)

> ¿Cómo es posible, solía preguntarme, que alguien eluda esa emoción por no enfrentarse con la pesadumbre que sobreviene un día, una noche, en que las cosas adquieren mayor hondura, en que uno se siente más bueno, más solitario…?

En esta novela Norah Lange indaga, de un modo particular e innovador, sobre la memoria. Durante mi permanencia en Brasil, y ante la imposibilidad de leer a la autora, tuve acceso a muchos ensayos y estudios sobre este texto, como la ya citada tesis doctoral de Ferreira Prado, o trabajos de Inka Marter, María Elena Legaz, Javier de Navascués o Raúl Antelo (solo por mencionar algunos, la lista es extensa). Sus trabajos se han publicado digitalmente y aportan excelente material crítico sobre Lange.

Sin embargo, en este camino, que es el de una lectora, intento centrar mi atención en la cuestión de la mirada y la importancia de este tópico en la narrativa de Lange. Por dónde, hacía dónde los ojos miran y para descubrir qué, movimiento que se produce, por lo general, a través de una ventana.

El primer párrafo (como ya ha sucedido con otros textos) ya la incluye:

> Entrecortado y dichoso, apenas detenido en una noche, el primer viaje que hicimos desde Buenos Aires a Mendoza, surge en mi memoria como si recuperase un paisaje a través de una ventana empañada (p. 373).

Se trata de una ventana empañada.

El adjetivo elegido es tan adecuado por lo que produce que no puedo dejar de preguntarme si es realmente la ventana la que está empañada o si son los ojos humedecidos por el recuerdo.

Se trata por lo tanto de una ventana que no permite ver con claridad.

Lo que está del otro lado se torna difuso. Sin embargo, sobre ella, al mismo tiempo, se proyecta –sumándose a la delgada línea que confunde los límites entre el adentro y el afuera, entre un lado y el otro–, la sombra de quien mira, recordando entonces el cuento de Saer: "Sombras sobre vidrio esmerilado".

¿Cómo no detener el movimiento de las manos para buscar el relato del escritor santafecino? ¿Cómo no volcar en el papel algunas de las líneas del cuento? ¿Cómo no destacar la inclusión de Alfonsina Storni, a la que acabo de evocar, unas páginas atrás?

> El recuerdo es una parte muy chiquitita de cada "ahora", y el resto del "ahora" no hace más que aparecer, y eso muy pocas veces, y de un modo muy fugaz, como recuerdo.
>
> Es terrible pensar que lo único visible y real no son más que sombras.
> Yo llevaba conmigo los versos de Alfonsina.
>
> El aire ("sobre la transparencia del deseo" "como sobre un cristal esmerilado")[64].

Tanto Lange como Saer me conducen a escribir que cuando el recuerdo surge lo hace a través de un cristal empañado por los cambios que ha producido el paso del tiempo, y por el mismo presente que condiciona el desde dónde miro. Ese recupero es siempre distinto. Por lo que algunas veces se repara en algún detalle, que no logró verse con nitidez anteriormente; otras, la memoria acerca imágenes que, hasta ese momento, había considerado "inútiles".
Destaco los adjetivos que aparecen en esas líneas del inicio de la novela de Lange y los reúno en una continuidad: "Entrecortado – dichoso – detenido – primer – empañada".
Para reflexionar si no es así como funcionan los recuerdos cuando llegan, titubeando (entrecortado), produciendo un sentimiento (dichoso), alterando el tiempo (detenido), rebautizándonos (primer viaje) para dejarnos luego, otra vez, sumergidos en las sombras (empañada).
Señala Ferreira Prado en relación a estos adjetivos:

> El párrafo inicial de la novela ha sido ampliamente comentado (…). Sin duda, como indican la mayoría de los críticos que abordan el fragmento, los dos primeros vocablos definen dos rasgos de la obra: lo fragmentario de la estructura y el tono feliz, propio de quien recuerda la infancia, a pesar

---

[64] Saer, Juan José, "Sombras sobre vidrio esmerilado", publicado en *Unidad de lugar*, 1967.

> de los momentos tan difíciles que se relatan. Además "mi memoria" ya da pie a considerar el rasgo autobiográfico de la novela. Por fin, la frase final con la palabra "empañada" remite a que esa visión del recuerdo, como anota Comas (2007: 58) se singulariza por la falta de nitidez y de precisión de las imágenes (pp. 143-144).[65]

La protagonista observa, a veces en primera persona singular, otras en plural: "La veo ribeteada de ternura…". "La veíamos toda entera…". Sin embargo, en ambos casos, el "nosotros" sucumbe a la narradora quien posibilita el recuerdo, ya que no hay otras voces que refuten lo que se cuenta.

La novela se organiza en episodios, en una estructura de collage.

El tercero (dado por el salto de hoja) evoca las ventanas de la casa de Mendoza: "Tres ventanas dan sobre mi niñez". Una corresponde al escritorio del padre; otra, al cuarto "de la madre":

> Una ventana tan escondida, una luz tan adecuada para disimular el rubor, las ganas de llorar y el encono, la sensación de sentirse separado de los otros por una enfermedad contagiosa. Su ventana mantuvo siempre la luz que conviene a los niños. No he visto otra después. (…) Todas las veces que yo la vi aislarse en esa pieza, para coser cosas chiquititas, tenía esa mirada un poco agrandada y triste, de tanto mirar hacia adentro, como la que he visto, después, en los que han estado mirando el mar (p. 380).

La tercera ventana es la de la hermana mayor, Irene, que le lleva seis años a la protagonista. "Su ventana siempre me pareció misteriosa" (p. 381), el adjetivo concentra ese halo, inaccesible para una niña, que rodea lo adolescente. La distancia generacional se resume en la observación: "Una tarde las oí hablando de pechos" (p. 381).

Más adelante, la narradora señala "Desde muy pequeña me gustaba mirar con mucho detenimiento a la gente […]

---

[65] Ferreira Prado, op. cit.

porque ese hábito me siguió hasta que tuve más años y pude analizarlo" (p. 387).
Al respecto, Molloy afirma que "Lange afina la capacidad creadora del voyerismo y lo pone al servicio de la autobiografía. El yo de la niña es como una cámara móvil que capta todo" (p.169).[66]
Por mi parte, me he quedado detenida en la palabra "analizarlo".
¿Qué resultó de ese análisis? ¿Qué produjo en la escritura posterior de Lange? ¿Fue acaso la reflexión sobre la recurrencia de ese hábito lo que la animó a escribir más tarde *Personas en la sala*?
La mirada también está vinculada con la muerte:

> (...) quise introducirme en la cara de cierta persona (...) A los dos meses, esa persona murió (p. 388).
>
> Cuando oí el obturador de la máquina, mi mirada pasó, instintivamente, del conejo a la figura blanca y pavorosa de Georgina (p. 428).

Pareciera, en una primera aproximación, que el mirar produce temor; si miro, algo malo va a suceder. Pero, por otro lado, ese temor se origina en el acto del *voyeur*, cuyo placer consiste en espiar sin ser descubierto y eso (como le ocurre a la mujer de Lot) tiene un castigo. Sin embargo, en este caso, son los observados los que se mueren. (Me pregunto si como le ocurre a la mosca de Marguerite Duras).
Lo que Lange además propone es qué hacer mientras tanto.
Y aventuro que responde: arriesgar y escribir. Posar la mirada y escribir. Desplazar el temor para lograr atreverse, y entonces escribir.
Cuando la madre está embarazada, la ventana de su cuarto de costura permanece semiabierta: "Mientras esperaba a Esthercita, su pudor solo tenía, para nosotras, una ventana semiabierta" (p. 436).
Pienso si es el "pudor" de la madre o es de la niña que mira, pensando en ese verso anticipatorio en *Los días y las noches*, en "Ventana": "Ventana, que has ocultado en vano tanto pudor de niña (p. 105).

---

[66] Ferreira Prado, op. cit.

Los capítulos en *Cuadernos de infancia* van surgiendo sin un orden cronológico.

¿No replica esa discontinuidad el modo en que se presentan ante nuestros ojos los recuerdos, que surgen como las fotografías desordenadas dentro de un baúl?

Evoco el que tenía mi madre para ese fin. Cuando ella falleció, intentamos repartirnos las fotos entre los hermanos, entre los nietos, pero no sabíamos cómo hacerlo, porque cada una de ellas representaba un recuerdo personal que no era el mismo o similar para todos.

Así ocurre en la novela de Lange, donde cada evocación es una escena retenida por los ojos de la narradora, vivenciado también por las otras hermanas, pero volcado al registro por la que escribe.

La mujer que observa lo hace desde la distancia que impone el tiempo, eso hace que las imágenes afloren abriéndose camino en la memoria.

La distancia pareciera ser la posibilidad para narrar; incluso si la construcción es una ficción, precisa de este salto en el tiempo, el que, a veces, se reduce tan solo a la anchura de la palabra.

La tarde, que tampoco abandona la voz lírica en la novela, se hace "congoja" el día que muere el padre: "su muerte no consistió de un día detenido de golpe, separado de la noche por una congoja". En esa hora es cuando la madre se acerca para contarles que el padre ha muerto, y es recordado así:

> Susana se sonrió. (…) Yo miré hacia la ventana. La ventana, con sus cortinas claras, me sostuvo, mientras mis ojos abarcaban todos sus detalles: la caída de los pliegues, el caminito prolijo de las costuras, el lazo que las mantenía abiertas. La muerte de mi padre se estremecía, toda entera, contra la ventana (p. 471).

En este sentido la ventana es similar al espejo. En ella se reflejan los ojos de la protagonista tanto como los demás rostros.

Así será la ventanilla del tren la que le servirá de marco para despedirse de la cordillera. Resuena en este instante *Absalom, ¡Absalom!,* la novela de Faulkner y esa línea: "… antes de que se perdiera en la distancia la última línea azul de las montañas".

Escribe la narradora que, como:

> la cubierta de un barco (...) la imagen familiar que va borrando la distancia (...). La ventanilla la acercaba, la perdía, sin que yo lo notara" (p. 475).

La tristeza se refleja en los cristales empañados en ese viaje de regreso a Buenos Aires, otra ventana "humedecida", como la ventana empañada en el inicio de la novela. (También le escribía Mila a Sergio en *Voz de vida*: "llevo en los ojos una continua humedad de lágrima", p. 155).

La muerte retorna con insistencia: el fallecimiento de la hermana menor, Esthercita, apenas unos pocos días después de haberse mudado a la casa de la calle Tronador (en la Capital Federal), y luego con la muerte del padre.

"La muerte pequeña tendría la misma manera de abrir las ventanas" (p. 479). La muerte se introduce por el mismo espacio por donde observa la narradora, por una ventana, así como en los poemas lo habían hecho antes el éxtasis y el deseo.

Más adelante, Lange refiere la escena de la trenza.

La trenza confeccionada con los cabellos de la madre –que puede ayudar a cubrir "los tristes y ralos" que le han quedado a consecuencia del sufrimiento por las pérdidas de su esposo y su hija– es casi como una ventana que se abre para que entre por ella un poco de brisa fresca.

La vida y la muerte, como *los días y las noches*, en el abrir y cerrar de las ventanas.

Finalizo las últimas escenas del libro lentamente, con pesar, a la fuerza. Quisiera seguir siendo testigo de más recuerdos. Cierro el libro destacando ese episodio en el que Marta (una de las hermanas) toma baños de luna, desnuda. La imagen, descubierta entre los árboles y en medio de la noche, me recordó, inevitablemente, a aquella *Mujer desnuda* de Armonía Somers.

VI. *Antes que mueran* (1944)

No sabes —me dijo— las
posibilidades que se mueven detrás de las
palabras.
Eres la sombra constante de tus
manos sobre el papel...

Al llegar a Buenos Aires, creí que sería más sencillo leer a Norah Lange. Pero debieron pasar varios días hasta conseguir el primer tomo de las *Obras completas*. Aun así, para continuar el camino cronológico que había emprendido necesitaba esa novela anterior a *Personas en la sala*.

María Elena Legaz (1999: 58) había escrito que: "el texto no ha circulado en los medios críticos e intelectuales ya que nunca fue reeditado, y acceder a la edición original de Losada se transforma en una aventura" (p. 178). [67]

Por fin, logré hacerme de un ejemplar, una edición de Losada del 7 de octubre de 1944. (Por la fecha estimo que se trata de una segunda tirada, tal vez reducida, no se especifica en el libro).

Antes que mueran le fue dedicado a María Elena Legaz[68] como "esta continuación de mis cuadernos" (p. 177).[69]

Se trata de distintos "episodios" que regresan a algunos de esos recuerdos ya narrados en *Cuadernos de infancia*, más otros nuevos. Y el pase de uno al otro, se produce solo por el salto de página, sin títulos que los diferencien entre sí. Tampoco es clara la voz narradora, que a veces se difumina en un nosotros (como en el texto anterior), sin saber quién habla o a quién le ha sucedido lo recordado.

Mi búsqueda seguía el desvío propuesto: el de la mirada, aunque el ojo de lectora mientras se adentraba en la novela iba descubriendo otras cuestiones, que fui señalando con papeletas blancas, un modo de suplir las marcas (que me había prometido no hacer para no dañarlo) en las hojas del libro.

Las voy recuperando ahora ya llegando al punto final de este texto donde Norah lanza una voz reflexiva e inquietante a partir del trabajo de la memoria.

> Mi nombre emergía de mí y regresaba, porque era yo quien me llamaba sin lograr responderme (p. 8).

Me detengo en aquellas cuatro palabras ya mencionadas y que se repiten a lo largo de todo el libro: Inútil, Ventana, Espejo, Muerte.

---

[67] Ferreira Prado, op. cit.

[68] Docente e investigadora de la Facultad de Filosofía y Humanidades de la Universidad Nacional de Córdoba. Ex –Profesora Titular Regular de Literatura Argentina III en dicha Facultad.

[69] Ferreira Prado, op. cit.

Lo *inútil* no en relación a lo que no sirve, sino a lo que ha sido despojado de sentido. Todo es inútil y desordenado antes de que se produzca el cambio.
¿Cuál es el cambio que procura Lange?
Por cierto, no el del orden: "...lo ordenado comienza a suceder y se parece a la muerte" (p. 24).
Lo inútil, parece decir, será el esfuerzo de querer echar fuera lo que pugna por permanecer encerrado dentro de nuestro cuarto: "Y eso que encerré adentro se pasó toda la noche mirándome" (p. 115).
Como había ya escrito en "Ternura", en *El rumbo de la rosa*: "Significado inútil, otra mano no tuya" (p. 184).
O las líneas en el aparte de *Voz de vida,* cuando la noche se hace inútil por la ausencia del amado.
Lo inútil sería entonces la imposibilidad: "Era inútil suponer que sería el único que me miraría esa noche". La posibilidad, por lo tanto, estaría dada por la mirada reflejada en la escritura que puede recuperar, por ejemplo, el recuerdo de una silla olvidada "en su rincón predilecto".
Me manejo con intuiciones, a partir de la lectura de Lange, pero creo que, en estos textos de recuperación de lo cotidiano, "lo más inútil" abandona así el riesgo de quedarse solo[70].
Juan Carlos Onetti escribe en *La Vida breve*:

> ... sabiendo ya por qué una vez a la semana, cerca del puerto, me inclinaba junto a la angosta vía del tren para recoger vidrios, pedacitos de vidrio inútiles y oxidados de maquinarias. (p. 118 y p. 224)[71].

Descubro en ese gesto de Brausen el mismo que realiza Lange.
Inclinarse sobre la realidad para recoger trozos de ella y con ese material realizar la escritura.
Regresaré a este tema posteriormente.
La *ventana*, además de ser protagonista de las casas que se evocan, es la que también logra retener el perfil de un rostro o la inmensidad de los ojos que miran la noche: "las

---

[70] "Pasé sobre ellas, por última vez, con la sensación de que lo más cotidiano, lo más inútil, se quedaba solo", en *Cuadernos de infancia.*

[71] Onetti, Juan Carlos. *La vida breve,* Penguin Random House Grupo Editorial Argentina. Edición en Kindle.

ventanas tendrán las mismas caras estrelladas contra los vidrios" (p. 23). También puede oírsela acompañando el "duerme bien": por las noches "se escuchaba (cerrar) una última ventana" . A través de la ventana ocurre aquello que, a veces, no se puede contar: "vi una cara pálida mirándome desde los vidrios" (p. 38)
La novela tiene un episodio entero dedicado a la ventana. En esas líneas, la ventana se humaniza o, mejor dicho, se funde en la mujer, al punto de ser capaz de gritar, poder experimentar la tristeza o el miedo, o guardar secretos.
Una ventana será también parte importante de aquellas cosas que se pierden al marcharse:

> (…) la canilla reluciente donde mi cara se repetía boca abajo, el vidrio roto de una ventana que, durante las noches de viento, repetía una palabra parecida al comienzo de una frase misteriosa (p. 65).

> Debemos escuchar las voces que dicen jazmín, y ventana, y niño, aunque sintamos que el jazmín, la ventana y el niño constituyen tres realidades dichosas que conocemos de otra manera (…) (p. 67).

Más adelante, la relación futura con la escritura de *Personas en la sala* es inevitable:

> La observó mientras ella la miraba, fijamente, el mismo sitio, un sitio sin interés, ahuecado, del cual casi nada podría recordarse: la fachada desteñida de la casa de enfrente. (…) su presencia era tan segura, tan verificada a la noche siguiente, que, sin saber por qué, sentíamos deseos de que algo parecido a esa ventana nos mirara largamente (p. 69).

> El retrato duraba veinte años, y el rostro, de perfil junto a la ventana, era la forma que más convenía a su memoria (p. 119).

> Una tarde, a fin de cerciorarme si su figura pasaba inadvertida detrás de las cortinas, me aproximé a su casa por la vereda de enfrente (p. 174).

El espejo provoca temor, desazón o curiosidad.

> (...) *"soy yo, soy yo"*, tratando de reconfortarme, de convencerme de mi identidad, por más que no me atrevo a asomarme al espejo... (p. 82).

El instante de mirarse en el espejo es de detención, de búsqueda del propio rostro, con el riesgo de no recordarlo si alguien, en ese instante, apaga una luz y no permite el reflejo.

"Las dos nos contemplábamos en el mismo espejo" (p. 192), escribe en el inicio de las carillas en las que la narradora reflexiona sobre la imagen que reproduce su cara junto a la de la otra, que también y al mismo tiempo se está observando. Hasta que se produce el pasaje cuando el rostro es absorbido por la imagen reflejada.

Mirarse y dejarse mirar, alejarse del espejo, luego, para encontrar el rostro verdadero:

> Fue necesario que ambas nos alejáramos y el espejo quedara vacío, para que yo sintiera tu mirada, de nuevo, sobre mi rostro verdadero (p. 193).

La *muerte*, además de estar presente en el título del libro, es otro de los temas recurrentes de la autora. Quizás se deba a la temprana desaparición del padre, seguida por la de su hermana más pequeña. La muerte y las pérdidas son una constante en sus poemas y están presentes también en la prosa.

Señala Ferreira Prado:

> Sin riesgo a equivocarse, podemos aseverar que, de un modo u otro, la mayoría de relatos aborda el tema de la muerte. La muerte se erige, así, como el tema principal de este libro que intenta representar a su vez un pasado extinto, muerto, ¿qué otras cosas son si no los recuerdos, sino instantes "momificados" que han dejado de existir? Y así lo siente la propia autora, quien nos va a hablar de la pérdida momentos antes de perderlo todo, con ese tono intimista, casi

> confesional, que tiñe el total de su obra (p. 184)[72].

Se mencionan en el texto "el guante blanco", que cobrará mayor protagonismo en la novela siguiente (siempre hay uno olvidado) y "las trenzas", como la que las hijas desanudan en el pelo de la madre, en *Cuadernos de Infancia.* La trenza me recordó el cuento de María Luisa Bombal, "Trenzas" (1940), ya comentado en este libro.
Lange reflexiona también sobre la escritura: "Eres la sombra constante de tu mano sobre el papel" (p. 28).

> Miré la hoja blanca que tenía frente a mí. Me parecía imposible encontrar palabras para cubrirla. Todas las que acudían a mi memoria habían sido usadas innumerables veces. Ansiaba palabras nuevas que aún no hubiesen rozado, que movieran, a lo lejos, zonas recién descubiertas, recién previstas. Largo rato pasé con la mano pronta, sosteniendo el lápiz, empeñada en hallar la palabra inicial, la que atrae a las otras, la que posee la clave y el misterio.
> Y de pronto, acudiendo desde no sé qué olvidado resto de algún día para quedarse conmigo, como si necesitara transmitirme algo de su gesto minucioso y lento, vi ascender su mano por el respaldo del sillón y detenerse, un instante —sin llegar a tocarlo—, junto al rostro dormido. Luego retrocedió con su caricia intacta, irrealizada, difícil de comenzar de nuevo.
> Entonces escribí esta página por la cual no pasa la palabra que todavía busco (pp. 159-160).

Cierro el libro hallando muchos puntos en común entre Norah y mi propia escritura.
En sus textos, me reconozco.
En sus textos evoco algún cuento, algún poema ya escrito.
Admiro el despliegue austero y, a la vez, tan misterioso de su palabra desplegada, que permite tantas lecturas, regresando así al acápite citado al inicio: "las posibilidades que se mueven detrás de las palabras" que "todavía busca".

---

72 Ferreira Prado, op. cit.

VII. *Personas en la sala* (1950)

(A Alfredo)

Una vez que las visitara ya
nunca podría volver atrás

> Cuando los demás rememoraban la calle Juramento siempre me sorprendía la facilidad con que recobraban una fecha destinada a perdurar, algún episodio sin interés, el júbilo aquietado de cuando aconteció en ella (…). Para mí, en cambio, aquella casa sólo constituyó el sitio más cómodo y propicio para vigilar la otra (p. 13)[73].

Los primeros párrafos de la novela concentran el desarrollo de la trama.

Subrayé esas líneas en el libro, a la vez que recordaba otros inicios sintetizadores; como el de *Enero*, el texto de Sara Gallardo, y ese primer párrafo en que se preanuncia todo lo que le ocurrirá a la niña protagonista, Nefer: el juego de luces y sombras, la familia agrupada alrededor de una mesa en la que quedan solo miguitas por barrer; el calor que se intuye en los gestos lentos, en los bichos que revolotean, en el perro que no termina de acomodarse bajo las piernas; el resople de don Pedro; la incomodidad; el silencio.

Los comienzos son decisivos.

Lo sé por experiencia al momento de disponerme a escribir, cuando las palabras revolotean insistentes, casi obsesivamente, hasta que luego, con sus idas y venidas, el texto va fluyendo, se va acomodando, como el tejido sobre la puntada inicial. Esas palabras, las primeras, no se olvidan, hayan sido o no luego develadas porque eran el centro de lo por-venir de la escritura.

Pienso en otros inicios, como esa primera línea de *Río de las congojas,* de Libertad Demitrópulos (que debí incluir en este recorrido por las escritoras perdurables, quedará para un segundo viaje, sin dudas):

---

[73] Lange, Norah, *Personas en la sala*, Ed. Barataria, S.I., Madrid: 2011. Las referencias corresponden a esta edición.

> Yo me quedé a acompañar a mis muertos, que no me dan las ganas de seguir, ni las piernas, además (p. 17)[74].

O el de *La araña,* de Clarice Lispector:

> Ella sería fluida toda la vida. Sin embargo, lo que dominara sus contornos y los atrajera a un centro, lo que la iluminara contra el mundo dándole íntimo poder, habría de ser el secreto (p. 33)[75].

¿De qué trata *Personas en la sala*?
Rescato de la escritura de Carola Moreno en el prólogo a mi edición de Barataria:

> La mujer que habla, el yo de *Personas en la sala*, observa desde la ventana de su casa a tres mujeres instaladas en la sala de una casa, en la acera de enfrente, enmarcadas por su propia ventana. Ella las estudia y espera con ansiedad el momento de instalarse nuevamente en su observatorio. Voyerista obsesionada con su propio espionaje, el resto de su vida va perdiendo entidad hasta que la irrealidad se convierte en centro de su existencia (p. 10)[76].

El relato plantea desde el comienzo dos cuestiones:

- Que el recuerdo narrado será personal. Como dice la protagonista: "Para mí", "yo me distanciaba", "siempre sería para mí"; en oposición, por lo tanto, al recuerdo de "los demás".
- Y que lo evocado se trata de un recorte. En ese sentido, la novela dialoga, desde las primeras líneas, con dos autores leídos tanto por la autora

---

[74] Demitrópulos Libertad, *Río de las congojas*, Serie del recienvenido, Fondo de Cultura Económica, Bs. As.: 2014.
[75] Lispector Clarice, *La araña,* Ed. Corregidor, Bs.As.: 2002.
[76] Lange, Nora, *Personas en la sala,* op. cit.

> como por otros escritores de su entorno. Me refiero a Proust[77] y a Faulkner[78].

El marco para ese recorte de la memoria que establece la narradora está dado por las ventanas, las que, si ya se habían anunciado en la narrativa de Lange, ahora ocupan un lugar protagónico.
Son dos: la ajena, la de la casa observada, que se describe en el primer capítulo:

> Tampoco me fijé bien en las ventanas con sus cortinas claras… (p. 14).
>
> …me parecía que no tardaría mucho en abrirse una ventana (p. 15).
>
> se movían dos meses de rostros detrás de una ventana… (p. 16).

Y la propia, la ventana de la sala de su casa desde donde observa-espía-vigila la muchacha:

> Cuando se apagó el espejo, abrí la ventana esperando la inundación blanca de un rayo (p. 18).

---

[77] En su trabajo doctoral, Inka Marter señala: "Marcel Proust es el escritor de la memoria por antonomasia (…). Lo que más importancia tiene para la obra de Proust es sin duda la memoria involuntaria que tiene una función salvadora tanto para el individuo, como para la posibilidad de percibir o representar la realidad. Por una parte, se refiere a los recuerdos que logra sustraer intactos del olvido (e incluso más que intactos porque aparecen como más vivos y verdaderos que las percepciones anteriores)". Marter, Inka (2008). "Recuerdo y voz. La narrativa de Norah Lange en sus contextos" PhD thesis, Universität zu Köln,*https://mydokument.com/inka-marter-recuerdo-y-voz-la-narrativa-de-norah-lange-en-sus-contextos.html*

[78] Así dice uno de los personajes de *¡Absalom, Absalom!,* de Faulkner: "Ésa es la esencia del recuerdo: sensación, vista, olfato: los músculos que nos sirven para ver, oír y oler; no se trata del entendimiento, del pensar, la memoria no existe: el cerebro recuerda lo que los músculos se esfuerzan por hallar, ni más" (p. 73).

La narradora señala que "nada sucedió enseguida" (lo repite dos veces en este primer capítulo que abarca cuatro carillas) y que "tal vez permaneció demasiado tiempo en su cuarto" para darse cuenta de la ventana vecina (¿se trata de la misma niña que solía encerrarse en el cuarto vacío en *Antes que mueran?*), por eso no se había fijado, ni escuchado, ni había "presentido" la otra casa.

En el final del primer capítulo de la novela se anticipa que, más adelante, se producirá el encuentro entre la muchacha y las figuras de la casa vecina, y que entonces les podrá contar cómo las había comenzado a espiar e, incluso, como ellas "me comprendieron" por no haber visto antes los "tres rostros claros", "sus invisibles moradores". Así se mencionan esas figuras, con ambigüedad, posponiendo algún indicio, sosteniendo el enigma, hasta estas últimas líneas en que se devela el femenino: "ellas".

En el segundo capítulo, una tormenta enciende la ventana vecina. La narración puede ser leída como una puesta de teatro cuyo principal protagonista es la luz que ilumina –intermitente por el efecto de los relámpagos– el cuarto de la muchacha, dibujando también su figura, y su sombra, contra la pared.

La lectura me remitió de inmediato a una escena de mi última novela, *La niña de los fósforos*[79] :

> Al llegar a su oficina, el resplandor de un cartel de la calle le ilumina la cara. Intermitente, la luz se filtra por la ventana y como atraída por la figura, sigue el avance del comisario replicando su sombra en la pared. La luminosidad también se extiende hasta la mano que ya se desliza por los contornos del escritorio.

El resto del escenario que despliega Lange está a oscuras, pero a medida que la protagonista va abandonando el cuarto es acompañada por la luz que la retrata dentro del espejo de la consola. La luz ilumina luego los objetos de la vitrina, después la ventana de la casa y se desplaza enseguida hacia afuera: atraviesa el árbol preferido hasta "el encuentro con el señalado destino": "las tres caras alineadas" en la ventana de enfrente.

---

[79] Otsubo, María Claudia, *La niña de los fósforos*, Ed. Metaliteratura, disponible en Amazon, mayo de 2020.

Evoco el andar demorado por las líneas de *Personas en la sala*, texto que pude leer durante la estadía en Imbassaí, gracias a ese regalo traído de España por mi amigo Alfredo. En ese momento de la lectura fue que escribí:

> Quizás porque estoy escribiendo frente al mar es que puedo lanzar sin obstáculos mi mirada hacia el horizonte. Tal vez por eso, es que voy, al mismo tiempo, deteniéndome en tantos detalles. Hay tiempo de lectura y hay tiempo de escritura.

Hoy, ya de regreso en Buenos Aires, intento resguardar y perdurar ese tiempo infinito. Extraño esa permanencia, a la vez que mi ojo se va deteniendo en algunas cuestiones de la escritura de Norah Lange, explicitadas en textos anteriores, que detallo a continuación.
El espejo, el espacio entre la luz y la sombra:
La muchacha, la protagonista de la novela, abandona su cuarto para poder ver. Ya que mientras permanece dentro de él, muy cómoda o a gusto (su habitación mira hacia un pequeño patio) no repara en la existencia de la casa de enfrente. Hasta que alguien le dice que debe cerrar las persianas que dan a la calle. La muchacha obedece, de mal humor, sale del cuarto para obedecer caminando entre luces y sombras, hasta la sala.
Entonces es que descubre su reflejo en "el alto espejo de la consola", que me evoca, de inmediato, a la Alicia de Lewis Carroll:

> —¿Sabés qué día será mañana? —empezó a decirle Alicia—. Lo sabrías si te hubieras asomado a la ventana conmigo…. (p. 8)[80].

A lo ya escrito sobre el espejo anteriormente en estas crónicas, agregaría una cuestión que pienso también con el "salir del cuarto".
Intuyo que hay un doble gesto en estos movimientos de la protagonista. Por un lado, salir de la comodidad y del límite impuesto por las paredes del cuarto y la única visión del patio para animarse al afuera (como la pasajera del barco en camino hacia Noruega, o como Alicia cuando se atreve a apoyar la mano en el espejo). Por el otro, la primera detención, iluminada la sala por el rayo de la tormenta, es

[80] Carroll Lewis. *A través del espejo*. Ediciones Sur: 2004.

frente al espejo donde la muchacha se mira, se reconoce y se gusta.

Intuyo que el mirarse tiene que ver con la identidad.

No tengo certezas –por eso es una intuición, un presentir–, no me la da la lectura, pero me pregunto si después de ese reflejarse, ella sigue en la sala o ha atravesado, como Alicia, el espejo y ya se encuentra en un otro lado. Creo que en la escena frente al espejo comienza a construirse lo fantástico del relato, un tema estudiado exhaustivamente en los distintos trabajos críticos sobre la novela.

Como la tormenta y el retumbe de los truenos, que hacen temblar los objetos en la vitrina, imagen que evoca de algún modo la caída de las piezas del ajedrez cuando Alicia pasa a la otra sala.

Reparo en otras cuestiones:

Un árbol preferido:

La mención del árbol, visto a través de la ventana, me remite al cuento "El árbol"[81], de María Luisa Bombal, donde la protagonista también es una joven de dieciocho años, la última de seis hermanas, solitaria y la menos cuidada por sus padres, que crece en un ambiente onírico. El árbol, a través de la ventana, así como su cuarto, serán su refugio durante el desdichado matrimonio; el árbol, a través de la ventana, sostiene todas sus fantasías.

En *Personas en la sala*, el árbol "preferido" se interpone en la visión plena de las tres figuras de la otra sala. Cuando el árbol deja de distraerla es que la muchacha puede descubrir la casa de enfrente (pienso en el refrán "Que el árbol no tape el bosque"). Corriéndose o no, lo cierto es que el árbol no abandona el escenario; incluso en el final cuando ella regresa de Adrogué e intenta encontrar una luz en la casa ya deshabitada y a oscuras: "Era mejor así, porque necesitaba mucha calma y hasta mi árbol predilecto me hubiese distraído". (p. 169).

No acatar la orden:

La muchacha cierra solo la ventana, pero no las persianas como le pidieron. Así es que descubre la luz que proviene de la casa de enfrente. Y "desobedeciendo, no acatando", es que puede ver. Y luego de ver, es que puede escribir.

En este sentido, el no acatar la orden no es una postura frívola, vacía de contenido o solo declamatoria.

---

[81] El tópico árbol también está presente, y de modo constante, en la novela *La última niebla* y en otros cuentos de la escritora chilena.

Tal como señala María Caballero (1998: 52,53)[82]:

> Bombal, Norah Lange o Teresa de la Parra representan esa novela feminista de vanguardia cuya novedad formal –según muchos– responde y viene dada por la estructura transgresora (…) Se pasa de un texto cerrado, lineal, a una narrativa abierta (…) En estas novelas de proyección autobiográfica, las hijas se enfrentan a los padres sin ser apoyadas por madres pasivas que permanecen al margen. Y se enfrentan al negarse a seguir la tradición familiar, a ser identificadas por sus apellidos y encorsetadas por unas costumbres sociales que consideran impuestas por los hombres.

Son tres mujeres:
La muchacha describe así la primera escena de las tres mujeres de la casa de enfrente:

> Estaban sentadas en la sala, una de ellas apenas separada de las otras dos. Ese detalle prevaleció siempre. Cada vez que las vi, dos de ellas se encontraban juntas, la tercera un poco distanciada (p. 18).

El descubrimiento, sin embargo, no es del todo revelador. Continúan los relámpagos, con sus luces y sombras, y una pequeña lámpara no alcanza a precisar detalles. Como los cristales empañados, no se alcanza a ver del todo bien lo que hay del otro lado.
Después de ese primer descubrimiento, una pausa cuando la protagonista cierra las persianas porque se lo vuelven a pedir (aunque ya no se escucha como una orden). Cuando la tormenta cede, la muchacha regresa al mismo sitio de la ventana, para comprobar que lo entrevisto, del otro lado, sigue estando allí. (Recupero lo escrito en *Antes que mueran*: "su presencia era tan segura, tan verificada a la noche siguiente, que, sin saber por qué, sentíamos deseos de que algo parecido a esa ventana nos mirara largamente", p. 79).
La imaginación le hace pensar en algo trágico o secreto sobre esas mujeres, crearles una historia, en especial a una

[82] En Ferreira Prado, op. cit. p. 77.

de ellas, a la que incluso, la piensa muerta. Pero lo más importante, lo que la tranquilizaba antes de dormirse, era que "ellas estuviesen allí".

Lo fantástico:

Son varios los estudios enfocados en encuadrar la novela dentro del género fantástico. Aunque mi mirada apunta en otra dirección, no puedo dejar de escribir que, y sin dudas, *Personas en la sala* es una novela de incertidumbres. El relato no me va otorgando certezas, por el contrario, en su recorrido e incluso en el final, provoca mucha inquietud.

La primera ambigüedad la determina el mismo título del texto: la ausencia del artículo imagino hubiera mitigado el impacto del sustantivo neutro elegido: "Personas".

Según el DRAE, "persona" además de definir a un "individuo de la especie humana" refiere "al hombre o mujer cuyo nombre se ignora o se omite".

El término deriva del latín *personare*, que quiere decir "sonar a través de"; al mismo tiempo que del griego *proposon*, que significa máscara. Se presenta en alusión al uso de una máscara, principalmente como recurso para la personificación en el marco del teatro.

(Pienso en la narrativa de Bioy Casares, las "máscaras" que ocultaban el misterio y el enigma de la mujer, la cuestión de la identidad y también la imposibilidad del encuentro).

Continuando con el título, el otro componente que observo es el del espacio físico: sala, la que, al avanzar en el relato, es por momentos la de la muchacha y, en otros, la de la casa de enfrente. ¿O hay quizás una tercera del otro lado del espejo?

Desde el inicio, el yo que narra, la muchacha, lo hace desde estas no certezas.

¿Es también la de ella misma, por la imposibilidad de lograr "mirar" plenamente a esas personas, que "suenan, mudas, a través de la ventana"?

Pronto se revelará que incluso teniéndolas cerca y pudiendo conversar con ellas, no aparecen mayores precisiones; por el contrario, la narradora instala la sospecha de un crimen o las dudas sobre la identidad del hombre (el del telegrama) que las visita.

Asimismo, nada se cuenta de la protagonista, que vive en un aparte de la rutina del resto de la familia (¿cómo se compone?); un grupo que se funde en las sombras, como en un cuadro de El Greco.

> Transcurrió la mañana sin que advirtiese movimiento alguno –salvo la criada, que

> atendió la puerta dos veces–. El sol daba de lleno en sus ventanas. Los días eran cortos y recordé que muchas veces encendíamos la luz para tomar el té. También me alegré de que el comedor de mi casa no diera a la calle; así podía vigilarlas libremente (p. 21).

El párrafo pertenece al capítulo tres. Lo transcribo porque lo he subrayado en el libro. Recuerdo ahora el instante de la lectura en Imbassaí y el gesto de mis ojos, luego, alzándose sobre la línea para buscar en el horizonte del mar, respuesta. (como "los horizontes azules" que se llevan la mirada de Lange) a la pregunta: ¿En qué casa fue que la criada atendió la puerta?

Mientras el sol ilumina la casa de enfrente, una luz se enciende en la propia, los días son cortos (entonces podría ser el invierno). Luces que se prenden y apagan, como las ventanas que se abren y cierran.

Desde la mañana siguiente a su primer descubrimiento, la muchacha decide vigilar a las mujeres.

Lange repite la palabra vigilia, "mi preparada vigilia".

Podría pensarse que los estados se invierten: por la noche, mientras duerme, "premedita" las decisiones del día siguiente; ya despierta, fuerza el estado de alerta, como si estuviera durmiendo. Ese estado de duermevela se mantiene durante el texto.

> Era al llegar a mi cuarto –y después de prepararme, a fin de que nada me interrumpiese una vez acostada– cuando comenzaba a imaginarlas (p. 44).

Los preparativos hablan de un ritual, que no se devela, que le permite a la muchacha entregarse a esa tarea de inventarlas. La carga erótica que sugiere el texto es fuerte. Más adelante, repite varias veces la palabra "culpa", aludiendo a lo que siente frente a su familia y también hacia los rostros que espía. Aunque por momentos, esa culpa la intente volcar en una de las hermanas espiadas (la mayor).

Pienso la culpa como el efecto que genera el estado de goce, por lo sucedido en el cuarto a solas. Pienso el goce no solo como consecuencia del espiar, sino también vinculado al acto de la propia escritura, vinculado a lo femenino y la escritura, de tanta significancia en los años en que Lange y tantas otras escritoras están desarrollando su narrativa.

Por otro lado, las alusiones a una realidad, muy cercana a la de los sueños, contribuyen a reforzar las incertidumbres:

> Ya casi dormida seguí pensando que…
>
> "¿Estás soñando? ¿Por qué no podrás reconocerlas de día? (p. 28).
>
> ¿Qué contestaré si me preguntan cómo son, o si las describen, si pretenden describirlas? (p. 29).
>
> Había noches –como la que precedió al jueves– en que me distraía tanto elaborar complicados itinerarios para sus caras obedientes, que, después de restituirlas a las paredes de la sala, permanecía como entre un sueño y otro procurando no olvidar el primero (p. 43).

Ferreira Prado realiza un exhaustivo análisis sobre todos los "símbolos" que aparecen en la novela: el caballo muerto en mitad de la calle, la araña, las hormigas, el guante, la muñeca, la copa de vino o de licor y la tormenta, vinculando cada uno de estos tópicos con el surrealismo y el contexto histórico de la escritura. (pp. 234-241)[83].

He aludido a estas consideraciones, las he tenido en cuenta y las reconozco en la narración.

Sin embargo, mi mirada va en otra dirección. Soy como aquella viajera que, al llegar a una ciudad, no olvida los monumentos o construcciones emblemáticas, pero decide fijar su atención en los cafés de las veredas, en el aroma particular de las terrazas o en el sonido melodioso de algunos pájaros.

La mirada sobre lo inútil

Ya me he referido anteriormente a la insistencia de Lange en la palabra "inútil", término que puede leerse tanto en sus poemas como a lo largo de su prosa.

Intentaré un acercamiento al tema, el que seguramente será incompleto, pero con el propósito de aportar un nuevo enfoque sobre "la mirada" de Norah Lange y cómo se vinculan el mirar –el ver– en su escritura.

---

[83] Ferreira Prado, op. cit.

En primer lugar, abordo el concepto de lo inútil en relación con el movimiento artístico que surge para la época en que Lange está elaborando sus textos.
Me refiero al *ready made:*

> El término arte encontrado –más comúnmente *objeto encontrado* (en francés *objet trouvé*; en inglés, *found art* o *ready-made*) o confeccionado– describe el arte realizado mediante el uso de objetos que normalmente no se consideran artísticos, a menudo porque no cumplen una función artística en lo cotidiano, sin ocultar su origen, pero a menudo modificados. Marcel Duchamp fue uno de los pioneros de su establecimiento a inicios del siglo XX[84].

Marcel Duchamp (1887-1968), que rompió con los códigos artísticos y estéticos vigentes, vivió en Buenos Aires entre septiembre de 1918 y junio de 1919. Pensaba quedarse varios años, pero cuestiones familiares lo hicieron regresar a Europa.
Señala Gabriela Speranza en su libro, *Literatura y arte argentinos después de Duchamp*[85]:

> Aunque los motivos de su exilio argentino son dudosos, es durante la estadía de Duchamp en la capital argentina en 1918, cuando su prodigiosa máquina de mirar se pone en marcha. Contrariando la extendida versión de que Duchamp pasó gran parte del tiempo jugando al ajedrez, durante los nueve meses de exilio completa dos obras enigmáticas –*Estereoscopía de mano [Stéréoscopie à la main*] y *Para ser mirado (desde el otro lado del vidrio) con un ojo, de cerca, durante casi una hora (Pequeño vidrio) [To be Looked al (from the Other Side of the Glass) with One Eye, Closet o, for Almost an Hour (Small Glass)]* –en las que investiga la relación entre visión,

---

[84] *https://es.wikipedia.org/wiki/Arte_encontrado*

[85] Speranza Graciela, Fuera de Campo, *Literatura y arte argentinos después de Duchamp.* Ed. Anagrama, Barcelona: 2006.

> pensamiento, materialidad y deseo que irá a alimentar toda su obra.

Y más adelante, señala en relación de Duchamp con los escritores argentinos: "La máquina de mirar duchampiana aplicada a la literatura y el arte argentinos es elocuente en lo que revela y también en lo que refracta la mirada".
Mi recorrido es de aproximación, un tan solo asomarme[86] (que es también un intento de mirar, y es el eco sonoro de asombrarme) a la vasta desmesura del tema, no solo de la obra de Duchamp sino de su incidencia en todo el arte contemporáneo.
Mi recorrido es tener en cuenta, con muchísimo respeto por mi síntesis, textos como el de Speranza o el de Raúl Antelo: *Maria con Marcel (Duchamp en los Trópicos)* –imposible de abarcar en esta crónica–.
Antelo reflexiona sobre el taburete de cocina, que sostiene la obra del artista francés *Rueda de bicicleta,* señalando que esa elección aparente no es menor: "No es cualquier cosa, sino lo que mueve o despierta el deseo".
Las obras escultóricas de Duchamp, citadas en el texto de Speranza, conjugan el mirar ("para ser mirado", "desde el otro lado del vidrio", "con mi ojo de cerca") y la mano mirada desde una visión tridimensional. Pero lo que se mira, agrega además Antelo, no es cualquier cosa (*quodlibet),* sino aquello que provoca el deseo.
Antelo va aún más allá cuando dice:

> El deseo no tiene objeto. No indica pertenencia –no tiene lugar– sino que lo común de su condición es comunicación de una comunicabilidad (…). En otras palabras, sosteniendo la rueda (su aspecto funcional), el banco de cocina expone la des-obra. La muestra, exhibiendo, asimismo, su inutilidad inoperancia, completamente afuncionales.

Es nuevamente el gesto de Juan María Brausen (en *La Vida Breve,* de Juan Carlos Onetti) recogiendo los pedacitos de vidrio "inútiles" con los que luego construirá Santa María.

---

[86] Que según el DRAE no es solo: "sacar o mostrar algo por una abertura o por detrás de alguna parte", sino también "empezar a enterarse de algo sin propósito de profundizar en su estudio".

La vinculación con el recorrido que estaba realizando era inmediata e intentando no desviarme de mi búsqueda, me invitaba también a pensar en aquel "cualquier cosa" a partir de lo cual construye su poética Norah Lange.
Como ocurre con esas *Personas* –que pueden ubicarse en un recuerdo, en algo soñado o que, incluso, pueden provenir de un cuadro– para construir con ellas una ficción, otorgándoles un ente como personajes de su novela.
Lange establece así en su escritura un espacio de transformación, en el que el cuadro (la imagen–el recuerdo) gana profundidad y cobra un otro sentido por el pasaje que le otorga la palabra en la escritura.
Decía Clarice Lispector que:

> Tanto en pintura como en música y literatura, tantas veces lo que llaman abstracto me parece apenas lo figurativo de una realidad más delicada y más difícil, menos visible al ojo desnudo[87].

Lange detiene la mirada sobre lo mínimo: la lazada oculta en una tela, la nota imperceptible del triángulo en una orquesta, como sobre las tres figuras recortadas en una ventana de las que nadie parece dar cuenta de su existencia. Con ello construye esta novela, a la que llega habiendo ejercitado, en los textos anteriores, el juego de la mirada sobre los objetos y sobre los recuerdos para transformarlos en escritura.

VIII. Los dos retratos (1956)

Viento norte

Aunque alguien
se propusiera ponerlo en
duda, sabía que fue una
tarde de mucho viento;
viento norte.

---

[87] "Clarice Lispector y el arte de nombrarse (se)", por Nora Navarro, publicado en *El Día*, 04-09-20, *https://www.eldia.es/cultura/2020/09/05/clarice-lispector-arte-nombrar-22350363.html*

Para leer *Los dos retratos* me resulta imprescindible tener a mano papel y lápiz. También un buen café y, sin dudas, la anchura que regala el tiempo para extenderme con todo el cuerpo por las distintas direcciones hacia donde va llevando la narración.

Papel y lápiz, materiales que junto con el libro conforman el trío que acompaña mi mano en el tránsito de lectura.

Papel y lápiz.

No solo para apuntar las notas en pequeñas tiras de papel blanco, que se impusieron para preservar al mismo objeto, el libro; una edición, creo, primera de Losada, que llegó hasta mis manos con sus hojas intactas, aún pegadas en sus bordes (por más de sesenta años), intimidad que debí separar con la espadita de bronce "ya inútil" y por lo tanto olvidada hace tiempo sobre algún estante de mi biblioteca.

Papel y lápiz también para poder hacer un dibujo, sobre el que escribiré luego.

No se transita por *Los dos retratos* con facilidad.

Hay que estar muy atento a las señales del camino.

Tampoco es sencillo seguir la mirada de la protagonista porque ¿qué es en definitiva lo que ella observa?

Por un lado, en la pared del comedor de la casa de la abuela, los dos retratos, dos fotografías ampliadas que fueron tomadas con apenas unos segundos de diferencia entre una y otra, en la que se pueden ver a los mismos personajes que a lo largo de los años y los domingos por la noche se reúnen para cenar.

A esos espacios visuales –los dos retratos en la pared más la escena alrededor de la mesa– se suma el reflejo en el espejo, "ancho y alto", ubicado a espaldas del asiento de la abuela.

Durante la narración que más que nada trata de suposiciones acerca de los dos retratos, los pensamientos de la muchacha se pierden, como me sucedió a mí, en la confusión de esos planos.

Como en la novela anterior, *Personas en la sala*, la protagonista es una muchacha joven, que en este relato tiene nombre, Marta. No se cuenta nada de ella, más allá de que es lectora (según se infiere por algunas menciones a los libros en su cuarto) y que se ha mudado a vivir, por pedido de la abuela hacia su "nieta preferida" a esa otra casa.

La novela se inicia cuando la abuela ya ha fallecido (aunque eso no se escribe) y la muchacha regresa a su antiguo cuarto, después de dos años; la cifra de los dos años es unos de los pocos datos concretos que ofrece la narración.

Al regresar a su casa, los hermanos le plantean colocar un espejo en su cuarto. La muchacha no puede dejar de compararlo con aquel otro, el que coronaba el comedor de la casa de su abuela. Un espejo en su cuarto tampoco le devolvería el rostro de ella y solo le recordaría lo que sucedió cuando se tomaron las fotografías de los dos retratos: "que su muerte (la de su abuela) no podía circunscribirse a un espejo".

Pero, además, el espejo (como si tuviera vida propia) la enfrenta a la posibilidad (y al miedo también) de ser absorbida por el reflejo: "Ningún espejo se conformaría, además, con un objeto cualquiera, unos cuantos libros, la mitad de una ventana, mi cara transitoria y huidiza" (p. 14) [88].

Un camino en la solución de ese dilema impuesto por los otros es regresar con la memoria, evocando esos años transcurridos en lo de su abuela, rememorando el comedor, las caras de los domingos y las de los retratos, a la historia incrustada en esas dos fotografías.

Mis marcas

Para dar cuenta de mi recorrido por el texto, voy a seguir las propias marcas (registradas en las tiritas blancas), mi modo de conversar con, en este caso, la narradora de *Los dos retratos*.

Marcas que voy a ir rescatando entre las páginas del libro, porque cada una de ellas me permitirá desarrollar algún particular. La enumeración a continuación responde entonces a esas detenciones sobre el terreno, sin jerarquías. Cada una de ellas se entrecruza con otras y fueron marcadas con el mismo asombro que en un sendero puede provocar tanto una pequeña flor como la más imponente cascada.

1.-Dos marcas se abrazan a la primera hoja de la novela.

Una vinculada a la "mirada" de la protagonista, ya presente en la primera línea del texto. La mirada de la muchacha, la única que, además de Teresa, puede "mirar los retratos desde afuera" porque ella tampoco está presente en las dos fotografías ampliadas que cuelgan en el comedor de la abuela.

La segunda marca tiene que ver con mi propia escritura, aquella que se despliega al iniciar una lectura y que queda

---

[88] Norah Lange, *Los dos retratos,* Ed. Losada, Bs.As.: 1956. Todas las citas corresponden a esta edición.

registrada, con su fecha, en la portada del libro. Entonces, escribí: "La elipsis entre el ayer y el hoy; y Norah sentada frente a mí, como aquella primera vez.
Para encontrar enseguida, en esa primera hoja, lo escrito por la narradora:

> (...) pues no sería la primera vez que los retratos se parecían a las noches de los domingos (p. 7).

2.-"transformarse-inútil-ventana-vigilancia-espectadora-cuarto". Esas palabras me conducían a la lectura anterior de *Personas en la sala*, situándome en un escenario muy similar. Solo que "las ventanas" se abrían ahora hacia el interior de la casa. Las ventanas eran los dos retratos y por ellos se asomaba la protagonista (como mi ojo lector).

> transformarse ...; ...permitiendo que creciera dentro de ella ese deseo inútil de alterar su rostro, su resto, lo que queda cuando ya se está tranquilo (p. 10-11).
>
> Si me viese obligada a describirlo no podría pasar por alto las dos ventanas situadas en la pared más larga y que se abrían sobre el jardín del frente (p.15); ... los dos retratos reflejados (p. 16).
>
> ...me impusieran una vigilancia a la cual me era difícil sustraerme... (p. 29).
>
> ...descuidase mi papel de espectadora... (p. 31).
>
> Por eso, no era lo mismo hablar de los retratos o de las personas sentadas a esa mesa, que referirme al espejo, aunque todo cupiese en su fondo frío (p. 41).
>
> ...permanecí en mi cuarto... (p. 57) ... junto a mi mesa cargada de libros, al mazo de cartas... (p. 50).

3.-El enigma o la sospecha. La muchacha empieza a comprender que algo sucedió el día de la toma de esas fotografías, sospecha que comienza a instalarse casi de inmediato, pero, definitivamente cuando la protagonista observa una particularidad del primer retrato:

> La mano que se destacaba sobre el respaldo de mimbre seguía pareciendo demás junto al hermoso brazo que era imposible adjudicarle (p. 58).

La marca, en este caso, obedecía a la similitud con un cuento propio: "Hermanas"[89], en el que también una mano –que aparece desplazada sobre el hombro de una de las dos mujeres de la pintura– es el disparador del relato.

La presencia del viento norte (p. 17) contribuye a la confusión.

Su mención es determinante en el relato, no solo porque este viento está asociado a cierto malestar físico, que como dice el dicho popular: "con viento norte no hay hombre bueno, ni mujer amable, ni caballo manso, ni víbora que no muerda"; sino también porque por momentos el viento toma la consistencia de una niebla, envolviendo a las figuras de las fotografías, empañando lo que "no se dice y se cree sucedió", imponiéndose como el recuerdo más importante, sobre los otros de los que es mejor no hablar o, mejor dicho, sobre los que conviene olvidar.

La marca respondía también a la elipsis (palabra que yo había usado en la dedicatoria de portada, y anterior a la lectura).

El entramado de la novela se teje en base a las omisiones, a no saber realmente qué es lo que sucedió el día en que los personajes de la familia accedieron a ser fotografiados (en duplicado, además), y ese *suspense* se mantendrá hasta el final. "Entonces yo reunía pedacitos sueltos…" (p. 61).

En ese "los retratos no son iguales" se centra la mirada de Marta. Ella intuye que hay una historia no dicha (la elipsis) sobre las relaciones de las figuras de los retratos que se evidencia en los ligeros cambios entre uno y otro. ¿Infidelidad de la abuela, celos, triángulo amoroso? De cualquier modo, nada se cuenta del todo y prevalece la sospecha, fruto de los rumores o como dice la narradora: la maledicencia.

4.- El dibujo: Llegando a la página 73 de mi edición, la narradora describe la ubicación de las figuras del retrato.

---

[89] María Claudia Otsubo, "Hermanas" en *De esto se trata*, op. cit.

Entonces se impuso el dibujo para terminar de comprender esa disposición. Esa fue para mí la única manera posible de seguir avanzando, de ordenar de algún modo los nombres mencionados y, sobre todo, intentar descubrir también los pequeños cambios, esos sutiles movimientos entre uno y otro retrato. Como en el juego de encontrar las diferencias, para lo cual hay que prestar debida atención.

5.- La escritura: Las referencias al poder ver-poder escribir, esa relación directa entre el ojo y la mano, ya presentes en *Personas en la sala,* regresan en esta novela:

> —Tengo las manos de persona que retiraba caras de un espejo para colocarlas sobre sus propios retratos— queriéndolas aún más, acostadas sobre las palmas de mis manos…

6.-La mirada es eje de todo el relato, desde la primera línea del inicio.
La de la protagonista sobre los retratos y sobre la cena de los domingos, sobre su abuela con su presente y su "pasado"; la mirada sobre el paso del tiempo, el que quedó detenido en las fotografías (inclemente), y el que retrata el presente (también anquilosado por ese ayer no dicho).
Las miradas dentro y fuera de los retratos. La de Daniel sobre la abuela, la de Teresa sobre ambos; observados ambos por la muchacha, escena que, a su vez, me tiene de espectadora.
Miradas que se duplican en el espejo, como se señala en el inicio del relato: "Yo sabía que todos llegan a un espejo de distinta manera" (p. 10).
La abuela está sentada de espaldas al espejo, de frente a los retratos.
¿Podría haber sido de otro modo? Creo que no, que Lange también diseña el escenario en función de lo que está contando, no le serviría de otro modo.
De espaldas al espejo, la abuela no se suma al poder verse como hacen los demás (y se preserva).
Pienso esto en función de "Yo soy el único que nunca me veo", escrito por Roland Barthes, y en la idea de que el rostro que percibimos de nosotros mismos es siempre el de un reflejo.
Siguiendo a Barthes, traigo a la crónica dos citas suyas que ahora pienso en relación con la novela:

> "Lo que la Fotografía reproduce al infinito únicamente ha tenido lugar una sola vez", de su libro *La cámara Lúcida, notas sobre la fotografía*[90];
>
> "Foto de mamá niña, a lo lejos —ante mí sobre mi mesa. Me bastaba mirarla, captar lo *tal* de su ser (que me debato para describir) para estar reinvestido por, sumergido en, invadido por su bondad", de *Diario de duelo*[91].

"Lo que extrañas es la mirada", dice la abuela, cuando ya ha descolgado el segundo retrato para colocar uno de ella sola, anticipándose así a su propio deseo de encontrar algo de paz entre tantas habladurías, previendo quizás su próximo final; estableciendo "para siempre, la manera nueva con que miraría el rostro de mi abuela, si es que alguna vez se decidía a mirarlo nuevamente".

Cierro esta crónica difícil o ardua –no puedo precisar la palabra–, tal como lo ha sido, para mí, la lectura de la novela.
Porque además del esfuerzo que me impuso la triple mirada sobre la escena, está la cuestión de lo no revelado, de la ambigüedad de los personajes, sus conflictos contados a medias. En definitiva, nada de lo que sucede en el grupo familiar escapa a lo que podría ocurrir en otros similares aprisionados en ese destino impuesto de las reuniones dominicales.
Lange logra ir más allá, escapándole a un relato costumbrista, a partir del recurso que le brindan, en este caso, las dos fotografías y haciendo del texto un fantástico.
Cuándo y por qué dejaron de circular los textos de Norah Lange, la dificultad para conseguirlos y la edición que por fin consigo dan cuenta de ello.

---

[90] Barthes Roland, *La cámara lúcida, notas sobre la fotografía*, Ed. Paidós Comunicación, (p. 31) disponible en *Downloads/La_camara Lucida_Roland_Barthes.pdf*

[91] Barthes Roland, *Diario de duelo*, (p. 225) disponible en *https://ayciiunr.files.wordpress.com/2014/04/barthes-roland-diario-de-duelo.pdf.*

Confieso que no había leído nada de ella hasta este presente. Su voz había permanecido oculta, creo que no solo para mí.
Más de sesenta años después llega a mi ventana su novela *Los dos retratos*, como el viento norte, provocándome. "El viento Norte viene levantándose, ladino", escribió Gabriela Mistral, y el verso surge, entonces, de inmediato, acalorado.

> Quedó mi ausencia
> tendida
> inútil,
> hasta que
> regresen
> mis ojos
> a rescatarla.

Porque leerla también provocó la poesía.
Para finalizar.
Pensar la escritura de Norah Lange fue también pensar mi propia escritura y reparar en mi propio modo de mirar.
Porque, en definitiva, mientras los ojos se deslizan por las líneas y los dedos rozan la hoja, subyace en mí el anhelo de atrapar el instante cuando la mano del escritor, en este caso la de Norah Lange, decide el cómo y desde dónde se tenderá su escritura.

Imbassaí – Buenos Aires, 2020–2021

EL ESTANTE DEL CANON

Los clásicos son esos libros que nos llegan trayendo impresa la huella de las lecturas que han precedido a la nuestra, y tras de sí la huella que han dejado en la cultura o en las culturas que han atravesado (o más sencillamente, en el lenguaje o en las costumbres).
Ítalo Calvino

Mi biblioteca se ordena por autor y orden alfabético.
Es un modo de organizar mis libros, ni el único ni perfecto, apenas el mío.
En abril de 2018, recuerdo haber recorrido el estante destinado a Mujica Lainez para elegir a *Bomarzo.* Ese texto, junto a otros del autor, llegó a mis manos como herencia de la biblioteca de mis padres. Son ejemplares que suelen llevar la firma de mi madre y una fecha, aunque sé, por haberlo sido testigo, que eran leído por ambos con avidez, deleite, con sumo placer.
Con la lectura de *Bomarzo* iniciaría a mi vez la serie de "crónicas" o estos viajes de lectura que publicaría en mi sitio en la *web,* repitiendo tal vez y sin saberlo hasta hoy, aquellas anotaciones que había hecho, en la primera adolescencia, en un cuaderno *Alcázar.* de colegio, a rayas. Mujica Lainez encabeza la suma de conversaciones con los autores recorridos en estos últimos años, que conforman de algún modo mi canon.
La palabra canon proviene del griego *kanon: vara*, la "vara para medir".

> Este sentido etimológico, material, de *canon*, ya contiene dos semas, "medida" y "rectitud" que estarán muy presentes también en el sentido figurado que la palabra canon adquiere, primero en el ámbito de la religión y después –pero sin una verdadera solución de continuidad— en el mundo de la cultura[92].

---

[92] Morán Carmen, "El Canon y la tradición judeocristiana", 7/5/2015 *https://corpus.hypotheses.org/tag/canon-biblico*

Según se cuenta, el *kanon* también aludía a una vara hueca, un tubo. "Así que los escritos de San Jerónimo tenían que pasar el tubo de la Iglesia, antes de ser sancionados"[93].
Tanta imposición (y no podía dejar de evocar con respeto y afecto a Harold Bloom) me hizo dudar entonces sobre la inclusión de la palabra para designar esta sección, ya que el canon expuesto en este estante no pretende establecer ninguna regla o jerarquía de lectura; tampoco lo es su *dispositio.* Los libros eran seleccionados de diferentes partes de mi biblioteca, a veces como una continuidad (unos me llevaban a otros); en otras, sin que hubiera un motivo.
Hasta que re-encuentro "Tribulaciones y enseñanzas" de Tununa Mercado, y ese "decía entonces" que me recuerda la lectura de *Canon de alcoba,* publicado en 1988.

> Decía entonces que el canon es la fuga denominada perpetua, en la que las voces van entrando sucesivamente, repitiendo cada una el canto de la que la antecede … (p.173)[94].

De eso se trata, de la llegada de las diferentes voces en esos libros que me han conmovido, los que, además, y en este sentido es que considero el canon, son "trabajos que ya sea por sus características formales, su originalidad o su calidad, han logrado trascender las épocas y las fronteras, resultando universales y siempre vigentes"[95].
Se trata de una lista amplia, la que, sin embargo y al mismo tiempo, pone en evidencia las ausencias, la de otros escritores y escritoras que también han formado y forman parte de mi canon.
No obstante, ellos están ahí al momento de estas lecturas (a veces serán incluso mencionados) haciéndose presentes por la labor que obra de modo involuntario y oportuno mi memoria.
Los libros que he recogido en este estante saben mejor que yo de aquellos otros. De las múltiples voces que conforman el coro maravilloso, voces que no dejan de acercarme su melodía en cada nueva lectura.

---

[93] *http://etimologias.dechile.net/?canon#:~:text=La%20palabra%20canon%20viene%20del,medida%20o%20sea%20%22regla%22.*

[94] Mercado Tununa, *El vuelo de la pluma*, Miluno Editorial, Bs.As.: 2001.

[95] *https://definicion.de/canon-literario/*

Manuel Mujica Lainez

Bomarzo (1962)

I

Hay libros que he recibido por herencia, entre ellos *Bomarzo.*

Hoy ocupa un lugar en mi biblioteca, haciéndose lugar, como puede, entre Muñoz Molina y Hugo Mujica, en el estrecho (y lo lamento) espacio destinado a los otros libros de Manucho. Allí quedó por casi tres años viéndome pasar, recibiendo cada tanto una caricia involuntaria cuando mi mano andaba por su vecindad buscando otros autores. Aguardando con paciencia, hasta ubicarse feliz sobre mi mesa de trabajo, sin avisarme, no obstante, que una vez abierto requeriría de mi parte atención plena; porque *Bomarzo* provoca detener el tiempo y suspender todo lo demás para dedicarse de lleno a su lectura, gesto singular, hoy, en este presente de vértigo e impaciencia.

El relato, en el que escasean los puntos aparte, me sumerge en la genealogía de Pier Francesco Orsini, que es también narrar sobre las historias de Roma y Florencia; un recorrido, con detalle de apellidos y dinastías, abrumador, pero cautivante de leer en la prosa de Mujica Lainez.

Extensos párrafos, separados por algunos espacios, van develando la historia de Orsini, la tragedia y su destino anunciado al nacer. El horóscopo, el título del primer capítulo, me conduce a explorar en ese sino misterioso e inexorable.

Mi primera sensación es que avanzo con lentitud.

Y de pronto estas líneas:

> Mi gran placer sensual ha derivado siempre -aún hoy persiste esa jerarquía- de la felicidad de los ojos. Ni el orden melódico más exquisito, ni el aroma más raro, ni el contacto de la piel humana más dorada y suave, ni el vino, ni el beso, pueden procurarme el goce que los ojos me brindan (p. 82)[96].

---

[96] Mujica Lainez, Manuel. *Bomarzo*, Literatura Contemporánea Seix Barral, Ed. Seix Barral S.A., Barcelona: 1984. Las citas corresponden a esta edición.

Ah..., es tanto el placer que me produce este guiño del autor que de inmediato me reconcilio con la lectura y tomo nuevo impulso para continuar.
Ahora sé que no puedo abandonarlo.

II
Tres años le llevó a Mujica Lainez la construcción de *Bomarzo,* cuenta en una entrevista que se le realiza, recogida en internet[97]. Una construcción a la manera de la realizada por Pier Francesco con el jardín de estatuas de piedra, el "célebre parque de los monstruos" en su castillo de Bomarzo.
He comenzado ya la segunda parte (según mi versión dividida) y pido prestados algunos párrafos que se encuentran casi al final del capítulo IV, titulado Julia Farnese:

> Cada pintor se retrata a sí mismo, porque cada pintor recoge y subraya en el modelo lo que se le asemeja y se activa y brota a la superficie, llamado por su pasión. Cada uno de nosotros se ve a sí mismo, en los demás. Somos ecos, espejismos, reverberaciones cambiantes (p. 256).

y,

> ¿Sabemos algo, nada, de nadie? ¿Por ventura conocemos a alguien, a su última verdad sellada? ¿Qué sabía yo de mi padre? (p. 257).

Una pregunta similar es la que se hace la protagonista de *Kawanabe*[98]en la búsqueda que emprende por Japón tras las huellas de su padre: "¿Cómo aceptar entonces que no hemos sabido todo sobre la persona que amamos?". (p.110),

III
Antes de continuar la lectura, le pido prestado a Ignacio Navarro:

> (...) El verdadero artista está atento a lo que se ofrece; es el perspicaz por excelencia. Él

---

[97] *www.youtube.com/watch?v=s4qVdIzAJGE.*
[98] Otsubo, María Claudia, *Kawanabe,* Ed. O, Bs. As.: 2015,

> produce belleza, y la belleza es una posesión de la verdad sin esfuerzo. Existe arte porque a la realidad siempre le queda un resto. O al revés; ordinariamente sólo nos apropiamos de los restos. Además, a veces, experimentamos más que lo obvio, pero simultáneamente sentimos que no podemos decirlo, pronunciarlo. Eso inefable, central, definitivo de cada cosa y de todo, de nosotros mismos incluso, es lo que sabe expresar el artista. Él llega y lo dice y nosotros sentimos que, de poder haberlo hecho, lo hubiéramos dicho exactamente así. (p. 176)[99].

La detención en la cita es porque la lectura de la novela produce en mí el mismo movimiento, casi involuntario, que realiza mi cuerpo frente a una obra de arte: me alejo para contemplarla mejor; luego, me acerco atraída por algún detalle; enseguida, regreso a la distancia para abordarla en su totalidad o, simplemente, me he quedado a pie, una mano prendida al corazón, admirándola en silencio.
Porque a veces, se trata solo de eso.

IV

Busco el retrato que realizó Lorenzo Lotto sobre el protagonista de la novela, Pier Francesco Orsini.
Mujica Lainez me incita a la búsqueda de su rostro, casi como una necesidad para poder continuar. Así como esta imagen, existen infinidad de guiños insertados en la novela como la referencia a Ariosto y su *Orlando furioso;* ya que la trama se sostiene en este exhaustivo trabajo de investigación histórica sobre el Renacimiento, y aún más; aunque no todos estos desvíos resultan tan sencillos de rastrear.
Sin embargo, el retrato pintado de Orsini aparece enseguida en el buscador de internet: El *Retrato de un gentilhombre en su estudio,* pintado por el artista italiano en 1527, hoy exhibido en la Galleria dell'accademia en Venecia.
Cada detalle de ese cuadro se pone de relieve en la escritura de Mujica Lainez, con el mismo sentimiento que, seguramente, sobrecogió al Lotto mientras pintaba a Pier Francesco.

---

[99] Navarro, Ignacio J., *La alegria invisible,* Ágape Libros, Bs. As.: 2013.

La imagen en la pantalla de la computadora recupera, por cierta misteriosa asociación, aquel verso mío: "Soneto en movimiento"[100].

> Su espalda recortada por la luz
> dibuja contrapuntos de palabras
> no hay espesura en la figura
> ni en el reflejo de la ventana.

Voy sumando desvíos a la lectura. La misma novela provoca esos corrimientos: citas, imágenes, asociaciones.
Sigo leyendo.

V

Puedo decir que he regresado.
He vuelto de *Bomarzo* y escribo estas pocas líneas que, con mucha admiración, intentan expresar lo que me ha provocado el viaje.
"(…) porque quien recuerda no ha muerto…", dice Pier Francesco, concentrando en esas pocas palabras (de la colosal obra) el nudo de su relato: una historia sobre la memoria. Y la afirmación de que es ella, la memoria, la cualidad o la posibilidad que nos eleva sobre el resto de las especies y nos hace inmortales.
"De noche… estamos más cerca de Dios", ha escrito en la novela Mujica Lainez.
Tal vez se trata de eso.
De caminar decidida hasta el "Bosque" donde se erigen los monstruos, para sentarme sobre las piedras y escuchar el rumor de la historia; quizás al anochecer, cuando la melodía infinita que evoca la memoria abre las ventanas a la ilusión efímera de permanecer para siempre en un verso, en aquella palabra que se compone para vivir por ella para toda la eternidad.

Buenos Aires, 23 de abril 2018

---

[100] Otsubo, María Claudia, en *Diminuto verde*, op. cit.

Yasunari Kawabata

Bailarinas (1955) y "La bailarina de Izu" (1926)

Acabo de finalizar *Bailarinas* de Yasunari Kawabata, publicado por Emecé con una muy bella traducción de Amalia Sato y Mami Goda.
Me permito, para comenzar, la libertad de tomar una nota del Prólogo como la mejor síntesis de esta obra. Transcribo solo unas líneas del texto:

> *Bailarinas* (Maihime) de Yasunari Kawabata se publicó por entregas en el diario Asahi y se editó como libro en 1955 en la editorial Shinchosha. Mikio Naruse, con guión de Kaneto Shindo, la filmó dándole el papel protagónico a la actriz Mieko Takamine.
> Curiosas son las observaciones de Yukio Mishima, amigo y admirador de Kawabata, que constan en una nota epílogo en la primera edición. Opina que es una novela donde los personajes aparecen, nos intrigan y desaparecen sin que ninguna relación se desarrolle[101].

Yasunari Kawabata nació en Osaka, en 1899, y murió en Zushi, en 1972.
La novela se inicia con una primera línea muy corta:
"Tokio, el sol se ponía a las cuatro y media a mediados de noviembre".
Me detengo en estas pocas palabras para pensar que es difícil escapar a la oscuridad cuando el sol abandona tempranamente el horizonte en invierno. La línea me evocó de inmediato un viaje a Irlanda, realizado también en noviembre y la vivencia de la noche temprana, no prevista al momento de planificar el recorrido; el recuerdo de mi corazón hundido en una profunda desazón, al punto que por momento era tan solo el cuerpo quien hacía el esfuerzo para seguir adelante, desafiando además el frío y una persistente lluvia.
Matsuo Bashō, el poeta japonés nacido en Ueno, en 1644, describió esa intensa nostalgia en un haiku:

[101] Puede encontrarse en *https://amaliasato.com/bailarinas-maihime-de-yasunari-kawabata-prologo-a-su-edicion/*

> Flores de cerezo en el cielo oscuro
> entre ellas
> la melancolía florece

Encuentro poesía en las palabras con que Kawabata describe la ciudad, en el inicio de la novela.
El relato se continúa con Namiko, la protagonista, refugiada junto a su amante en un taxi:

> El taxi se detuvo con un chirrido y echando humo, llevaba colgados en la parte trasera atados de carbón y leña, y un balde viejo abollado. El toque de una bocina hizo girar la cabeza a Namiko y, temerosa, se acurrucó sobre Takehara. Para esconder la cara, levantó las manos sobre el pecho. A él le sorprendió el temblor de las puntas de los dedos.

Namiko tiene temor (tiembla) de ser encontrada por su marido y le recrimina a su amante la situación en la que le ha sumergido. Serán ellos también los que luego, al finalizar la novela, seguirán en marcha, entre ruinas, sin ir hacia ningún lugar, sin que termine de suceder nada, completando así el círculo narrativo en el que esa mujer, cautivadora y misteriosa, apenas me ha dejado entrever algo de su intimidad y mucho de su profunda melancolía.
Namiko es una bailarina dedicada. Su academia de ballet clásico occidental es una de las más antiguas y prestigiosas; sin embargo, en el presente debe competir con tantas otras que han comenzado a proliferar en Tokio. Namiko se lamenta del paso del tiempo, y no haber podido realizarse, como ambicionaba, en su profesión. Su hija, Sumiko, que también es bailarina, tampoco consigue romper el destino de la madre.
Namiko aún vive con su esposo Yagi, aunque su matrimonio se desintegra:

> Al recordar esos diálogos (dice Namiko), sintió compasión por la joven que fue y su rostro se bañó de lágrimas (...) Enseguida el rencor y la degradación le mordieron el corazón. Prometió que sería la última vez, trató de grabarse ese voto y a la vez disculparse a sí misma. Pero en veinte años

> nunca lo rechazó, nunca lo deseó. Era algo tan misterioso el abismo entre hombre y mujer, esposo y esposa, tan terrible la diferencia. La humildad y la timidez femeninas, la docilidad, marcas de la mujer japonesa atrapada por la tradición.

Remarco esta última línea, escrita (y pensada por Kawabata) a mediados del siglo pasado: "La humildad y la timidez femeninas, la docilidad, marcas de la mujer japonesa atrapada por la tradición".

La mujer mantiene un vínculo de muchos años con Takehara, su amante:

> ...el gesto de Takehara se volvió un abrazo suave que le permitió sentir los latidos violentos de su corazón. Ni la rozaba, pero los sentía.

Son los hijos, Takao y Sumiko, los testigos del clima opresivo que une a sus padres, mientras a su vez transitan como pueden sus propios vínculos amorosos: en el caso de Takao, ambiguo; irrealizable o idílico para Sumiko. Ambos apuestan a construir su futuro, como una paradoja del Japón de posguerra. "¿Será necesario entonces emigrar para cumplir los sueños?", se pregunta Takao.
Precisamente el afuera está presente en todo el relato. Un Japón de posguerra del que ya se cuenta en el primer capítulo: "Japón perdió la guerra y la belleza de su corazón se arruinó".
Kawabata vuelve a condensar, así en una línea, el núcleo de la narración.
Por eso, me atrevo a decir, que se trata de una novela de lo efímero, de lo simbólico; un texto sobre las costumbres y el silencio.
Hay una permanente referencia al arte, a la actividad artística, en relación a lo añorado y a lo que ya no puede volver a repetirse:

> ...Recuerdo lo espléndida que fue la obra Manos de Buda que ideó para su esposa hace ya tiempo....

A tal punto es la levedad de lo transitorio que las únicas conversaciones posibles parecen ocurrir en los trenes, yendo de un sitio a otro, estando en movimiento.
Allí es donde se producen los diálogos entre padre e hijo, entre madre e hija, entre los amantes. Como si otro espacio, el de la familia o la pertenencia, no los habilitara a comunicarse.

Bailarinas se vincula con la primera obra consagratoria de Kawabata "La bailarina de Izu", que es mencionada en el prólogo ya citado:

> Agreguemos que *Bailarinas* funciona también como un espejo empañado de la primera obra consagratoria (…), pues en ambas la península de Izu y la ciudad de Shimoda son los destinos finales del relato. Lugares cargados, por otra parte, de mucha simbología, pues fue el puerto de Shimoda uno de los que debió abrirse a Occidente ante la presión de los navíos negros del comandante Perry.

"La bailarina de Izu" es el primer cuento publicado por Kawabata en 1926 (tenía entonces 27 años). La traducción al castellano fue recién en 1969.
Lo leo a continuación de *Bailarinas*, intrigada por esa imagen descripta en el prólogo citado: "espejo empañado".
No podía dejar de asociarlo con el vidrio esmerilado de Saer y entonces aventuro una cierta correspondencia (por lo menos, la advierto en este acto de lectura, personal e intransferible) entre el modo de narrar de Saer y el escritor japonés.
Cito un párrafo extraído del ensayo leído por Kawabata, en la Universidad de Hawai[102], la mirada posada y detenida en un resplandor, que no puedo dejar de asociar con la narrativa de Saer.

> No obstante, aunque se suponía que empezara mi charla con una referencia a *La*

---

[102] "Yasunari Kawabata: La existencia y el descubrimiento de la belleza", ensayo leído en la Universidad de Hawái, 12 y 16 de mayo de 1969, *https://bibliotecaignoria.blogspot.com/2012/06/yasunari-kawabata-la-existencia-y-el.html*

> *historia de Genji*, he comenzado a hablar sobre unos vasos en un restaurante. Sin embargo, aun cuando he estado hablando de vasos, siempre, tenía en mente *La historia de Genji*. Esto es verdad, aunque algunos no comprendan lo que digo o yo no pueda lograr que me crean. Además, he hablado demasiado y tediosamente acerca de estos vasos. Esto también es un signo de la crudeza de mi literatura y mi vida, y muy característico en mí. Por tanto, hubiera sido realmente mejor si hubiera empezado con *La historia de Genji*. Hubiera sido mejor si yo hubiera captado el resplandor de los vasos en unas pocas palabras: en un haiku de diecisiete sílabas o en un *tanka* de treinta y una sílabas. Pero también tenía el deseo intenso de plasmar ahora, con mis propias palabras, mi descubrimiento y experiencia de la belleza de unos vasos resplandeciendo a la luz matinal. Por cierto, puede muy bien haber una belleza similar a la de los vasos en cualquier otro lugar, en otra tierra o en otro tiempo y, sin embargo, ¿no podría ser también cierto que en otra tierra y en otro tiempo quizá no haya una belleza precisamente como ésta? Por lo menos, como yo no la había visto hasta ahora, quizá podría decir que era "un encuentro único en mi vida" (*ichigo ichie*).

El vidrio esmerilado y el espejo empañado. (Norah Lange, agrego ahora cuando reviso la escritura de mis crónicas en la continuidad del libro).

Vidrio y espejo que no permiten ver con claridad. En el primer caso, lo que hay del otro lado; en el segundo, lo que se refleja.

En el extracto citado, Kawabata recurre al haiku, uno propio, y luego establece referencias con Takahama Kyoshi (1874-1959), Kobayashi Issa (1763-1827) y Bashô (1644-1694).

Me pregunto si no pueden leerse, tanto su cuento como la novela, como extensos poemas, justamente por ese movimiento (y se trata del desplazarse de los cuerpos), por ese misterio que no logran develar las palabras; como ocurre en la composición medida y a la vez tan poética y bella, como es el haiku.

Es cierto que "La Bailarina de Izu" es un relato que corresponde a un escritor joven, no desencantado todavía por la realidad, ni por la ausencia de lo bello o de lo perdido, como le sucederá más tarde y que revela su desasosiego, tan presente en la novela escrita varios años después.

Pero, en definitiva, de eso trata la obsesión del escritor, intentar atrapar en las líneas aquello que lo conmueve y que siempre le resulta tan inasible.

En el caso de Kawabata, es la belleza; y ante ella solo, entiendo, se inclina emocionado.

Buenos Aires, 24 de abril 2019

William Shakespeare

La tempestad (1611)

La tempestad se representó por primera vez en 1611 en Londres. Cuatrocientos nueve años después leo el texto de William Shakespeare. Al mismo tiempo, me encuentro en el final del viaje emprendido por la narrativa de Bioy Casares, y la lectura no escapará a la influencia que va ejerciendo sobre mí el escritor argentino.

En un primer intento de escritura y en la cercanía con *Enero,*[103] la novela de Sara Gallardo que leo casi como en un continuado, busco establecer una vinculación entre ambos textos. Pero es tan solo el deseo que surge espontáneo provocado por el placer. Enseguida comprendo que cada uno requiere un abordaje diferente.

Así que dedico esta crónica al texto inglés.

En una de las tantas biografías de Shakespeare que circulan por la red, encuentro que:

> La fuente de esta obra debe buscarse en la *commedia dell'arte* italiana; algunas intrigas análogas a la suya han sido descritas por diversos estudiosos. Shakespeare combinó con estos elementos italianos detalles del naufragio en las Bermudas de Sir George Somers (25 de julio de 1609). Otros eruditos

---

[103] En este mismo volumen, dentro de la sección Escritoras perdurables.

> consideran como fuente probable de la tragedia la novela castellana *La gran conquista de Ultramar*[104].

Con estos elementos –que no se concluyen en sí mismos, el estudio de la obra de Shakespeare es inmenso–, se construye este texto que corresponde a la etapa de madurez del autor.
Carolina Mardones en su trabajo "La Tempestad, de Shakespeare, en el museo Xul Solar"[105] señala que:

> *La Tempestad* es una obra cuyo relato sucede en tiempo real, lo que significó una completa novedad por parte del autor; en este sentido, la pieza no encuentra precedentes en la historia del teatro. La estructura dramática de cinco actos y un epílogo, se desarrolla en tres horas aproximadamente, y en más de una oportunidad los personajes hacen referencias al transcurso del tiempo. La unidad se compone por una gran diversidad de elementos que se yuxtaponen, se conjugan, cada uno tiene su propio desenlace, y allí todos mantienen relación. Progresivamente, todos los personajes, salvo el pérfido Antonio, demuestran haber cambiado hacia el final de la obra.

La narración conmueve por los temas que plantea y, sobre todo, por la melancolía, quizás encarnada en la figura principal, Próspero, un anciano que busca, en el final de sus días, redimirse con quienes fueron sus enemigos.
Poblado de elementos sobrenaturales, conjurando situaciones oníricas, y por momentos apelando al humor, se desarrolla el drama que sucede en una isla, a la que ha llegado milagrosamente el duque de Milán –Próspero– junto a su pequeña hija –Miranda–, en compañía de algunos libros de magia, el único tesoro que consigue llevarse

---

[104] Biografías y Vida, la enciclopedia biográfica en línea, en *https://www.biografiasyvidas.com/monografia/shakespeare/tempestad.htm*

[105] Mardones, Carolina. "La Tempestad, de Shakespeare, en el museo Xul Solar", en *https://core.ac.uk/download/pdf/233946193.pdf.*

cuando es desterrado y lanzado a alta mar por su hermano Antonio.

En la isla vive Calibán, único habitante –mitad monstruo, mitad hombre–, hijo de una hechicera que también había sido desterrada, y algunos seres sobrenaturales como Ariel, un elfo que se pone al servicio de Próspero cuando este logra liberarlo del embrujo de la hechicera.

En ese escenario, que no dejaba de evocar la isla de *La Invención de Morel,* se desarrollará el resto de la trama, que se centrará en la tempestad provocada por Próspero, con ayuda de Ariel, para hacer naufragar el barco que lleva al hermano traidor, a su hijo, Fernando, y al rey de Nápoles. El naufragio acerca sin remedio a estos hombres a la isla habitada por su enemigo.

El primer sitio ya citado sobre la biografía de Shakespeare señala en este sentido:

> La tempestad es el más personal de sus dramas y parece reflejar a veces el pensamiento más profundo del dramaturgo: "Somos de la misma sustancia de que están hechos los sueños, y nuestra breve vida está rodeada de un sueño" (IV, esc. 1).

Me aparto, al escribir esta crónica, de las vinculaciones literarias e incluso políticas que se desprenden de la historia. Como he señalado, existen extensos estudios, muchos publicados en internet, sobre *La Tempestad* como así también sobre toda la obra de Shakespeare.

Todo texto, entiendo, debe leerse en su contexto socio-histórico, y el teatro que proponía Shakespeare no escapaba a la mirada crítica frente a los acontecimientos de su realidad circundante.

Eludo estos temas, aunque sin quitarles su importancia, ya que el diálogo que establezco con la novela se detiene en otras cuestiones.

Como, por ejemplo, la similitud con el escenario donde se desarrolla la novela de Bioy Casares: la isla donde se ha refugiado el prófugo de *La Invención de Morel* está aparentemente desierta –así por lo menos él lo imagina– hasta que encuentra a Faustine y enseguida a los otros habitantes, que la trama develará luego como hologramas. Morel ha inventado un aparato que logrará reproducir para siempre el vínculo amoroso con Faustine. Como Próspero, el protagonista en Shakespeare, Morel termina fundido en esa irrealidad, casi como la de un "sueño", para perpetuarse en su amor con la mujer. El encantamiento que ha creado lo alcanza también, en algún punto redimiéndolo, liberándolo por la ilusión del amor que prevalece sobre la situación penosa que lo llevó al exilio.

En *La tempestad*, Próspero en su exilio involuntario, una isla, rodeado de la magia que encuentra en esa nueva geografía, logrará sublimar años de odio en las bendiciones que derramará sobre el amor de su hija con Fernando, la consecuencia feliz e impensada que provocó el naufragio.

Recientemente el Ministerio de Cultura de la Ciudad puso a disposición, de modo virtual y gratuito, la reposición de *La tempestad* –versión y dirección de Lluís Pasqual–, pieza estrenada durante la temporada 2000 en la sala Casacuberta, que forma parte del archivo histórico del Teatro San Martín. Así, como en otras oportunidades, la coincidencia o esta gratuidad que proporciona internet para poder asistir a la presentación veinte años después. Me emociono con Alfredo Alcón, en el papel de Próspero, y con el Calibán fantástico que interpreta Carlos Belloso.

Cierro con las últimas líneas de "Everything and Nothing", cuento de Jorge Luis Borges en *El Hacedor.* Quien mejor que él para tomar mi lugar en esta crónica dedicada a William Shakespeare:

> La historia agrega que, antes o después de morir, se supo frente a Dios y le dijo: Yo, que tantos hombres he sido en vano, quiero ser uno y yo. La voz de Dios le contestó desde un torbellino: Yo tampoco soy; yo soñé el mundo como tú soñaste tu obra, mi Shakespeare, y entre las formas de mi sueño estabas tú, que como yo eres muchos y nadie [106].

Buenos Aires, agosto 2020

---

[106] Borges, Jorge Luis. "Everything and nothing" en *El Hacedor*, Grupo editorial planeta (para *La Nación*), Bs. As.: 2001, pp. 55-56.

Franz Kafka

***El castillo* (1926)**

Cuarenta veces, aproximadamente, menciona Vila-Matas a Kafka, asociándolo con el personaje Bartleby, sumando así al autor checo a la lista de los escritores del "No", en su libro *Bartleby y Compañía.*

También lo menciona en el *Mal de Montano,* más de noventa veces.

Mi mirada se detuvo en una sola de esas menciones, la que describe el momento cuando el protagonista de su novela (también como Kafka) cierra las ventanas a un domingo primaveral y se dispone a leer *El Castillo*:

> No creo que haya enfermo de literatura más grande que Kafka. Su diario es aterrador. Por la mañana, a las ocho, llegaba puntual a su despacho. Escribía documentos e informes, hacía inspecciones. Sus superiores no sabían que él trabajaba allí, entre esa multitud de trabajadores y empleados desdichados, sólo porque sabía que no debía dedicar todo su tiempo a la literatura. Temía que la literatura lo chupase, como un remolino, hasta hacerle perderse en sus comarcas sin límites. No podía ser libre, necesitaba una limitación, tener todo el tiempo para escribir le parecía peligroso, terrible (...) Extraordinario domingo de primavera en el que cierro las ventanas y releo *El castillo*, novela infinita e incapaz de tener final (…) (p. 136)[107].

Desde ese gesto provocador de Vila-Matas fue que me situé para leer yo también la novela. Tenía varias otras lecturas en fila, algunas aguardándome con urgencia, como viene siendo este tiempo extenso de pandemia en el que solo se ha modificado el escenario de lectura (la ciudad por la playa); tiempos en que he procurado reemplazar la incertidumbre de la realidad por el pleno goce de la literatura.

Comencé a leer *El Castillo* con intervalos, algunos más extensos que me obligaban después, incluso, a retroceder

---

[107] Vila-Matas, Enrique. *El mal de Montano* (Spanish Edition) Grupo Planeta para Kindle

algunas páginas para reencontrarme otra vez con el derrotero del señor K.
¿Sería también ese ir y venir consecuencia de lo árido que me iba resultando el texto?
A veces me pregunto qué es lo que provoca la fidelidad a ciertas lecturas que, desde el inicio, se hacen cuesta arriba. ¿Sería, en este caso, que mi regreso a la novela era por un compromiso, no solo con Kakfa, sino también con Vila-Matas?
Por momentos recordaba lo dicho por Borges:

> Si un libro es tedioso para ustedes, déjenlo; aunque ese libro sea el *Paraíso Perdido* —para mí no es tedioso— o el *Quijote*—que para mí tampoco es tedioso—. Pero si hay un libro tedioso para ustedes, no lo lean; ese libro no ha sido escrito para ustedes[108].

Sin embargo, justamente esas últimas líneas, quizás así lo pensó Borges cuando lo expresó, planteaban el desafío.
Permanecer en la novela se convirtió de pronto en una cuestión personal, un asunto a resolver entre Kafka y yo.
Y debo decir que no se trató de una experiencia del todo feliz, aunque esa misma incomodidad fue, en definitiva, la que no me permitía abandonar el texto.
Así que permanecí.
Me quedé en la aldea de la noche eterna, envuelta en la bruma y el frío, pero sobre todo en el desasosiego que provocaba tanta ambigüedad. ¿Quién era K? ¿Qué se proponía? ¿Por qué él también decidía seguir sufriendo en ese pueblo sometido a la burocracia, a los engaños, a las habladurías?
Se lo pregunta también Pepi, una de las tantas mujeres que se sienten atraídas por el protagonista:

> Pero ante todo K, pues ¿qué quería? ¿Qué tipo de hombre tan extraño era? ¿A qué aspiraba? ¿Qué eran esas cosas tan importantes que le preocupaban y que le

---

108 "El único modo de leer, Jorge Luis Borges", en blog de literatura, grandes encuentros, Calledelorco, 09/28/2020. *https://calledelorco.com/2020/09/28/el-unico-modo-de-leer-jorge-luis-borges/*

> impulsaban a olvidar lo más próximo, lo mejor, lo más bello?[109]

El clima de encierro de la narración coincidía con el de la serie islandesa, que estaba viendo en esos días, *Trapped*. La trama se desarrolla en una pequeña aldea pesquera al norte de Islandia, Siglufjörður, ubicada en un fiordo inmerso rodeada de una naturaleza imponente (montañas blancas por un lado, al frente el océano helado) y aislada (atrapada) por una fuerte tormenta de nieve. Antes de la tormenta llegan al puerto (ambos al mismo tiempo) un ferry danés y un cadáver mutilado, solo un tronco sin cabeza ni extremidades, que se descubre flotando en el mar, hecho que desencadena de inmediato la intervención de la policía local. El relato se va desarrollando en el ambiente opresivo de calles invernales, por las que casi no se puede transitar. No obstante, los habitantes de la aldea parecen estar acostumbrados a las inclemencias del tiempo, a la nieve, el viento helado, el aislamiento; similar a los personajes de esta novela de Kafka.

(Aunque en *El Castillo*, el señor K, a excepción del resto, es el único que no consigue andar sin ayuda y que se siente tan desorientado como perdido).

Durante la serie se asiste a un continuo abrir y cerrar de puertas; se sale poco y más bien se entra para buscar el refugio del adentro, un espacio que tampoco es apacible porque esos ambientes no están liberados de las crisis y los conflictos personales de sus habitantes.

Las imágenes de la serie y de la novela se entretejen en el clima de opresión y penumbra. Tanto en unas como en la otra, el lector–espectador anhela el rayo de sol, la claridad que despeje en algo las tinieblas, no solo las provocadas por la tormenta (en la miniserie, a diferencia de la novela, eso ocurre en algún momento).

Niebla y oscuridad tan bien descriptas en el texto de Kafka; a diferencia de todo lo demás que se narra, que no ofrece ninguna seguridad, ni siquiera sobre la existencia real del castillo.

Del protagonista, el señor K, la visión es tan limitada como la de su nombre, tan solo una inicial (la inicial no deja de hacer alusión al autor). Se trata de un hombre que ha

---

[109] Kafka, Franz, *Obras completas: nueva edición integral* (biblioteca ibérica) (Spanish Edition). Wisehouse Classics. Ed. pos.18902.

llegado a esa aldea para desempeñarse como agrimensor, y que pronto se encuentra entrampado entre las pocas cuadras cubiertas de nieve que comunican las posadas, la escuela y dos o tres viviendas; el resto del pueblo y los otros caminos se difuminan en la narración en contornos imprecisos.

K no dice nada de sí mismo. Son quienes lo tratan quienes nos dicen algo de él, y como las opiniones difieren de uno a otro, según la estima –o según el interés que sobre él tienen–, es escasa la posibilidad de terminar de conocer al personaje.

Lo único que él dice es lo que anuncia cuando llega, su profesión como agrimensor. Sin embargo, más allá del enunciado, no hay ninguna pista ni instrumentos de trabajo que agreguen veracidad a su oficio o competencia.

Es más, en el transcurso de la novela, K pasará a desempeñarse como bedel de la escuela y casi criado de la posada, sin lamentar nunca no poder ejercer el otro trabajo.

Esta falta de información también contribuye al desconcierto.

Lo único claro es la existencia de una maquinaria burocrática que, en principio, tiene su lugar en algún lugar del castillo: funcionarios, secretarios, criados, de los cuales dependen no solo el señor K desde que llega al pueblo, sino también los mismos pobladores para su quehacer cotidiano.

La novela de Kafka se me antojó por todo esto, y quizás de ahí lo dificultoso de su lectura, una novela de lo imposible.

No es posible para el señor K establecer vínculos con los demás.

No le es posible realizarse en el vínculo amoroso.

No le es posible trabajar o emplearse en lo que creía haber sido contratado.

No le es posible ni siquiera habitar, morar en algún sitio: no hay casa, no hay cama propia; hasta el sueño o el descanso se tornan arduos o irrealizables.

Llegando a las últimas líneas, que recorro con gran velocidad, urgida tal vez por la necesidad imperiosa de escapar de ese pueblo, encuentro que Kafka dejó inconclusa la novela.

¿Por qué?

Kafka murió antes de finalizarla. No se sabe si tenía pensado un punto final o si lo venció la tuberculosis. Tardó varios años en escribirla y en algún momento la abandonó; y aunque su última decisión era que el manuscrito se quemara, su amigo Max Brod decidió publicarla, editándola por su cuenta.

Maurice Blanchot señalaba que “la obra (...) no es acabada ni inconclusa: es”.
Leo la cita en Vila-Matas y, como ha ocurrido con tantas otras, siento el interés por saber más (encuentro el texto completo de Blanchot sobre Kafka en la *web*).
Pero regreso a Vila-Matas y a la referencia que acerca a *Diarios* de Kafka; en ese suspenso del vuelo de la palabra, por un instante (que puede ser eterno) detenido en la yema de los dedos.

> Así me va el domingo apacible —escribe Kafka—, así me va el domingo lluvioso. Estoy sentado en el dormitorio y dispongo de silencio, pero en lugar de decidirme a escribir, actividad en la que anteayer, por ejemplo, hubiese querido volcarme con todo lo que soy, me he quedado ahora largo rato mirando fijamente mis dedos. Creo que esta semana he estado influido totalmente por Goethe, creo que acabo de agotar el vigor de dicho influjo y que por ello me he vuelto inútil.

Imbassaí, 28 de abril 2021

William Faulkner

¡Absalom, Absalom! (1936)

Hoy, más temprano, antes de iniciar esta crónica, he recibido un video sobre el homenaje que le hiciera Zubin Metha a ZuSeiji Ozawa, en el 2016. La grabación corresponde al cierre del Concierto de Gala/30 años del Suntory Hall, en Tokio, la mayor sala de concierto de Japón, donde el gran director de orquesta indio juega con su par japonés, y ambos al mismo tiempo se divierten con los músicos.
Al verlos experimento la misma emoción que me produjo en su momento Claudio Abbado con sus manos extendidas en una cruz abierta –que evocarán tanto el poema de Oliverio– en esa última nota sostenida en el cielo, en esos cuarenta segundos al finalizar de dirigir el *Réquiem* de Mozart.
En el reciente video, se dice que Ozawa sufre de Alzheimer, aunque más tarde leo que se trata de una *fake news* (como

una de las tantas que nos llegan a diario), ya que según señala el sitio Estado da Arte[110] de Brasil, el maestro japonés no padece esa enfermedad.
Me alegro de la falsedad de la nota y por Osawa que ya va por los 85 años y no deja de maravillarnos.
Y aunque el acento puesto en la enfermedad fue el motor de la divulgación, la noticia de su salud no le resta espacio al deleite que me provocaron esos dos hombres con sus gestos cómplices y a pura diversión frente a los maestros y sus instrumentos; el placer, el ímpetu, el gozo compartido por la brillante música que están ejecutando.
Inicio la crónica con esta asociación que no he buscado, pero que se ha colado entre la lectura y las líneas que iba a comenzar a escribir sobre *¡Absalom, Absalom!* de William Faulkner.
Tal vez porque se trata de esto, de las emociones, y también de la admiración.
Llegué a la novela de Faulkner de la mano de Norah Lange, en este recorrido ya iniciado por su obra, que me condujo también a bucear en sus fuentes de lectura.
Lange me conduce a la novela del escritor americano a través de su novela póstuma, publicada en 2006: *El cuarto de vidrio*. (La estaba escribiendo cuando falleció en agosto de 1972).
Leo pues a Faulkner advirtiendo además su influencia no solo en Lange, sino también en otros escritores y escritoras latinoamericanos.
Así señala el artículo del escritor cubano Heriberto Machado[111]:

> Lo cierto es que se trata de un escritor que reunía en sí todo el peso de la herencia literaria europea. Una mezcla equilibrada del drama novelístico decimonónico (Flaubert, Dostoievski, Dickens) y de la tradición experimental de las primeras décadas del siglo XX (Joyce, Woolf, Proust). Y que a su vez devino en fuente inagotable de influencia no solo para los escritores norteamericanos, sino también para casi todas las longitudes y latitudes del mapa literario

---

[110] *https://estadodaarte.estadao.com.br/falando-de-musica-fake-news-ozawa*

[111] *https://nacidomuerto.wordpress.com/2021/08/13/william-faulkner-genio-de-la-estructura-novelistica/*

> hispanoamericano: Rulfo, Onetti, García Márquez, Vargas Llosa y Borges conforman la cúspide de la extensa lista de autores en habla hispana que poseen una eterna deuda con él.

Me acerco a Faulkner evocando aquel primer encuentro con el cuento de la señorita Emily y con el escenario final de ese cuarto donde "El hombre yacía en la cama…" (esa corta línea que condensa el secreto trágico del relato). "Una rosa para Emily" es un clásico de trabajo en los talleres de escritura. No recuerdo ahora qué consigna fue la que se correspondió con el relato ni que escritura propia provocó la lectura. En ese entonces no sabía mucho más del gran escritor americano, mucho menos del influjo de su narrativa entre tantos escritores que ya había leído o estaba comenzando a leer.

Así que, de algún modo, ingresar a *¡Absalom, ¡Absalom!* era internarme en un terreno no del todo desconocido por los ecos o las reminiscencias que ahora percibo y distingo con mayor claridad, permitiendo que reconozca a Faulkner como si siempre lo hubiera leído, quizás porque él estaba presente en muchos de mis autores preferidos. Sin dudas, su narrativa se ha colado con la mía, y es como esa melodía que resuena en mis oídos desde siempre sin poder precisar su origen.

¡Absalom, Absalom! me conduce a la atmósfera especial del sur norteamericano de fines del siglo pasado, a la vecindad murmurante de la aldea, a los cotilleos que corren de boca en boca, y a las mujeres que, como las jóvenes de *Pueblo Blanco* que nos canta Serrat, "espían tras los visillos" el paso de todo aquello que las aleje del aburrimiento; sobre todo si ese "aquello" da pie a habladurías y al escándalo (¿No escribía hace unos instantes sobre las *fakes?* Nada ha cambiado).

Faulkner fue un escritor sureño –dicen que siempre quedó anclado a las orillas del Misisipi y a su historia– que creció entre los relatos que se contaban en las noches familiares: leyendas sobre los orígenes de los Falkner (así era el apellido original), sobre las crónicas de la Guerra Civil o sobre los pormenores, tan vigentes y dolorosos, de los conflictos raciales. Además, tanto su madre como su abuela le leían a Dickens y a los hermanos Grimm. Sin embargo, sería en la universidad, luego de leer a Joyce, que Faulkner tal vez pensó definitivamente en ser escritor.

Cuando escribe su primera novela, *Banderas en el polvo,* la ambienta en un lugar ficticio, difícil de pronunciar, pero que será tan inolvidable, como el Macondo de García Márquez, la Santa María de Onetti o ese "no lugar", aventuro a decir, que construye Saer en las orillas del Paraná,

El impronunciable Yoknapatawpha es también el escenario de su novela *¡Absalom, Absalom!*

> En *Absalón, Absalón* (1936) aparece el mapa del condado de Yoknapatawpha (Mississippi): "Superficie, 2.400 millas cuadradas. Población: blancos, 6.928; negros, 9.313. William Faulkner, único dueño y propietario". Allí podemos ver los ríos Yoknapatawpha y Taiamatchie, las Colinas de los Pinos, el Remanso del Francés, tierras que fueron en su mayoría de los indios chikasaw (el cacique Ikkenotube vendió el territorio al nieto de un refugiado escocés, iniciando así tragedia, gloria y saga de los personajes de Faulkner) y las anotaciones que aparecen glosando puntos del mapa nos hablan de Jason Compson perdiendo la pista de su sobrina; del viejo Bayard Sartoris estrellándose en el coche de su nieto; de la iglesia a la que se dirigía Sutpen a galope tendido; de la casa donde Popeye mató a Tommy; de la estatua de John Sartoris frente a su ferrocarril (...). Se trata, ni más ni menos, que de la carta geográfica de la obra más sugestiva de la literatura norteamericana contemporánea. Porque todo Faulkner sucede en Yoknapatawpha, y aquellas páginas que parezcan no suceder allí, realmente sí suceden, porque el condado está hecho de la tierra de su propia tierra (que lo fue también de Sherwood Anderson), y de la sangre de sus propios sueños[112].

---

[112] "El nacimiento de Yoknapatawpha" por Juan Tebar para el diario *El País,* *https://elpais.com/diario/1979/06/27/cultura/299282413_850215.html*

Cuando comienzo la lectura, en una edición digital[113], me detengo en la nota de la traductora (el nombre no consta en la publicación virtual) que me advierte sobre la compleja prosa de Faulkner.

Lo comprendo al promediar el texto, más allá de la empatía inicial que ya he testimoniado.

La lectura de Faulkner no puede ser la de un lector distraído; o quizás yo ya no sea ese tipo de lectora y puedo reparar en ello.

Entonces vuelvo a las primeras líneas de mi crónica, a la música.

No ha dejado de acompañarme mientras escribo, en especial el maestro Ozawa. En su homenaje, lo he buscado en mi Spotify y elijo que sean las obras que él ha dirigido –Dvořák, Mozart, Offenbach, Respighi, Tchaivkovsky (escuchar su bellísimo *Casse-Noisette),* entre otros–, las que marquen el ritmo de las palabras.

Escucho a los grandes compositores y de pronto advierto que al oírlos no me preocupa no poder seguir la partitura o no saber con precisión cuál es el instrumento que un momento determinado acompaña al piano o a los violines. Solo voy dejando que mi corazón se vaya acostumbrando, y en ocasiones deteniéndose en las notas que caen una a una sobre mi mesa como las gotas de la lluvia. ¿Importa saber cuántas son para percibir su hermosura?

Entonces comprendo que, a veces, ciertos textos demandan principalmente la escucha.

Y es lo que me va sucediendo con la novela.

El oído haciéndose al ritmo, a la llegada de las voces que cuentan la historia, a los monólogos interiores que irrumpen en el párrafo alterando la continuidad; el oído paciente a ese ir dos o tres pasos hacia atrás para recobrar el aliento y retomar varias veces el hilo de la narración perdido.

Dicen que el mismo Faulkner, cuando le preguntaban qué pasaba si luego de leerlo una, dos o tres veces, el lector seguía sin entenderlo, respondía que lo leyeran una cuarta. No sé, a esta altura si esa pregunta y su respuesta fueron ciertas. Pero reafirma mi empeño.

¡Absalom, Absalom! cuenta una historia familiar –la relación con García Márquez fue inevitable; más tarde leeré en algunos trabajos en la red sobre la influencia del escritor americano en la escritura de *Cien años de soledad*–.

---

[113] Todas las notas corresponden a la edición digital de Libros Tauro, en *www.librostauro.com.ar*

No es una sola voz la que relata sino varias, incluso muchas de ellas evidencian no conocer toda la verdad de la historia. Solo uno de los personajes, Quentín Compson (personaje de otra novela de Faulkner, *El ruido y la furia*), un muchacho de apenas veinte años, es el receptor de todas las versiones. Es a él a quien busca la señorita Coldfield para hacerlo partícipe de lo que ha sucedido, y también para que sea testigo del secreto que guarda el cuarto de la casa Sutpen (en un final sorpresivo de la novela al modo de "Una rosa para Emily").

Es a él a quien su padre le transmite, primero en persona y luego a través de una carta, lo sabido por su propio padre. Es a Quentín a quien le pregunta el compañero de la universidad, Shreve, que mira con ojos "extranjeros" y curiosos la realidad sureña.

Sin embargo, aun así, el mismo muchacho no tiene total certeza de lo ocurrido.

Esa ambigüedad, no por la trama en sí, sino por cómo se va narrando la historia, es lo que me fue anudando a la novela, a querer avanzar para saber más, y a su disfrute.

Mi mirada se detiene en la casa (aquella por la que me había introducido, de algún modo, Norah Lange). La construcción alzada con energía desmedida por Thomas Sutpen, con la ayuda de esos "negros" traídos desde algún lugar ignoto, y que deslumbró de inmediato por su grandeza a todo el pueblo de Jefferson. Una casa que recibirá en su seno tanto a la futura mujer como a los muebles, emparejados todos (mujer y muebles) como objetos indistintos por su utilidad para su dueño:

> Un hogar, una posición, una esposa e hijos que él aceptó junto con todo lo demás como elementos indispensables al ambiente de seriedad que le servía de escondite, como hubiera aceptado la molestia y aun el dolor de abrojos y espinas en medio de un matorral, si ese matorral le hubiera dado la protección que buscaba (pp. 7-8).

Una casa que tiene vida propia:

> En esa casa vibraba una incontrovertible afirmación de soledad y vacío; parecía resistirse a ser ocupada sin la sanción y la salvaguardia de los fuertes y los despiadados (p. 43).

Y que más tarde sucumbirá a la locura de la guerra, a la locura de los hombres, para terminar sus días convertida en cenizas.

La mirada también recae en las mujeres: la señorita Rosa, Elena, Judith, Clite, la madre de Bon. Personajes femeninos sufridos, silenciosos, obedientes ("cuando deben hablar, un pastor lo hace por ellas", p. 11), mujeres condenadas al destino impuesto de antemano por los hombres, pendientes al mismo tiempo de lo que sucede, responsables y a cargo de las habladurías. Mujeres que, según Compson, viven: "con esa audacia amoral, esa tendencia a la ratería que suelen tener las mujeres" (p. 39). Mujeres que se corresponden a la época de la escritura de la novela, que las catalogaba en: "damas, mujeres y hembras…" (p. 55).

Pensando en Norah Lange, marqué en el texto una afirmación sobre Judith: "Pasaba por esa etapa en la cual las jóvenes, aunque visibles, parecen vistas a través de un cristal". ¿Habrá sido esa línea –retenida tal vez en una nota destacada en la página del libro o guardada simplemente en el curso misterioso de la memoria– de influencia en su obra póstuma?

Hay mucho para escribir sobre *¡Absalom, Absalom!* Apenas estas pocas hojas poco pueden aportar a tantas reseñas y estudios no solo de la novela sino de toda la obra de William Faulkner y de su resonancia en las escrituras posteriores.

Así como inicié, finalizo con la música, porque la historia me ha llevado a Nueva Orleans. En esa ciudad vivió Faulkner mientras escribía *La paga de los soldados*, entre 1924 y 1926; y también le dedica un libro de relatos, *Historias de Nueva Orleans*.

No puedo dejar de vincular su escritura con el jazz, sobre todo al descubrir una foto de Faulkner junto a Billie Holiday (fechada en 1956/1957).

Lectura y música. Inseparables para mí.

He experimentado la magia de Zubin Metha y ZuSeiji Ozawa; me han acompañado mientras escribía. Y luego ha llegado el *dixieland*, aquel primer jazz que oía Faulkner, con su melodía disruptiva que también he escuchado en su escritura.

Por lo tanto, al cerrar la crónica, le cedo el espacio a Duke Ellington con su *In a sentimental Mood* y ya con una copa de vino en la mano, tecleo el punto final.

Imbassaí, 16 de junio 2021

Virginia Woolf

La Señora Dalloway (1925)

(A Corina Bellati)

Su rostro será inolvidable, tal vez porque quedó atrapado en las tantas fotografías que acompañan sus libros.
Su rostro es como el de una esfinge: misterioso, enigmático, inalcanzable.
Conservo, como uno de mis más queridos tesoros, una xilografía de su cara, que realizó una amiga ya fallecida; me la regaló junto con una más pequeña que recorta en azul una bailarina de Degas, sabiendo lo que significaba para mí Virginia Woolf.
A ella, a esta amiga, le dediqué sin hacerlo tácito, el cuento "Aquelarre".[114]
De ella, de mi amiga, me ha quedado su arte y su sabiduría, también el dolor y la soledad que quizás apresuraron su partida de este mundo.
A ella y a Virginia les dedico esta crónica, en sus memorias.

Según mi registro de lecturas (que guarda el cuaderno Alcázar, ya mencionado en otras crónicas de este libro) mi primer contacto con Virginia Woolf pareciera haber sido con *Flush* (1933). El registro en tinta verde lleva además un asterisco, la marca con la que yo destacaba que lo leído me había gustado mucho, y corresponde al año 1976. También está *Flush* que ocupa su renglón en el cuaderno entre *El diablo en las colinas*, de Cesare Pavese y *Mont Cinère*, de Julien Green. No recuerdo nada de esas lecturas (¿de regresar a ellas, hoy, revelarían algo de mi escritura actual?), pero sí he retenido la atmósfera y el delicioso diálogo entre la protagonista de *Flush* (la poeta Elizabeth Barret) y su perro (un *cocker spaniel*); y es muy probable que ya se sume a la lista de los libros pendientes de relectura.
La edición, la que busco en este instante en mi biblioteca, no tiene ninguna marca personal y no creo que haya sido el mismo volumen leído hace tantos años atrás. Es muy probable que mi acercamiento a la novela, en ese entonces, haya sido por algún préstamo de biblioteca, lo más probable

[114] María Claudia Otsubo, "Aquelarre" en *Mujeres al sol, sábanas al viento*, op. cit.

que fuera de la Biblioteca del Maestro, donde era socia activa.

¿Qué uso tienen hoy las bibliotecas? ¿Siguen funcionando? Tengo una hermana muy lectora, más que yo incluso, puedo afirmarlo, que está más que feliz con la que tiene cercana a su casa en el barrio de Belgrano.

En mi presente, soy vecina de la Biblioteca Nacional, aunque nunca me he sentido atraída por ella; al contrario (no pensé nunca el motivo) de algún modo la he evitado.

He tenido la suerte de conocer hermosas bibliotecas en distintas partes del mundo (recuerdo con arrobamiento la Biblioteca de la Universidad Trinity College, en Dublín, Irlanda), y siempre las busco por las ciudades donde viajo. La última y más reciente visitada en estos tiempos de pandemia, se encuentra en nuestra ciudad, Buenos Aires, y es la bellísima biblioteca del Jockey Club.

Jorge Luis Borges fue bibliotecario. También lo han sido George Perec, Lewis Carroll, Johann Wolfgang von Goethe, Georges Bataille, entre tantos otros. Descubro navegando por la red que el escritor y profesor universitario español Ángel Esteban reunió en un libro a "Treinta grandes escritores que fueron bibliotecarios", bajo el título *El escritor en su paraíso.*

Es propicia esta digresión para escribir sobre Virginia Woolf que, aunque no trabajó en una biblioteca, sí la tuvo (inmensa e importante) en su casa familiar, espacio al que llegaban de visita escritores y personas de la cultura –en una escala mayor, sin dudas, pero similar a la que experimentó de joven Norah Lange en las tertulias de la calle Tronador y luego en la vivienda compartida con su esposo, Oliverio Girondo–; reuniones que continuará Virginia en su casa (antes de casarse con Leonard Woolf) junto a su hermana Vanessa a partir del 1907. Virginia tenía entonces 25 años.

La señora Dalloway fue su cuarta novela. Antes escribió: *Fin de viaje* (1915), *Noche y día* (1919) y *El cuarto de Jacob* (1922).

Mi primera lectura debió suceder en el 2001, según la fecha que asenté (26-4-2001) en las primeras hojas del libro (es la misma fecha en la edición de *Freshwater* (1923), única obra de teatro de su autoría, así que debo haber comprado los dos libros juntos). Mi edición es una de bolsillo de la editorial Alianza; con el tiempo parte del libro se ha despegado del resto, más o menos a la altura de la página 80.

Algunos años después de la lectura, asistí a las dos versiones para el cine: la inglesa (1997) que lleva el mismo título del libro, protagonizada por Vanessa Redgrave, y *Las horas* (2002, EE.UU.), una adaptación de la novela, publicada por Michael Cunningham en 1998, que cuenta con la actuación destacada, como siempre, de Meryl Streep y que conecta la vida de tres mujeres en diferentes épocas; una de ellas corresponde a la escritora inglesa al momento de escribir Mrs. Dalloway:

> *Las horas* de Cunningham es una obra en diálogo permanente con *La señora Dalloway*, y, a su vez, es el texto que da origen a la película con el mismo nombre que Stephen Daldry estrenó en 2002. Diálogo a tres voces sobre la base de un mismo personaje y de una serie de situaciones que desembocan en problemáticas similares en tres épocas diferentes: inicio del siglo XX, finales del siglo XX e inicios del XXI[115].

Las otras dos actrices son Nicole Kidman, que encarna a Virginia mientras escribía Mrs. Dalloway y Juliane Moore, la mujer que lee el libro en 1951. Meryl Streep interpreta a una editora neoyorquina, bisexual que cuida de un amigo escritor, enfermo de sida, a quién decide prepararle una fiesta.

Mi mirada actual sobre la novela no es igual a la del 2001, en muchos sentidos.

Quizás porque al conocer la trama he logrado detenerme en las otras cuestiones, en especial las que hacen al trabajo de la escritora para construir su relato.

Así vuelvo a experimentar aquello ya vivenciado con otros textos, que la lectura es infinita, no se agota nunca; y esa infinitud le otorga trascendencia y valor a la obra, por ese dejarse leer una y otra vez permitiéndonos descubrir en cada nuevo acercamiento algo diferente, algo nuevo, como sucede con los atardeceres o los ritmos del mar, que se repiten previsibles, constantes y aun así no dejan de ser singulares y sorprendentes.

---

[115] *https://web.uchile.cl/vignette/cyberhumanitatis/CDA/texto_simple2/0,1255,SCID%253D21062%2526ISID%253D731,00.html*

Hoy podría dibujar la narración de la novela como un círculo que se inicia cuando Clarisse Dalloway sale de su casa por la mañana para comprar flores, para la fiesta que piensa dar por la noche. En ese tránsito por las calles de Londres evoca momentos de su vida, al joven pretendiente Peter Walsh; a Sally Setton, que la atrae por toda su independencia, libertad y desenfado, incluso hasta sexualmente; y a otros personajes (como su esposo Richard Dalloway) que forman parte de su presente y que permiten el retrato crítico que realiza la narradora de algunas características del Londres victoriano. También en el círculo de su recorrido, aparece un sinfín de personas (con nombre y apellido) que se van conectando entre sí en el cruce de los pasos de Clarisse, en especial, el ex combatiente de la Primera Guerra Mundial (que acaba de finalizar y es muy cercana en el día a día de la ciudad) Septimus Warren Smith y su esposa Razia.

El círculo se completa al finalizar la fiesta, que es el cierre de la novela.

Todo ocurre en un mismo día. Por eso se ha dicho que esta novela se asemeja a la construcción que realiza Joyce con su *Ulises*, en el recorrido que realiza Leopold Bloom por las calles de Dublín.

El dibujo del círculo se sostiene además en el relato encadenado. Los personajes se enhebran uno con el otro a medida que Clarissa los cruza en esa vecindad de las calles, develando su propia historia, mientras que, y al mismo tiempo, el propio pasado de la protagonista se va construyendo por los recuerdos.

La guerra forma parte del círculo y es la contracara de la fiesta. Es la locura incomprendida y destratada de Septimus (por su propia esposa, por los médicos que lo atienden), que acabará con su vida cuando acorralado por los fantasmas se lance por la ventana esa misma tarde.

La otra cuestión en que he reparado en la lectura actual es la marca determinada por el paso de las horas, señalado por las campanadas del Big Ben:

> … que atenazaba antes de que el Big Ben diera las horas (…) Primero, un aviso musical; luego, la hora, irrevocable (p. 8).

> Las campanadas del Big Ben al dar la media resonaron entre ellos con extraordinaria fuerza (…) coincidiendo con el flujo de sonido con la cascada que descendía

directamente del Big Ben dando la media (p. 59).

Mientras sonreía el reloj dio la hora: las doce menos cuarto (p. 85).

Eran exactamente las doce, mediodía por el Big Ben, cuyas campanadas transportadas por el viento hacia el norte de Londres… (p. 112).

El Big Ben estaba empezando a dar la hora, primero el aviso, musical; después la hora, irrevocable (p. 140). (Advierto en el procedimiento de la repetición de página 8, el recurso de la reiteración).

El sonido del Big Ben inundó el salón donde Clarissa estaba sentada… (p. 140).

El Big Ben dio la media (p. 151).

… porque el Big Ben estaba muy bien, poniendo las cosas en su sitio, tan solemne, tan exacto (...). Frívolo, agitado, el reloj que atrasaba dio la media, llegando en la estela del Big Ben, con el regazo lleno de naderías (p.152).

Teniendo en cuenta además que no es cualquier reloj el que marca las horas, sino el Big Ben y lo que esa torre, construida en el Palacio de Westminster, simboliza en el día a día de los ingleses.

Han pasado veinte años desde aquella lectura del 2001. En estos años se han venido abajo las Torres Gemelas, han continuado las guerras en Libia, en Siria, en Sudán; se produjo la epidemia del Ébola, la más grande contada hasta que la humanidad se vio sacudida por el Coronavirus; no ha cesado el destino trágico de cientos de refugiados ni los terremotos ni los tifones han dejado de asolar distintas partes de la Tierra; he perdido a seres amados, y la tecnología nos ha hecho creer con ilusión que estamos más comunicados.
Aunque también han pasado cosas buenas, muy buenas (como mis cuatro nietos) y momentos felices que permiten

superar la soledad de cada día o ese "no sentir nada" (o sentir mucho) que padecía Septimus; ese pensamiento que determina el día de Clarissa, que la lleva a considerar (y que el paso de mis horas me ha hecho comprender tanto):

> … ¡qué increíble era la muerte! Que todo tuviera que acabar y que nadie, en todo el mundo, supiera lo mucho que ella había amado; con qué intensidad, y en cada instante (p. 146).

Ya lo había escrito a mi vez en el poema que le dedico en el 2018[116], del que copio solo los últimos versos:

> Tal vez no tenga más
> que esa paciencia
> de años sobre años
> como si la vida se tratara
> nada más
> que de un instante.
>
> Corro, me agito,
> flores en la mano.
> Dijo que las compraría ella,
> recuerdo, me dijo,
> antes de desandar el terror.

Buenos Aires, 6 de diciembre 2021

Ernesto Sábato

***El Túnel* (1948)**

Mi biblioteca es de madera, de buena madera. Su diseño es una copia (y antes fue un deseo) de la que le descubrí a Caetano Veloso en su casa, por lo menos en la que vivía al momento de la fotografía que circulaba en la red, donde se lo podía ver tocando la guitarra junto a dos de sus hijos, Moreno y Tom.

Imaginé algo similar cuando tuve que pensar la mía. Se la encargué a un amigo carpintero, que trabajó con dedicación y, desde ese entonces, ella me acompaña incluso con

---

[116] María Claudia Otsubo, en *Diminuto verde*, op. cit., p. 54.

algunas modificaciones debido a mudanzas posteriores, cambios que, sin embargo, no le hicieron perder resistencia y nobleza, como tampoco la generosidad con la que soporta el peso invalorable de mis libros.

Delante de los lomos, ordenados por autor y alfabéticamente, se fueron colando algunas fotos y recuerdos: el retrato de mi abuelo japonés; otro de mi abuela italiana sentada con sus hijos, mi tía paterna de pie a su lado y, sobre la falda, mi papá pequeño (el tercer hijo aún no había llegado), detrás de mi abuela, posando distinguidos, el esposo oriental junto a sus hermanos recién llegados del Japón. Otro portarretrato conserva para siempre la memoria de Gordon, con sus patas de labrador extendidas, la lengua afuera, feliz en la postura, casi risueño. Por allá andan mi hija mayor y su novio, en la época de sus primeros pasos como pareja en Brasil; en otro estante, algunas piedras traídas de lugares exóticos que hoy se apoyan confundidas y olvidadas de sus orígenes; también están los rostros y momentos cercanos de quien me acompaña hoy en esta vida.

¿Por qué inicio la crónica con esta digresión personal –que se impuso con voluntad propia (como la música en Faulkner, y así…)– cuando mi intención era escribir sobre *El túnel,* la novela de Ernesto Sábato?

Quizás tuvo que ver con un hecho impensado al navegar por la red.

Es que, al ir deslizándome por tantos sitios vinculados a Caetano Veloso, intentando reencontrar aquella fotografía de su biblioteca, apareció la entrevista que le hiciera Mariano Grondona a Ernesto Sábato para su programa Hora Clave (estimo que en 1993).[117].

¿Por qué el link en la búsqueda que hacía sobre el cantor brasileño?

¿Sería porque unas horas antes había procurado datos de Sábato, y entonces es cierto aquello de que vamos dejando huellas de cada movimiento por la red?

Este desvío condujo a un cambio en la crónica, ya que me había propuesto escribir sobre la novela, dejando de lado la figura visible y polémica de su autor.

Sin embargo, en la entrevista, se hace hincapié en la figura del escritor como "el hombre", deteniéndose precisamente en lo que yo procuraba evitar.

Así que antes de continuar adelante, con *El túnel,* me dispongo a escucharla para tomar las siguientes notas.

---

[117] *https://www.youtube.com/watch?v=H4A2wfaMZNo*

La entrevista es con un Sábato maduro, pero no por eso menos escéptico y "trágico", palabra que él repetirá una y otra vez a lo largo de la conversación.
"La vida recomienza todos los días", expresa al hablar de la muerte. "Todos nos morimos, eso es universal y democrático", afirma.
Sábato ya es el hombre alejado de la ciencia (en realidad se aleja en 1943 cuando se entrega a la escritura).
Es el que señala que "la inteligencia no sirve para nada", porque "la sabiduría es otra cosa, lo valioso es la intuición, las miradas, las cosas pequeñas", como observar a los "animalitos", aquellos que no tienen grandes cuestionamientos, porque simplemente viven, que me recuerda la reflexión de Bruno, personaje de su novela *Sobre Héroes y Tumbas*:

> Un pajarito (…) buscando aquí alguna pajita para su nido, algún grano perdido de trigo o de avena, algún gusanito de interés alimenticio para él o para sus pichones (…) gusanos, hormigas (no solo las grandes y negras, sino las rojizas chiquitas y aun otras más pequeñas que con casi invisibles) y cantidades de otros bichitos más insignificantes (…) Algunos miran el suelo y se distraen por minutos y hasta por horas con las numerosas y anónimas actividades de los animalitos mencionados (…) (pp. 28-29)[118].

Es el maestro que enseña que: "las novelas que perduran son las trágicas y que el problema central es el del bien y el mal", todo otro estudio posterior, sociológico, político de una obra no hace al valor de la misma ni a su trascendencia; y el maestro que ya sabe que es "tan solo la poesía la que tiene la verdad".
La entrevista devela incluso al personaje, el Sábato gruñón o con baja tolerancia a las preguntas "etiquetadas" que le hacen los estudiantes (aunque luego, al final se disculpará por sus exabruptos). Pero también deja entrever al hombre agradecido, admirador (¿enamorado?) de Matilde, su mujer de toda la vida. "El amor es fundamental para mí", confiesa más de una vez, porque "sin amor nada vale, ni vale la

---

[118] Sábato, Ernesto, *Sobre Héroes y Tumbas,* Ed. Planeta para *La Nación*, Bs. As.: 2001.

literatura sin amor, ni vale la convivencia sin amor, ni vale la muerte sin amor".

Dos invitados de lujo al finalizar la charla: Eladia Blázquez, que cantará a capella y sentadita junto al escritor su tema "Honrar la vida" (no pude dejar de emocionarme por el vínculo que esa canción tiene con mi madre) y el poeta Hugo Mujica.

Al cierre de la entrevista me quedo con la imagen que recorta el video: el hombre tras las gafas oscuras en el que se adivina excesiva sensibilidad; el hombre que, en el final de su vida, incita no obstante a no abandonar la "resistencia" y la lucha por las cosas importantes en todas las cuestiones de la vida. El hombre que reclama ser fiel a uno mismo.

El túnel fue la segunda novela de Ernesto Sábato (hubo una anterior que se llamó *La fuente muda*, escrita en París en 1934).

No recuerdo ahora cuando fue mi primera lectura, pero su inicio y el nombre Juan Pablo Castel me regresó enseguida a recuperar la historia (un *dèjá vú* similar al experimentado en el inicio de la relectura de *La invención de Morel,* de Bioy Casares).

Justamente será un trabajo sobre esta novela de Bioy el primero de tantos que publique Sábato, en 1941, para la revista Teseo, de la Plata:

> El libro está maravillosamente escrito, hasta cuando está mal escrito (mal escrito por coquetería, por cierto desgaire aristocrático de gente que sabe de sobra lo que hace; como cuando Picasso dibuja "mal" o cuando Pasteur bebe el agua donde acaba de lavar las uvas. Las reglas están hechas para los pobres diablos, y si no recuérdese lo que dijo Moussorgsky)[119].

He señalado ya sobre lo que me han deslumbrado algunos comienzos de relatos. Creo que el de "El túnel" se ubica en esa lista de favoritos:

> Bastará decir que soy Juan Pablo Castel, el pintor que mató a María Iribarne; supongo

---

[119]*https://elcaliban.blogspot.com/2020/06/la-invencion-de-morel-segun-ernesto.html*

> que el proceso está en el recuerdo de todos y que no se necesitan mayores explicaciones sobre mi persona (p. 7).

A partir de esa presentación, todo versará sobre ese hecho y en el dejarse llevar por la locura, por los celos, por la obsesión de Castel. Lo magistral del relato es que quien asiste a la tragedia también tiende a sentirse ultrajado, confundido, perplejo frente a los gestos de María y los hombres que la rodean; pero, y al mismo tiempo, sabiendo que se trata de un crimen y sin tomar partido por los desbordes de quien nos cuenta.

Por otra parte, el final tampoco brinda mayor certeza. El "insensato", insulto que le echa en cara Allende (el esposo de María) a Castel, aún más desgarrador el grito al provenir desde la hondura de sus ojos muertos, no aclara el tema. Salvo que todos los hombres que han rodeado a la mujer: Allende, Hunter y Castel (como ese novio que ella cuenta se suicidó) terminan muertos o, en el caso del protagonista, encerrado entre paredes para siempre.

La novela preanuncia la escritura por venir de Ernesto Sábato: la tragedia, la ceguera, la importancia de la pintura, entre otros temas, sin escaparle, por supuesto, a la cuestión existencial.

Quizás debo regresar a su biografía para intentar comprender el sentido trágico de la vida en Sábato. Hijo penúltimo de once hermanos y un nombre que recibe, herencia pesada si las hay, del hermano que le precede, que muere antes que él nazca.

Pienso en *La importancia de llamarse Ernesto,* que también plantea un problema de identidad, una real, otra ficticia, para el protagonista de la novela de Oscar Wilde.

Aventuro que hay un primer desdoblamiento del autor de *El túnel* en Juan Pablo Castel, explícito en el acápite de la novela: "...en todo caso, había un solo túnel, oscuro y solitario, el mío" que, luego, completo se leerá en el texto:

> ... en todo caso había un solo túnel, oscuro y solitario: el mío, el túnel en que había transcurrido mi infancia, mi juventud, toda mi vida (p. 137).

El túnel es el protagonista de uno de los últimos capítulos de la novela:

> Y era como si los dos hubiéramos estado viviendo en pasadizos o túneles paralelos, sin saber que íbamos el uno al lado del otro, como almas semejantes en tiempos semejantes, para encontrarnos al fin de esos pasadizos, delante de una escena pintada por mí como clave destinada a ella sola (...) (p. 136).

Advierto en la lectura que es en ese espacio de encierro, donde se encuentra "el hombre y sus secretos" (p. 139), cuando aparece la pintura. No puedo no prestar atención al vínculo teniendo en cuenta que, en los últimos años de su vida, Ernesto Sábato regresa a la que había sido su pasión de joven: la pintura; en especial, a partir de 1979 cuando le diagnostican una enfermedad en los ojos que le impedirá leer y escribir:

> Desde ese momento tuve una enorme alegría porque no podía hacer otra cosa que la pintura, el tamaño me lo permitía. Y así estoy terminando mi vida, volviendo a mi pasión de la infancia. Empecé haciendo algunos retratos expresionistas... después lo que me salía de mi inconsciente, haciendo una pintura que prefiero denominar sobre naturalista[120].

Del mismo modo se refiere a la pintura Antonio, personaje de mi novela *La niña de los fósforos:*

> Por eso hay que saber anticiparse. Hace unos años compré una casita fuera de la ciudad —continúa sin dejar de comer— y un día, sin darme cuenta como sucedió, en ese lugar, un poco apartado y tranquilo, se me dio por dibujar. Al principio, fue puro ensayo: compré un block de hojas y algunos lápices para probar. Intenté dibujar lo que me rodeaba; en un principio dentro de casa; después afuera: árboles, flores, algún pájaro. Comencé como un juego, pero enseguida me di cuenta que la cosa me iba atrapando y que, además, los resultados no eran tan malos —ríe con la boca llena—. Fui comprando

[120] *https://www.cultura.gob.ar/ernesto-sabato-pintor-8978/*

> algunos libros, averigüé para hacer talleres. En fin, me decidí a aprender; y en eso estoy hoy, lo más campante, feliz de la vida, pensando que cuando el final de esta etapa llegue voy a tener tiempo libre para dedicarme por completo[121].

Reconozco hoy cierta similitud en el tono y la cadencia de ambos párrafos citados. Y aunque lo expresado por Sábato corresponde a lo dicho en una entrevista, seguramente mi memoria atesoró un resto de lo quizás dijo alguna vez alguno de sus personajes.
También Castel es pintor y una pintura desencadena el drama; será la pintura el refugio cuando ya esté preso.

Otro tema presente en la novela es el de la ceguera. (¿Es posible no pensar en Borges?).
En un trabajo sobre la cuestión en la obra de Sábato, se señala:

> La ceguera física se relaciona con la moral y más allá de la simbología psicoanalista, la figura del ciego representa nuestros miedos e incapacidades tanto individuales como colectivas[122].

No me extiendo sobre el tema, que cobrará mayor dimensión en el texto siguiente del escritor, *Sobre Héroes y Tumbas* –la tercera parte del libro se titula "Informe sobre ciegos"–, porque supera el objetivo de mi crónica, pero sí dejo nota que la ceguera de Allende, el esposo de María Iribarne, es determinante en la narración. La imposibilidad de no ver, la exposición a la soledad y a la incertidumbre que provoca su incapacidad conforman el campo propicio para que germine la sospecha que, como ya expresé, atraviesa todo el relato.
Tampoco me extenderé sobre la influencia que tuvo en la escritura de esta primera novela el pensamiento

---

[121] Otsubo, María Claudia. *Las niñas de los fósforos*, op. cit. pos. 368.
[122] Loscos-Arenas J., De la Cámara J. "La ceguera en la obra de E. Sábato: el informe sobre ciegos", *https://scielo.isciii.es/scielo.php?script=sci_arttext&pid=S0365-66912009000300011*

existencialista. Solo traer aquí lo dicho por el propio Sábato sobre la existencia:

> La existencia es trágica por su radical dualidad, por pertenecer a la vez al reino de la naturaleza y al reino del espíritu: en tanto que cuerpo somos naturaleza, y, en consecuencia, perecederos y relativos; en tanto que espíritu participamos de lo absoluto y la eternidad. El alma tironeada hacia arriba por nuestra ansia de eternidad y condenada a la muerte por su encarnación, parece ser la verdadera representante de la condición humana y la auténtica sede de nuestra infelicidad. Podríamos ser felices como un animal o como espíritu puro, pero no como seres humanos.

¿Qué diferencia hay entre el escritor de 1948 y el hombre que conversa tantos años después con Grondona?
Imagino que la misma (ojalá así sea) que media entre la lectora primera de *El túnel* y la que ahora teclea esta crónica.
En ese mientras tanto, (o *Entretanto,* como bien escribió una querida amiga escritora) ha transcurrido la vida, la existencia.
De eso dan testimonio algunas cosas, como mi querida biblioteca y la lectura que se confabulan (o van construyendo un modo) al momento de la propia escritura como el poema:

EL TÚNEL[123]

Con ojos miopes
y anhelantes,
mastiqué el polvo
de mis pies.
El cuerpo fatigado
desde hace tanto tiempo.
Seguir avanzando,
infinito túnel,
oscuridad completa.

---

[123] María Claudia Otsubo, "El túnel" en *Otro limbo,* poemario inédito.

Buscar, intentar,
saber.
Si es cierto,
que no somos
más que sombras
en la hora
del crepúsculo.

Buenos Aires, 2 de diciembre 2021

Juan Carlos Onetti

I.- *La vida breve* (1950)

Día 1
He comenzado una y otra vez esta crónica, quizás porque luego de finalizar la lectura, cuando me dispongo a dar cuenta de mi experiencia, comprendo que *La vida breve*, de Juan Carlos Onetti, me exige otro movimiento de escritura.
Tan profundo es el *click* interno, aún inasible –en su misterio– e inquietante –por lo que ha provocado– que la palabra deviene en poesía.

Busco

la palabra
que quiebre
la línea indecible
que sostiene el mar,
mientras en el horizonte
se alza la bruma fantasmal
que precede a la tormenta.

Evoco ahora el instante del poema.
Aquel momento cuando dejé descansar a mi lado la novela de Onetti para perderme en el misterio fascinante del paisaje desplegado frente a mis ojos en estos últimos meses –tan diferente cada día, aun así, tan predecible en su existencia–.
Hacia ese horizonte lancé el poema, porque la lectura que estaba transitando me iba conduciendo hacia otros territorios extendidos.
Sin dudas, la novela del escritor uruguayo había desviado el gesto de la mano desde la lectura hacia la escritura

inmediata, tal como venía sucediendo estos últimos meses, sin agotamiento, casi sin esfuerzo, hasta con cierta comodidad.
¿Era Onetti el responsable o era yo la que se plantaba de otro modo frente a la hoja en blanco?
Imagino ahora, aún en Imbassaí, que cuando por fin comience a escribir sobre Norah Lange, seguramente, daré cuenta de los días frente al mar y de la experiencia con Onetti.
Es otro el escenario ahora, tan distinto al que acompañó mi viaje con Bioy Casares, cuando la mirada, al alzarse de la página, enamorada, se perdía en la anchura del cielo que me regalaba la ciudad.
Hoy el escenario es *indecible*, invitándome a lanzarme más lejos de la línea del horizonte.
Sobre ella se ha extendido la novela, el desasosiego de Brausen y el mío propio por intentar ir un poco más allá; aunque sea, tan solo un poco.

Día 2
¿Por qué Onetti?
La respuesta la acerca Norah Lange.
Así como atravesé *¡Absalom, Absalom!* de Faulkner, llego a Onetti por la imposibilidad, en este momento de mis días en Brasil, de leerla a ella. Y como ya he mencionado en las crónicas sobre Lange, pensando que un modo de acercamiento a su escritura me lo proporcionarían las lecturas y los amigos que visitaban tanto la casa familiar como la que luego compartió con Girondo.
La vida breve, además, está dedicada a la pareja argentina; y no es casualidad, señala Roberto Ferro en su trabajo sobre la novela [124].

> No es común que Onetti hable mucho sobre sus relaciones con los círculos intelectuales; es más, generalmente y cuando lo hace su tono es de reserva, cuando no de condena. En las dedicatorias de sus novelas es posible leer, entonces, cuáles son las relaciones que privilegia (p. 33).

---

[124] Ferro, Roberto. *Juan Carlos Onetti - La vida breve*, Ed. Edicial, Bs.As.: 2001 (ed. digital),

Norah Lange debe haber devorado el libro (como me pasó a mí); y quizás también sintió ese escozor en las manos al momento de sentarse luego a escribir.
Onetti publica *La vida breve* en 1950, editado por Sudamericana. Hacía algunos años que residía en la Argentina y ya había sido premiado por la novela *Tierra de Nadie.*

> La novela obtuvo el segundo premio en el concurso Ricardo Güiraldes instituido por esa editorial. El jurado estaba integrado por Jorge L. Borges, Norah Lange y Guillermo de Torre [125].
>
> (p. 14).

En ese año, 1950, Lange publica *Personas en la sala.* María Cecilia Ferreira Prado –a quien voy siguiendo en su tesis doctoral sobre la escritora– destaca de la novela "el elemento fantástico, tan recurrente y fundamental en su narrativa"; y en relación a eso, enumera, en cita a pie de página, a varios autores que incidieron en la escritora argentina. Entre ellos, a Onetti:

> La lista no es exhaustiva, ni mucho menos, pero hemos de añadir, ahora, a Juan Carlos Onetti que le dedica su novela *La vida breve* (1950), la cual indaga en la problemática del doble o del desdoblamiento del yo[126].

La primera tentativa de leer a Juan Carlos Onetti en la modalidad *online*, a la que me obliga la estadía brasileña, resultó exitosa. Encontré la versión digitalizada por la Biblioteca Artigas –Volumen 183 de la Colección de Clásicos Uruguayos, que fue publicada en Montevideo en el 2009 y cuenta con un excelente prólogo de Hortensia Campanella. (*http://bibliotecadigital.bibna.gub.uy*)– .
Sin embargo, en los finales del libro comenzaron a faltar páginas o a alterarse la secuencia de las hojas. Así que

---

[125] Ferro Roberto, op. cit.

[126] Ferreira Prado, María Cecilia. "El retrato y sus galerías interiores: Lo fantástico-extraño en *Personas en la sala*, de Norah Lange". Monteagudo 3.ª Época – Nº 23.: 2018, pp. 187-207, *https://revistas.um.es/monteagudo/article/view/351901/252121*

continué la lectura en la edición digital ofrecida en Amazon [127].

El texto se inicia con un epígrafe de Walt Whitman, unos versos de "A Song of Joy" en *Leaves of Grass*:

> *... O something pernicious and dread!*
> *Something far away from a puny and pious life!*
> *Something unproved! Something in a trance!*
> *Something escaped from the anchorage and driving free.*
>
> (¡Oh algo dañino y temeroso!
> ¡Algo muy lejos de una vida insignificante y piadosa
> ¡Algo no probado! Algo en un trance
> Algo se escapó del anclaje y conduce libre).

Daniel Balderston señala:

> Lo curioso de la cita es que los mismos versos se citan (de manera ligeramente equivocada) en un cuento de Chesterton en "The Club of Queer Trades". De hecho, la falta de paréntesis (y la falta de cualquier relación fuerte entre la novela de Onetti y el poema de Whitman en su totalidad) sugiere que el cuento de Chesterton es una fuente del epígrafe[128].

La novela comienza con una conversación en la que Brausen, el protagonista, un "yo" en primera persona en el inicio, escucha pared de por medio desde su casa. La voz es la de una mujer que no conoce y a la que tan solo imagina, en esos días calurosos, densos y expectantes de "el veranillo de San Juan", mientras a su lado yace (tendida, recostada y sufriente) su propia mujer, Gertrudis, a la que le han amputado un pecho.

---

[127] Onetti, Juan Carlos. *La vida breve* (Spanish Edition). Penguin Random House Grupo Editorial España. Ed. Kindle. Las citas corresponden a esta edición.

[128] Balderston, Daniel. "Arte y alusión en *La vida breve*", *https://www.cervantesvirtual.com/obra/arte-y-alusion-en-la-vida-breve/*

> Entonces descubrí que yo había estado pensando lo mismo desde una semana atrás, recordé mi esperanza de un milagro impreciso que haría para mí la primavera. Hacía horas que un insecto zumbaba, desconcertado y furioso entre el agua de la ducha y la última claridad del ventanuco. Me sacudí el agua como un perro, y miré hacia la penumbra de la habitación, donde el calor encerrado estaría latiendo. No me sería posible escribir el argumento para cine de que me había hablado Stein mientras no lograra olvidar aquel pecho cortado, sin forma ahora, aplastándose sobre la mesa de operaciones como una medusa, ofreciéndose como una copa (pp. 8-9).

> Habría llegado entonces el momento de mi mano derecha, la hora de la farsa de apretar en el aire, exactamente, una forma y una resistencia que no estaban y que no habían sido olvidadas aún por mis dedos. "Mi palma tendrá miedo de ahuecarse exageradamente, mis yemas tendrán que rozar la superficie áspera o resbaladiza, desconocida y sin promesa de intimidad de la cicatriz redonda" (p. 10).

Nada es igual –luego del vacío ocupado ahora por la cicatriz– para la pareja. Así como Gertrudis huye hacia una imagen de sí misma en el pasado –la adolescencia– para eyectarse del vínculo actual y su presente, Brausen se duplica en el texto que está escribiendo por encargo para un guion de cine, proyectándose en el personaje del doctor Diaz Grey, en Arce y en la construcción del territorio nuevo e incierto que será Santa María.

Casi finalizando la novela, Roberto Ferro me advierte un procedimiento de la narrativa de Onetti que me permite comprender esa cadencia oída por mi ojo oía sin alcanzar, sin embargo, a precisar: "la triple adjetivación" que recae sobre el sustantivo.

También descubro, como bien señala la citada Hortensia Campanella, "la clara influencia del cine como un nuevo modo de contar historias":

> Donde la sombra del anochecer era más espesa, próxima al ruido de disputas y fregado del pasillo, del otro lado del mostrador metálico que dividía la sala, la mujer fumaba esperando a Stein (p. 22).

Este recurso casi escenográfico está presente en casi todas las descripciones que encontré de Santa María.
En algunas ocasiones, me parecía también oírlo a Borges; fue el tono evocativo (recurriendo a la enumeración) de un párrafo:

> Volvió al balcón, y antes de que apagara la luz me llegó un perfume, un aroma que yo había respirado antes, mucho tiempo atrás, en una confusa reunión de calles con terrones, hiedras, una cancha de tenis, un farol meciéndose sobre la bocacalle (p. 19).

Voy finalizando mi crónica para escribir que hay un antes y un después luego de leer *La vida Breve*.
Voy finalizando sin olvidar ese *click* que produjo la pausa antes de la escritura, y que no ha dejado de resonar desde las primeras líneas. Me pregunto también si así lo escuchó Norah Lange, en algún momento de la lectura de la novela.
Voy finalizando para decir que la vara es alta después de leer a Onetti.
No obstante, se sigue escribiendo porque,

> *La vie est brève*
> *un peu d'amour*
> *un peu de rêve*
> *et puis bonjour...*

Imbassaí, 24 de junio 2021

II.- *El astillero* (1961)

A Ringo y nuestra común deriva

A orillas del Paraná.

Finalizo *El Astillero* con los pies hundidos en las orillas del Paraná.

El río es la única certeza entre esos lugares imprecisos por donde se mueve Larsen; y a él he llegado conducida por la memoria.
El río y esa casa de madera con su techo de chapa (comenzaban a repararla, blanquearla y renovar su estructura por esos días). Entonces recupero mis notas de esa visita cuando escribí:

> La vimos ponerse más linda. Como una mujer dormida, manos de hombres la despertaron para que pudiéramos gozarla. Y despertó con los ojos cargados de Paraná, los oídos susurrantes de viento y con los perfumes que derrama la abundancia de la selva.

Evoco mi paso ingresando por la pequeña puerta al mundo tan particular de Horacio Quiroga con el mismo respeto con el que se entra a una iglesia, y haberme quedado admirando las ilustraciones de Alberto Breccia[129], perdiendo por un buen rato la noción del tiempo hasta que bajo una ventana me topé con la bicicleta de ruedas desiguales. Entonces lo imaginé pedaleando por los caminos de tierra colorada para regresar luego, quizás con urgencia a la mesa solitaria y a la antigua máquina de escribir (que recuerdo haber acariciado). Algunos utensilios de cocina, herramientas de trabajo, y el viejo catre estrecho que intentaría, en vano, contener sus miedos.
Al salir continué el sendero hacia el río para respirar la intensidad de la selva misionera. Algunas cosas –sé hoy– creí intuir en ese momento, mientras me acercaba a la corriente veloz del Paraná, y me abría paso entre la vegetación exuberante.
Quizás algo sobre la energía de ciertos lugares que conectan tanto con la vida como con la muerte.
Pensé y evoqué todo eso mientras leía a Onetti (sin poder escaparle a la fuerza de las imágenes que me traía la memoria), y mientras recorría los lugares-no lugares (Santa María, Puerto Astillero) donde se asientan sus narraciones.

---

[129] Alberto Breccia (1919-1993) fue un historietista uruguayo que desarrolló toda su carrera artística en la Argentina. Las ilustraciones referidas son sobre el cuento "La gallina degollada" y están expuestas en la casa-museo Horacio Quiroga en la provincia de Misiones.

Al inicio, se cuenta que Larsen ya había estado antes en Santa María. Lo narran las múltiples voces, que conforman ese "nosotros", que lo reconocen como el hombre que fue expulsado de la ciudad hace cinco años. Hoy, desplegada la "saga" que conforma la totalidad de las novelas de Onetti, puedo saber que *Juntacadáveres,* escrito entre paréntesis luego del nombre Larsen, corresponde al título de su siguiente novela, que Onetti publicará años después que *El Astillero*. Sin embargo, en esta lectura desconozco lo qué ha sucedido en el pasado; e imagino que se me develará más adelante, lo que finalmente no acontecerá.
Pero los otros, los que pueblan la novela como un coro griego, sí lo saben.
Ese "nosotros" que son los que habitan Santa María pueden dar cuenta de ello, como de quién es Jeremías Petrus y hasta dónde llega el retraso –"única, idiota, soltera"– de su hija.
El segundo capítulo corresponde ya a la llegada de Larsen al astillero abandonado de Petrus, donde se encuentra con Gálvez y Kunz, "la administración y la parte técnica de la empresa".
De esa empresa no queda nada:

> (…) miró el par de grúas herrumbradas, el edificio gris, cúbico, excesivo en el paisaje llano, las letras enormes, carcomidas, que apenas susurraban, como un gigante afónico, Jeremías Petrus & Cía (p. 5)[130].

Recuerdo que fue en ese momento cuando comencé a sentir que mis pies se hundían en la orilla fangosa del Paraná mientras me envolvía la bruma fantasmal de la selva, esa misma que me había acompañado en el final de la tarde en la casa de Horacio Quiroga.
Atrapada, entre la casilla miserable (como sus habitantes) y la espeluznante glorieta; derrotada dentro del deterioro del astillero, seguía los pasos de Larsen, las miradas indolentes, burlonas, de desprecio de Gálvez y de Kunz.

---

[130] Leo la novela en versión pdf, proporcionada por el sitio (las citas corresponden a esta edición), *http://recursosbiblio.url.edu.gt/publicjlg/Libros_y_mas/2016/04/el_astill.pdf*

Lo recibía y, al mismo tiempo, lo rechazaba, como la mujer hombruna de Gálvez, como la niña boba –"'la loquita' y 'la preñada'"–, o como lo hace Josefina, la sirvienta.
Sabiendo que nada me sería contado del todo.
Que asistía, al igual que el resto del pueblo, a la tragedia que provocaba tanto desasosiego. (la vinculación con Faulkner era inevitable) Para llegar por fin a ese "último viaje" de Larsen, cuando acepta "sin reparos la convicción de estar muerto":

> Estaba entonces no simplemente solo, sino también despavorido y con ese inquietante principio de lucidez de los que empiezan a desconfiar, a regañadientes, sin vanidad ni conciencia de astucia, de su propia incredulidad. Sabía pocas cosas y rechazaba muequeando a las que lo rondaban queriendo ser sabidas (p. 101).

La última noche la pasa con Josefina:

> Estar con la mujer había sido una visita al pasado, una entrevista lograda en una sesión de espiritismo, una sonrisa, un consuelo, una niebla que cualquier otro podría haber conocido en su lugar (p. 106).

Su última visión de la casilla y de toda esa realidad, antes de huir asqueado, es la de la mujer preñada pariendo sola, como un animal.
Así como en el inicio, llego al final de la novela sin certezas.
No sé si fue Larsen quien entregó lo único que tenía, su reloj, para el pago del pasaje a los lancheros, o si éstos lo subieron con lástima –sumándolo a los objetos robados del astillero– luego de golpearlo.
Como sea, quizás la segunda versión sea la más creíble, ya que es la que se cuenta.
Es la versión que también me susurra el río, la de la deriva; el mismo río que navegó Paulino, mordido por una *yararacusú,* dejándose llevar por la corriente, en ese, su último intento de sobrevivir a la muerte.

Imbassaí, 1 de julio 2021

Marguerite Duras

a Raquel Barros

Escribir (1993)

Compré *Escribir* en julio de 2007. En la portada del libro dejé testimonio del instante de lectura, apenas cinco palabras: "a un mes y medio" seguidas por puntos suspensivos (la vida era eso en ese momento, puntos suspensivos). Al año siguiente, para agosto exactamente, publicaría mi segundo libro de cuentos *Mujeres al sol, sábanas al viento*.
Cuánta similitud entre las dos imágenes, los puntos en continuidad suspensa, las palabras extendidas dispuestas al ritmo que impusiera el viento.
Seguramente, y sin saberlo al momento de la publicación, retuve esa línea del texto de Duras, que luego se volcaría, de algún modo, en el título de mi libro.

> La escritura: la escritura llega como el viento, está desnuda, es la tinta, es lo escrito, y pasa como nada pasa en la vida, nada, excepto eso, la vida (p. 56)[131].

Duras escribe *Écrire* en 1993. Para esa fecha, ya era una novelista de renombre, con obras tan conocidas como *Hiroshima Mon Amour, India song* o *El Amante*, por solo nombrar algunas de sus obras que, como las citadas, fueron además guionadas y llevadas al cine.
Sin embargo, "Escribir", la primera parte del libro que lleva su nombre trata de otra cosa.
El texto está dedicado a W. J. Cliffe, un joven piloto inglés que muere a los veinte años:

> En un pequeño cementerio de un pequeño pueblo de Francia, Vauville, y al costado de su iglesia, hay una losa de granito gris claro, que encierra una de las más desconocidas historias de la Segunda Guerra Mundial: es la tumba de un joven piloto inglés, un chico de veinte años, a quienes los habitantes de Vauville, departamento de Calvados, a sólo

[131] Duras, Marguerite, *Escribir*, Tusquets Editores, Bs.As.: 2006.

> diecisiete kilómetros de las playas del desembarco en junio de 1944, les gusta decir que fue el último muerto de la guerra en Francia[132].

Esta historia real se corresponde con la segunda parte del libro: "La muerte del joven aviador inglés", de la cual Duras escribe:

> Cualquier muerte es la muerte. Cualquier niño de veinte años es un niño de veinte años. La muerte de cualquiera es la muerte entera. Cualquiera es todo el mundo. Y ese cualquiera puede adoptar la forma más atroz de una infancia en desarrollo. Esas cosas se saben en los pueblos, me las han enseñado los campesinos con la brutalidad de un acontecimiento convertido en ese acontecimiento, de un niño de veinte años muerto en una guerra con la que se divertía. Ese joven muerto inglés quizá permaneció intacto también por eso, permaneció clavado en esa edad, terrible, atroz, la de los veinte años (pp. 66-67).

La tercera parte del libro se titula "Roma", y es casi un guión cinematográfico; después llega "El número puro" y por último "La exposición de la pintura" dedicado a Roberto Plate, pintor y escenógrafo argentino.
Quiero escribir en esta crónica solo sobre "Escribir" porque ha sido, y siguen pasando los años y esa emoción no ha variado, la parte que más me ha conmovido y que, además, ha marcado mi propia escritura. Aún hoy, recurro varias veces a las líneas de Duras como si buscara en ellas un recordatorio a mi propio proceso, aquel que cobró forma primera el día en que armé una carpeta con todos mis cuentos y poemas para llevárselos a Raquel Barros.
No fue casual, pienso hoy, que el primero de esos relatos tuviera un acápite de ella, de Marguerite Duras: "Se escribe

---

132 En nota de Alberto Amato para el diario *Clarín*, 05/09/2018 *https://www.clarin.com/sociedad/desconocida-historia-tumba-nombre-ultimo-soldado-murio-francia_0_SJ6ihspPm.html*

sin saberlo. Se escribe para mirar morir a una mosca" (p. 46).

No olvidaré, pero eso queda en mi intimidad, la devolución de Raquel y, en especial, sus palabras ante el acápite de Duras.

Ese día fue muy importante para mí.

"Escribir" comienza con una confesión: la escritora está sola en su casa de Neauphle-le Château, una pequeña población en el norte de Francia. Está sola en esa casa, pero lo ha estado por muchos años, por más de diez. En ese escenario, el de estar sola con sí misma, es que ha podido escribir.

Sin temor a repetirse en el verbo, tanto como en el acto o el anhelo, "escribir" resuena una y otra vez a lo largo de las casi sesenta páginas. Encabeza un párrafo luego del punto y aparte, aparece y desaparece entre líneas, o reina en el blanco de la hoja (p. 54), condensando en su unicidad todo el significado. (La busqué mientras iba escribiendo con la duda, de pronto, de si había sido ella o yo quien buscaba afirmarse de ese modo en el texto).

Escribe a solas porque "yo era una persona sola con mi escritura, sola muy lejos de todo" (p. 15).

Hoy puedo decir que aunque no estuve sola en Imbassaí, por los cerca de diez meses transcurridos allí, de algún modo sí. La distancia me permitió vivenciar el sentimiento pleno de ser yo y mi escritura, yo y la lectura, más que en ninguna otra etapa de mi vida.

Pienso ahora y, tal vez es una barbaridad de mi parte, pero me pregunto hasta qué punto dejó de ser Borges, Borges, cuando debió renunciar a la soledad de la escritura, por necesidad de un otro, claro, a falta de los ojos.

En *París no se acaba nunca,* Vila-Mata la cita a Duras:

> Sufría dudando tanto y podría haberme ahorrado el desasosiego y dudar sin más, sin problema alguno. Ignoraba que dudar es escribir. Lo diría Marguerite Duras en 1995, hacia el final de sus días: "Ya puedo decir lo que quiera, nunca sabré por qué se escribe y cómo no se escribe. En la vida, llega un momento, y pienso que es total, del que no nos podemos librar, en el que todo se pone en

> tela de juicio: dudar es escribir"[133] (pp. 164-165).

"Escribir" devela la escritura íntima y desgarradora; una escritura de austeridad, de párrafos breves, a veces tan solo un encadenamiento de líneas en las que solo existe una palabra, porque con ella basta, ella es la necesaria. (Hasta esta crónica mía me resulta desmedida en este querer decir frente al estilo de Duras).

"Escribir" se trata de un devenir más que de un proceso.

Como "la soledad no se encuentra, se hace". Ella la hizo, nos dice, como la casa, el jardín y los "libros que salen" a la luz.

No hay explicaciones, porque no son necesarias. "Puedo decir lo que quiero, nunca descubriré por qué se escribe ni cómo se escribe". Y así lo creo.

La soledad –en ese saber que se es más allá de un otro– como escribir es encontrarse delante de la nada.

Es la noche, es la larga noche, es también la "desesperación" (p. 31).

Por eso he decidido que "Escribir" esté en el estante de mi canon.

No sabía qué iba a decir sobre el texto "la escritura es lo desconocido" (p. 55), pero tal vez, ha sido un modo de confesar porque escribo.

O quizás no, quizás ni siquiera eso.

Porque,

Nadie puede.

> Hay que decirlo: no se puede.
> Y se escribe (p. 55).
>
> Si se supiera algo de lo que se va a escribir, antes de hacerlo, antes de escribir, nunca se escribiría. No valdría la pena (p. 56).

Buenos Aires, 25 de noviembre 2021

---

[133] Vila-Matas, Enrique. *París no se acaba nunca* (Biblioteca Breve) (Spanish Edition) Seix Barral. Ed. Kindle.

Agota Kristof

El gran cuaderno (1986)

Hundida en Agota Kristof

Nosotros no olvidamos nunca nada

Quedé tan deslumbrada con la novela *Ayer*, de Agota Kristof, publicada en 1995, que enseguida decidí investigar sobre la escritora.
Kristof nació en Hungría en 1935 y falleció en Suiza, el país al que se traslada con veintiún años, junto con su marido y la hija de cuatro meses, cuando la Revolución Húngara de 1956 es aplastada por las tropas del Pacto de Varsovia[134].
Luego, y obedeciendo a esta obsesión que me provocan ciertas escritoras y escritores, decidí rastrear sus libros, imaginando que bueno sería poder leerla desde su primera novela *El gran cuaderno*[135].
No sé de qué modo logro dar con el texto completo, en versión digital, que enseguida descargué en la computadora. A partir de las dos primeras páginas, comprendo que ya no hay regreso y me hundo fascinada en la lectura.
He iniciado el viaje por "El gran cuaderno – Primera parte: Claus y Lucas".

Un viaje inesperado y desgarrador
Lo inicié sin saber demasiado sobre la ruta y el destino. Quizás parte de la fascinación inicial fuera esa característica de la escritura: la crudeza, que se continúa sin pausa desde las primeras líneas. La crudeza con la que se exponen las miserias que provoca la guerra; en el retrato de los personajes: dos niños (gemelos) abandonados por su madre (por lo menos hasta que finalice el conflicto, así ella

---

[134] *https://es.wikipedia.org/wiki/Agota_Kristof*

[135] Publicada por primera vez en 1986, *Le grand cahier,* como primer tomo de una trilogía. La novela fue galardonada en 1987 con el Premio Libro Europeo y traducida a más de veinte idiomas. En el 2006 fue incluido en la serie Biblioteca Suiza. Fue adaptada al cine en 2013 por el director húngaro János Szász, ganando el gran premio del Festival Internacional Karlovy Vary. *https://es.wikipedia.org/wiki/El_gran_cuaderno*

promete) en casa de su propia madre, la abuela, a la que los niños no conocían ni sabían de su existencia (tan mala como la vieja de *Hansel y Gretel*, la asociación con el cuento resulta muy fuerte), conocida por los vecinos como "La gente la llama Bruja" (p. 6)[136]. Los niños demuestran no ser tan inocentes y de inmediato sabrán cómo resguardarse y proteger sus pertenencias de la vieja mujer que los trata como los llama: "Hijos de perra" o "Hijos del diablo".

Los capítulos de la novela que voy transitando son breves, como en *El Jardín de vidrio*, de Tatiana Ţîbuleac; a lo sumo se extienden a dos páginas. El estilo le imprime ritmo a la lectura, y también acentúa esta decisión de contar lo necesario, como en una obra de teatro, pantallazos en lo que lo descarnado se acentúa por la condensación.

El vínculo entre los tres protagonistas, la abuela y los gemelos, se va fortaleciendo, pero no a partir del afecto, sino desde la necesaria convivencia, y de lo que resulta claro para los niños: hay que trabajar para ganarse el pan. La muerte y la brutalidad de la guerra forman parte de su cotidianeidad:

> Una vez, en el bosque, junto a un enorme agujero hecho por una bomba, encontramos un soldado muerto. Está entero todavía, sólo le faltan los ojos a causa de los cuervos. Le cogemos el fusil, los cartuchos, las granadas. El fusil escondido en un haz de leña, los cartuchos y las granadas en las cestas, bajo las setas (p. 8).

Como también la miseria que los va envolviendo a medida que pasan los meses:

> Ahora tenemos un olor mezcla de estiércol, pescado, hierba, setas, humo, leche, queso, barro, porquería, tierra, sudor, orina y moho. Ahora olemos mal, como la abuela (p. 8).

Me detengo en la línea escrita por Kristoff: "A fuerza de repetirlas, las palabras van perdiendo poco a poco su significado, y el dolor que llevan consigo se atenúa"(p. 15).

---

[136]*https://cinedemedianoche.files.wordpress.com/2018/05/cinedemedianoche.pdf&embedded=true,*
Las citas corresponden a esta edición digital.

Repetir se impone por la urgencia de olvidar el pasado; lo que la narración plantea es que la repetición de la palabra funciona entonces como un mecanismo de desgaste. Para Kristoff repetir es acostumbrarse a su sonido y de ese modo, por el hábito de nombrar, la palabra pierde significado. Lo contrario que planteaba Sara Gallardo en *Los galgos, los galgos*, donde repetir es un mecanismo que posibilita no olvidar.
Voy entendiendo que lo más perturbador del relato de Kristof no es por lo que va ocurriendo, sino por el modo en que los niños van vivenciando esa realidad.
La crueldad, el sadismo, o una escena tan perturbadora como la de una muchachita teniendo sexo con un perro, son narrados desde la mirada de los gemelos. Pero ¿son ellos tan inocentes? Pronto entreveo que no tanto, que los niños saben más de lo que aparentan contar y ver. Como las gemelas de la película *El resplandor*, su presencia es perturbadora.
Me detengo en una palabra que se va repitiendo a lo largo del texto (en esta primera parte): "ejercicio". Incluso hay varios capítulos que la incluyen en su título: "Ejercicio de endurecimiento del cuerpo", "Ejercicio de endurecimiento del espíritu", "de la memoria", "para hacer ayuno", entre otros.
Los ejercicios los practican los dos niños complementándose uno en el otro en la excelencia que buscan (como cuando uno aparenta ser ciego y el otro sordo), porque precisan de esa experiencia (de ese ejercicio) para comprender la realidad y así, al mismo tiempo, superarla o trascenderla.
La lectura me recuerda algunas películas sobre la guerra como *La vida es bella,* aunque en ella se trata de recrear un juego para preservar la inocencia del niño. No hay inocencia en los ejercicios de estos gemelos; ellos precisan fortalecerse, hacerse inmunes, en definitiva, frente al dolor y el abandono.
La práctica también incluye aprender a matar animales. Con el consentimiento de la abuela, que les dice: "Ya lo entiendo. Es un nuevo ejercicio. Tenéis razón. Hay que saber matar cuando es necesario"(p. 35).
Erotismo, sadismo, iniciación y violencia sexual están presentes en el reducido universo por el que se mueven los niños. Ellos lo experimentan, lo buscan o son testigos. La narración no establece nunca un juicio de valor, si está bien o está mal. Así como se describe el cambio de estaciones y la vida rústica dentro del viñedo y la huerta, se van

sucediendo las historias perversas que involucran a los hombres (incluso al cura) y a las mujeres de esa pequeña ciudad de frontera húngara.
La cuestión religiosa está presente y convive con esa realidad sórdida. El mundo, parece decir quien narra, es una especie de infierno, donde todo vale y donde se sufre; y en ese mundo no podía faltar Dios, aun por su no-presencia.
(Nota: Ya llegando al final de toda la trilogía, descubro que la narradora también hace esa misma mención a Dios desde la negación: "Le digo que la vida es de una futilidad total, que no tiene sentido, es aberración, sufrimiento infinito, invento de un No-Dios cuya maldad rebasa la comprensión", p. 325).
La guerra con su carga del Holocausto desfila por las calles del pueblo donde viven los niños:

> —Sois demasiado sensibles. Lo mejor que podríais hacer es olvidar lo que habéis visto.
> —Nosotros no olvidamos nada, nunca.
> Ella nos empuja hacia la salida.
> —¡Venga, tranquilizaos! Todo esto no tiene nada que ver con vosotros. A vosotros nunca os pasará eso. Esa gente de ahí son como animales.

Entonces sucede que, cuando creo que ya no habrá nada más angustiante en el relato, la narración me regresa a fojas cero y al sentimiento de desgarro del primer capítulo, en el titulado: "Nuestra madre". Lo que se cuenta aquí es desolador, pero lo es todavía más por cómo se resuelve y cómo es experimentado por los gemelos. Y cuando creo que eso era todo, me encuentro leyendo los capítulos que siguen y asisto a esa tríada astuta y conveniente para las partes que han conformado la abuela y los niños. Nada los inmuta, incluso la muerte de quienes se suponen son sus seres queridos.

> Más tarde, durante meses, pulimos y barnizamos el cráneo y los huesos de nuestra madre y del bebé, y después reconstruimos con mucho cuidado los esqueletos uniendo cada hueso con trocitos de alambre fino. Cuando nuestro trabajo está terminado, colgamos el esqueleto de nuestra madre de una viga del desván y le ponemos el del bebé al cuello (p. 113).

La primera parte de la trilogía finaliza de modo extremadamente perverso (no falta la muerte) y también sorpresivo (que no voy a develar en la crónica), para dar lugar a la segunda: “La prueba - Claus y Lucas 2”.

La segunda parte

> Estoy convencido, Lucas, de que todo ser humano ha nacido para escribir un libro, y sólo para eso. Un libro genial o un libro mediocre, poco importa, pero el que no escriba nada es un ser perdido, no ha hecho más que pasar por la tierra sin dejar huella alguna

La segunda parte o secuela, que luego conformará esta trilogía, es publicada dos años después. Por la primera ha ganado el Premio Libro Europeo (1987).
El tono de la narración ha variado, sobre todo en el inicio. El protagonista es Lucas (Claus ha cruzado la frontera en la parte anterior) y el día a día del muchacho está teñido de melancolía.

> Era necesario que uno de los dos se quedase para ocuparse de los animales, del jardín, de la casa de la abuela. También era necesario que aprendiésemos a vivir el uno sin el otro. Solos (p. 154).

La ciudad vive bajo las consecuencias de la invasión, casi como en un estado de sitio, y solo parece que existen las mujeres y los viejos. Los demás han huido o muerto.
Leo esta segunda parte de una sentada, sin poder detenerme. Todo desaparece a mi alrededor. La historia me ha tomado por completo.
Voy siguiendo las distintas experiencias por las que transita Lucas.
Los capítulos se extienden un poco más que en el texto anterior, como las conversaciones y vínculos que el muchacho va manteniendo con distintos personajes de la ciudad. No hay modo de no compadecerse de él, acompañando sus elecciones amorosas y de vida.

Lo que subyace como eje de continuidad con la historia que se venía narrando es la escritura en los cuadernos, "ejercicio" que Lucas no abandona, a pesar de estar solo.
Esta segunda parte podría leerse de un modo independiente. Kristof mantiene el estilo directo, sin consideraciones que atenúen lo que está contando.
En la entrevista que la escritora da para el diario *El País*, se describe así su escritura: "En el fondo, habla como escribe: yendo al grano, sin circunloquios, sin subrayados[137].
De este modo vivencia su existencia Lucas.
Una pérdida intransferible –que me provocará al leerla muchísimo desasosiego– lo hará tomar una decisión de la que solo sabré más adelante cuando la trama de un giro sorpresivo.
De este modo, llego al final para pasar a la tercera parte: "La tercera mentira - Claus y Lucas 3".

Sin continuidad

> Ella dice:—Sí. Hay vidas que son más tristes que el más triste de todos los libros.
> Yo digo: —Exactamente. Por muy triste que sea un libro, nunca puede ser tan triste como la vida.

Si esperaba una continuidad en la historia, al estilo de las sagas tradicionales, me he equivocado. La narración da un giro y otro más, como vueltas de tuerca que no buscan ajustar, sino permitir que por ellas circule, anudándose y desanudándose, la historia.
Voy intuyendo o comprendiendo el desafío que me propone la trama, pero no voy a develarlo aquí, ya que invito a leerla.
Desconozco al momento de esta escritura, la formación adquirida por Kristof a medida que armaba la novela. Su biografía señala que los primeros años en Suiza fueron muy duros para ella; trabajó en una fábrica de relojes (como el protagonista de su novela siguiente, *Ayer*) desconociendo por varios años la lengua extranjera. Al respecto, ella señaló: "Dos años en una prisión de la URSS habrían

---

[137] En entrevista a Agosta Kristof, por Javier Rodríguez Marcos, para el diario *El País*, 23/02/2007 *https://elpais.com/diario/2007/02/24/babelia/1172277550_850215.htmlla*

probablemente sido mejores que los cinco años en la fábrica en Suiza"[138].

En la entrevista, que ya he mencionado, al diario *El País*[139], leo:

> Siempre había querido ser escritora. Desde los doce años. Su padre era maestro y en su casa no era raro que alguien escribiera. De hecho, su hermano pequeño ha publicado varios libros en Budapest: "Él escribe más que yo", afirma Kristof con una sonrisa. "Y lo han traducido. Al checo".

La trilogía, señala Kristof, no fue pensada como tal en sus inicios: "pero durante mucho tiempo no podía pensar en otra cosa. Tenía que continuar".

En los últimos años, sin embargo, luego de publicar cuatro novelas más y algunas obras de teatro, decide dejar de escribir.

> No lo necesito. Para mí la escritura es demasiado importante como para hacer algo que no me guste. Y no creo que me salga ya nada mejor de lo que escribí. ¿Para qué empeñarse? Tuve tres hijos y estuve casada dos veces. Nada de eso me impidió escribir (...) Ahora tengo todo el tiempo del mundo y no lo hago[140].

La escritora húngara casi no se ha dado a conocer mientras vivía. Pero más que información sobre ella (datos que se encuentran con facilidad en la red), me interesa escribir sobre la propia experiencia de lectura.

Y esta sensación, quizás influenciada por mis días en Imbassaí, de leer con ritmo de *samba*, sobre todo, en esta tercera parte, ya que cada giro de la historia es como un regresar sobre algunas escenas ya contadas en las partes anteriores; aunque solo en apariencia, porque se narran de otro modo. Entonces al leer, se evoca lo ya leído, que es casi igual, pero distinto (y que no es tampoco otro punto de vista); como los sucesivos fraseos en las *sambas* de João Gilberto.

---

[138] *https://es.wikipedia.org/wiki/Agota_Kristof*

[139] Diario *El País*, op. cit.

[140] Diario *El País,* op. cit.

Al respecto, Emilia Racciati además agrega[141]: "… porque Kristof demuestra que la potencia de la literatura es la posibilidad de cuestionar hasta lo que, unas páginas atrás, nos parecía verosímil".

Y eso es también lo que va sucediendo.

En definitiva, creo que la propuesta de esta magnífica escritora húngara ha sido pensar que no hay diferencia entre ficción y realidad, que podemos contar de una u otra manera una historia, y que lo único cierto es la desolación frente al dolor y la tristeza, la pérdida y el abandono, la incomprensión y la locura frente a la muerte.

Sobre eso escribió Kristof, con valentía y sabiendo que no hay otro modo de hacerlo si no es a partir del desgarro.

Imbassaí, febrero 2022

---

[141] Racciati Emilia, para *Télam* digital, 8/1/2021, *https://www.telam.com.ar/notas/202101/541016-agota-kristof-literatura.html*

LATITUDES DEL PRESENTE

La latitud es "la distancia desde un punto de la superficie terrestre hacia el Ecuador, contada en grados meridianos", definición que aporta el diccionario de la lengua española. La latitud permite establecer zonas geográficas y, de alguna manera, traza un ordenamiento –un norte y un sur del planeta– que, sin dudas, y a la vista de los abusos políticos y económicos, resulta hoy bastante arbitrario.

La latitud permite establecer comparaciones entre ciudades y también apreciar sus diferencias como, por ejemplo, las que existen entre Buenos Aires, en la Argentina y Sydney, en Australia, ambas ubicadas en el hemisferio sur y compartiendo la misma latitud (paralelo 34°S); o entre la americana Nueva York con la españolísima Madrid, las que a aunque situadas en el mismo angular de 40°N no pueden encontrarse en todo sentido más distantes.

Las lecturas que he agrupado en esta sección, como las ciudades mencionadas, se vinculan en una misma latitud dentro de mi mapa literario: refieren a autores contemporáneos y a los libros publicados por ellos en el presente milenio.

Con algunos de los escritores mantengo una relación próxima; cercanía tangible que me ha permitido asistir con placer al proceso de su escritura. De otros me separa una distancia cierta, física, real. Ella no ha impedido, sin embargo, que al recorrer las hojas de sus libros me sintiera enseguida como en casa.

Son autores de mi presente, disímiles y fecundos en su quehacer literario.

Pero, además, el término latitud, introducido en el título de esta sección, ha cobrado una nueva y personal dimensión a partir del acto fallido de mis ojos al buscar la etimología del sustantivo.

Ya que latitud proviene del latín: *latitudo*, y mi *erro* involuntario fue leer *latitudo* como "latido", confusión que obedeció, sin dudas, a la necesidad (o al deseo) de encontrar otro punto de contacto entre estos autores, la cercanía no solo en mi biblioteca, también en mi corazón.

Recurro a Maurice Blanchot[142], quien supo escribir mucho mejor sobre esta común-unión con los escritores elegidos como compañeros de ruta:

> Escribir, "conformar" en lo informal un sentido ausente. Sentido ausente (no ausencia de sentido, ni sentido que faltaría o sería potencial o latente). Escribir es quizá traer a la superficie algo como un sentido ausente, acoger el impulso pasivo que todavía no es el pensamiento, siendo ya el desastre del pensamiento. Su paciencia. Entre él y lo otro, estaría el contacto, el desligazón de sentido ausente, la amistad.

Y evoco aquel verso de Julio Cortázar en el final del poema.

> Así un día en la barca de la sombra,
> de tanta ausencia abrigará mi pecho
> esta antigua ternura que los nombra.

Presencia ("sentido ausente" / "tanta ausencia") recuperada que llega a mi orilla por la literatura, por el entramado de las palabras que se anudan conformando la red que me sostiene
De eso trata esta sección, del recorrido por esa red tejida por hábiles artesanos, ubicados en la latitud de mi presente.

Alessandro Baricco

***Sin sangre* (2002)**

> Pero no sucedió nada, porque a la vida
> siempre le falta alguna cosa para ser perfecta.

Releo, por segunda vez, *Sin sangre*, novela de Alessandro Baricco. Y como la primera, no abandono el relato hasta llegar al final, conmovida con Nina –la mujer niña, la mujer

---

[142] Blanchot Maurice, *La escritura del desastre*. Ed. Trotta, Madrid: 2019.

adulta–; invadida por las imágenes violentas, también sutiles y tan sugerentes, que atraviesan todo el texto.
La primera parte de la novela corresponde a la escena del asesinato del padre de Nina. Como si asistiera a una película, mis ojos van siguiendo la secuencia de la narración y pasan de uno a otro de los personajes.
Desde la niña encerrada bajo el piso:

> Oyó que su padre le decía algo, luego vio que la trampilla de la bodega bajaba. Cerró los ojos y volvió a abrirlos. Entre las tablas del suelo se filtraban láminas de luz. Oyó la voz de su padre, que seguía hablando. Oyó el ruido de los cestos arrastrados sobre el suelo. Todo se hizo más oscuro, allí abajo. Su padre le preguntó algo. Ella respondió. Se había tumbado sobre un costado. Había doblado las piernas, y permanecía allí, acurrucada, como si estuviera en su cama, sin nada más que hacer que adormecerse, y soñar (p. 7)[143].

Hacia el padre, de quien se cuenta entre párrafos algo de su historia, que no se devela del todo, solo lo suficiente para justificar la acción y la venganza:

> Manuel Roca miró a su hijo. Se arrastró hacia él, teniendo cuidado de no quedar al descubierto. Se estiró para coger el rifle que estaba sobre la mesa (p. 7).

Y se detienen luego en el pequeño hermano de Nina:

> El niño seguía de pie, al descubierto. Había cogido su rifle, pero lo mantenía bajado. Lo hacía bascular, agarrándolo con una mano (p. 7).

Mis ojos son testigos, como los de Nina, del diálogo y los gestos nerviosos de los tres hombres armados. Y de su

---

143 Baricco, Alessandro, *Sin sangre,* en versión pdf. Las citas corresponden a esta edición digital, suministrada por el sitio,
https://vdocuments.mx/alessandro-baricco-sin-sangre.html

esfuerzo, mientras eso sucede, por inventarse un orden que la aleje del escondite donde se ha refugiado:

> Acurrucada sobre un costado, se puso a eliminar una a una las imperfecciones. Alineó los pies hasta notar las piernas perfectamente acopladas, los dos muslos suavemente unidos, las rodillas como dos tazas en equilibrio la una sobre la otra, los tobillos separados por un suspiro. Volvió a verificar la simetría de los zapatos, emparejados como en un escaparate, pero de perfil, se diría que *acostados,* por cansancio. Le gustaba ese orden. Si eres una concha, es importante el orden. Si eres caparazón y animal, todo tiene que ser perfecto. La exactitud te salvará (p. 8).

Los hechos se desencadenan con rapidez y, a la manera de los relatos de Truman Capote, la narración, descarnada, me permite vivenciar toda la violencia y el horror, tal como si yo fuera la niña.

La segunda parte de la novela me traslada a varios años después cuando ya Nina es una mujer adulta. La narración pone en movimiento todo el despliegue de lo mejor de Baricco, el autor de *Seda*; la capacidad, que percibo como escritora en el otro escritor, de construir un relato y una atmósfera sin fisuras. Como el final de la historia, que es de extrema ternura:

> Luego se dio la vuelta, se acercó a Pedro Cantos, e hizo aquello por lo que había vivido. Se acurrucó a sus espaldas: llevó las rodillas hacia el pecho: alineó los pies hasta notar las piernas perfectamente acopladas, los dos muslos suavemente unidos, las rodillas como dos tazas en equilibrio la una sobre la otra, los tobillos separados por un suspiro: se encogió un poco de hombros y deslizó sus manos, unidas, entre las piernas. Se miró. Vio a una vieja niña. Sonrió. Caparazón y animal (p. 44).

Baricco reitera en estas últimas líneas esa imagen que duplica el gesto que había hecho la niña en el final de

aquella escena primera, encerrada en el sótano, testigo de la muerte de su padre.
La mujer adulta se recoge en sí misma, como si nunca hubiera sido capaz de escapar de aquella posición fetal, que remite al embrión materno, quizás el único espacio donde encontrar refugio y protección:

> Alineó los pies hasta notar las piernas perfectamente acopladas, los dos muslos suavemente unidos, las rodillas como dos tazas en equilibrio la una sobre la otra, los tobillos separados por un suspiro (p. 9).

"Mis libros son muy físicos" –expresó Baricco en una entrevista realizada en el marco de la Feria Internacional del Libro 2018 en Buenos Aires–. "Me gusta pensar que se leen como pasando las manos por cada palabra..."[144].
Y eso sucede con la lectura de la novela.
Frente a la Nina pequeña percibo la tensión de mi cuerpo por la necesidad de querer intervenir en el texto para liberarla de su situación, o para abrigarla en el encierro forzado y tenebroso, quizás cantándole una canción de cuna para que dormida deje de escuchar lo que está sucediendo más arriba.
La sensación de impotencia me recuerda al niño protagonista de la película *La vida es bella* (en esa escena que ya he evocado cuando escribí sobre *El gran cuaderno*, de Agota Kristof) al que su padre esconde, como en un juego, para preservarlo en su inocencia y alejarlo de lo incomprensible.
En el caso de Nina, el horror de ese momento será una huella que la marcará para siempre.
Las reseñas de la novela señalan que trata de una "venganza sin sangre" (de ahí el título del libro).
La venganza es el móvil de la primera parte, pero percibo algo más que esa satisfacción en el último acto de Nina, que puede leerse hasta como un castigo.
Simplemente hay dolores que son imborrables y Nina regresa al pasado para concluir aquello que no se realizó esa noche: el deseo de un roce, de la sugerencia por el cruce de miradas, por una acción salvadora que no se produce.

---

[144] *https://www.infobae.com/grandes-libros/2017/05/07/alessandro-baricco-mis-libros-son-muy-fisicos/*

Por eso regresa a ese ningún lugar, solo con un gesto de su cuerpo. Porque no siempre es la sangre la que da cuenta de una herida. Y Nina, ya mujer, lo sabe.
Sin sangre –según relata el mismo Baricco a modo de epígrafe en el final de su novela– fue escrita en Boston, durante el tiempo en que residió como huésped del Isabella Stewart Gardner Museum, de esa ciudad, y fue publicada en Italia en 2002. Además de escritor, Alessandro Baricco es director de cine y de teatro. Tanto de esta novela, como de *Seda* y *Novecento,* se hicieron adaptaciones dramáticas en distintos países. En la Argentina, se realizó "El viaje de Hervé", una versión libre de *Seda*, que recibió el Premio Nacional Javier Villafañe, Premio Mayor-Mejor espectáculo para público adulto en el 2014, y que tuve el privilegio de ver más de una vez en la ciudad de Buenos Aires.

Buenos Aires, 21 de diciembre de 2018

Vivian Gornick

***Apegos feroces* (2017)**

Vivian Gornick nació en Nueva York en 1935. Su foto, que acompaña la trayectoria literaria en la solapa de *Apegos feroces*, me conmueve. Tal vez sea por sus ojos, grandes y claros que miran con valentía como después lo demuestra la escritura de este texto.
En la contratapa leo: "Pocas veces en la literatura se ha retratado de manera tan humana, vital y honesta la relación entre una madre y su hija…"[145]. Sí, de eso trata este libro, pero con la salvedad, o la consideración, que le haría a Lethem –quien ha escrito el prólogo– que el binomio debió ser invertido, es la "Hija" quien escribe, y, por lo tanto, es sobre ella y desde ella que escribe el vínculo; por eso, el sustantivo común se hace propio en la relevancia significativa que ocupa en el relato.
A partir del juego entre el pasado (comienza con un recuerdo de la niñez) y el presente (paseos a la deriva por

---

[145] Gornick, Vivian, *Apegos feroces*, Ed. Sexto Piso S.A. de C.V., España: 2018.

los barrios de Manhattan) la protagonista va desnudando ese vínculo poderoso, vital y angustioso con su madre.

La pregunta central, la que interpela, la que conmueve –y por lo que se ha escrito este texto, independiente de si revela o no la biografía de la autora– es la que la protagonista se hace frente a la mujer ya mayor con la que mantiene esa relación tan intensa: "¿Qué ve, me pregunto, cuando me mira? (p. 51).

El título en español (*Fierce Attachments: A memoir*, en el original) refiere a la denominación que se le dio, en los años cincuenta, a la crianza con apego (*attachment parenting*). Esta teoría, expuesta por el pediatra John Bolwy, y luego tomada por William Sears, señalaba:

> De acuerdo a la teoría del apego, los bebés establecen un fuerte vínculo emocional con sus padres, un vínculo precursor de la seguridad y de la empatía en las relaciones personales en la edad adulta. Un inadecuado establecimiento de un vínculo seguro en la infancia puede conllevar a dificultades psicológicas [146].

Vivian Gornick, que se ha dedicado a escribir ensayos (además de ser periodista y activista femenina) narra con oficio trascendiendo el dilema de la mujer envuelta en esa díada del vínculo, por lo general, complejo. Retrata así a la mujer que busca, que ama, que se entrega, la que hace de su trabajo una razón de ser "La noción de que el trabajo es una tarea paciente y constante..." (p. 146), y que por ello crece, se desarrolla, madura.

Apegos feroces –y me detengo y aplaudo el plural porque Gornick sabe que ese vínculo primigenio no dejará de replicarse en los posteriores que se establezcan– es un excelente libro. No solo por lo valiente de su temática, sino también, y en especial, porque está muy bien escrito.

Escribo más tarde,

que en dos oportunidades mi mano equivocó el título tecleando "furiosos" por "feroces", por lo que tuve que corregirme en la relectura de la crónica.

---

[146] *https://www.bebesymas.com/desarrollo/la-crianza-con-apego-attachment-parenting*

Intento pensar el motivo, no quiero esquivar este furcio de mis dedos.
Imagino que siempre, entonces, en algún momento comencé a leerlo de ese modo. "Furiosos".
¿Se vivencia la furia en la narración? Sí, muchas veces:

> Sé que debería estar en casa trabajando y que estoy aquí haciendo de hija diligente solo para evitar el escritorio (p. 38).

> La pena de mi madre era primitiva y apabullante: devoraba todo el oxígeno del aire (p. 59).

¿Es la furia realmente hacia la madre o es más bien hacia ella misma, por esa incapacidad que no le permite des-apegarse del vínculo y seguir adelante? y ese destino que piensa la protagonista: "... una de las dos va a morir a causa de este apego" (p. 108), que me recordó algunos escritos propios, como el final de un relato: "Fidelidad absoluta, murmuraba a su oído, calladamente. Fidelidad, querida, le dijo, hasta la muerte[147].
O el verso de aquel poema:

> Desde ese umbral
> tenebroso,
> me miras
> cada día,
> cada semana
> un poco más[148].

Buenos Aires, 13 de abril 2019

---

[147]Otsubo, María Claudia, "Nadia" en *Ella y la otra* (inédito).
[148]Otsubo, María Claudia, "En el adiós" en *Respiración artificial*. op. cit.

Ricardo Piglia

***Los casos del comisario Croce* (2018)**

aunque sea un objeto, igual lo hacen
sentir que es único e insustituible (...), pensó con
una rara torsión sintáctica que delataba su
melancolía.

Demoré la llegada al punto final.
Las últimas páginas –una de ellas marcada con un doblez en su orilla superior– se resistían al avance y a ser leídas en su totalidad.
A veces ocurre (creo haberlo ya escrito varias veces) con algunas lecturas. Cuando se ha disfrutado de la compañía y se ha establecido el diálogo y la intimidad con un libro; cuando el tiempo se detiene, sin extenderse ni acortarse, en una pausa intensa. Cuando se ha leído levantando varias veces la cabeza (y los ojos//imprimen//su gesto//al resto del cuerpo), es difícil enfrentar la última línea.
Quizás esa resistencia al punto final, en este caso en particular, estaba relacionada con el sentimiento anterior a la lectura, la de una profunda melancolía asociada al hecho de saber que se trataba de una novela póstuma de Piglia. Historia que, además había sido escrita, como señala el mismo Piglia en la Nota del autor, "usando el Tobbi, un hardware que permite escribir con la mirada".
No desconocía la enfermedad de Ricardo ni el desasosiego que, al acompañarlo en la batalla, había provocado en sus amigos más queridos.
Era lógico, pensé, frente a la certeza de esa ausencia, mi melancolía.
Sigmund Freud vincula la melancolía con la pérdida del objeto (el objeto amado) destacando que en ese estado "el sujeto puede saber a quién perdió, pero no lo que perdió en él. La melancolía se refiere por tanto a una pérdida de objeto sustraída de la conciencia, algo en lo que se diferencia del duelo"[149].
La sombra del objeto sobre el yo sería el concepto en otras palabras, diría una terapeuta que admiro.

---

[149] *https://antenaclinicadebilbao.com/es/textos/referencias-resenas-y-textos/20-referencias/162-duelo-y-melancolia-de-sigmund-freud*

Pero hasta aquí llego, sin pretender un análisis que excede mis conocimientos o este espacio, porque no es eso lo que me propongo, sino tratar de encontrarle la punta al ovillo de mi melancolía frente al libro de Piglia.

¿Cuál era esa sombra en esta lectura?

¿De qué me hablaba la pérdida? ¿la del hombre, la del escritor, la del lector crítico?

¿O se vinculaba acaso con la partida irremediable del comisario Croce?

Yo no he sido amiga de Ricardo Piglia.

En cuanto a su oficio como escritor y crítico, lamento su partida porque su aporte ha sido –y sigue siendo– invalorable para la cultura literaria argentina.

Entonces, deduje, se trata tal vez del personaje, Croce.

Hago una pausa.

Me levanto para caminar un poco, doy algunas vueltas por este mismo ambiente, coronado por mi biblioteca, antes de seguir adelante.

Luego, regreso a la cita que he rescatado como inicio de la crónica, una de mis marcas en lápiz sobre el libro para subrayar un pensamiento del comisario, una reflexión que surge tras el encuentro con el 'astrólogo', en ese discurrir errante, en tránsito, que cultiva el comisario.

Y voy encontrando por ahí la pista, asociando.

Porque Ricardo Piglia ha dialogado y escrito sobre Giorgio Agamben, el filósofo italiano que, a su vez, ha trabajado sobre la melancolía ya estudiada por Freud.

Nueva pausa, abrumada porque algo se me escapa, y por entender lo mucho que me resta por leer.

Regreso a Piglia y a la cita de Roberto Arlt, que prologa su libro *Nombre falso* (1975): "Sólo se pierde lo que realmente no se ha tenido".

En realidad, Claudia, me dirá luego Roberto Ferro, la cita no le pertenece a Arlt, sino a Borges –"Nueva refutación del tiempo", en *Otras Inquisiciones*, 1952:

> (…) no puedo lamentar la perdición de un amor o de una amistad sin meditar que sólo se pierde lo que realmente no se ha tenido;

> cada vez que atravieso una de las esquinas
> del sur, pienso en usted, Helena (…)[150].

Y es un dispositivo que establece Ricardo, tan en consonancia con el título de su libro, agrega además con complicidad divertida, Ferro.

"No se pierde lo que se ha tenido", escribo a mi vez, modificando el negativo, para continuar esta conversación iniciada con el texto. (El libro todavía aguarda paciente, aquí, a mi lado, soportando estas digresiones).

Tal vez sea entonces esta lectura puesta en movimiento; vasos vertedores abrevando en un mismo río, en el continuo de una y otra vez.

Quizás por eso he reformulado la cita.

Porque no hubo pérdida si he tenido; si he podido hacer mi marca en la orilla del papel, si me he demorado en alguna línea, si algún punto fue más que una suspensión sostenida del tiempo, si existió la admiración y se atesoraron para siempre nuevas imágenes.

Con nostalgia, sí, de lo inasible, de aquello que sé no lograré terminar de atrapar por completo nunca.

Como Croce, buscando pistas en lo "que no se ve a primera vista, (…) porque el lenguaje es la realidad inmediata del pensar", continuo leyendo.

Buenos Aires, 19 de agosto 2019

Tute

Diario de un hijo (2019)

"'*Hay que meter el dedo más en la llaga*'", me respondió Quino, hace ya algunos años, cuando me acerqué para mostrarle mis trabajos, y sin dudas tenía razón", cuenta y se cita Tute dando así inicio a la presentación de *Diario de un hijo*, en la Feria Internacional del Libro de Buenos Aires, 2019.

Un libro que es un homenaje a su padre.

En este caso, de un hijo hacia un padre muy especial, como lo fue sin dudas el muy exitoso dibujante y humorista Caloi

---

[150] Borges, Jorge Luis."Nueva refutación del tiempo" en *Otras inquisiciones*.

–fallecido en 2012–, reconocido profesional, como también una persona admirada y querida en el medio; el creador, además, como no mencionarlo, del personaje de historieta, Clemente.
Como señala Tute:

> … todo el mundo lo quería…le hacía clementes a todo el mundo…cada tanto alguien me dice: ¿sabés lo que tengo en casa? ¡Un clemente que me dibujó tu papá…!

El libro dibuja-narra el dolor por la pérdida, por la ausencia física. El alcance de ese vínculo padre-hijo, vital para el autor, está presente en estas páginas y conformará el eje del encuentro y del diálogo que establecerá Diego Sehinkman, presentador de la obra.
El primer dibujo del libro ocupa toda una hoja y es casi un acápite gráfico: Tute se auto dibuja en sesión terapéutica y formula su deseo: "Decidí hacer un libro que va desde mi nacimiento hasta la muerte de mi papa".
Las escenas que reflejan la sesión terapéutica se repiten a lo largo del libro intercalándose entre los recuerdos que hablan del padre. De este modo, se pone de manifiesto la continuidad del proceso, símbolo del propio personal: desde el dibujo de "un punto flotando en la nada" a la construcción personal que toma la forma de libro.
Tute dibuja/narra/dibuja.
Va encadenando las sucesivas viñetas de la página, deteniéndose en una que marca como principal y que evoca un hecho esencial: haber sido el niño que estuvo en la presentación de un libro de su padre en la Feria del Libro de Buenos Aires, 1984.
Treinta y cinco años después, como si los trazos compuestos hoy por Tute intentaran una suerte de fotografía de sí mismo, quien habla es ya un adulto y padre de dos nenas.
Diego Sehinkman, que además de periodista es psicólogo, condujo de modo atinado la entrevista que, aunque tuvo desde el inicio y durante toda la presentación al padre como eje central, no perdió de vista el objeto-libro, la obra que logra sublimar el dolor sin golpes bajos, "convirtiendo la lágrima en otra cosa".
Mientras participaba del evento, al escucharlos, no pude dejar de recordar uno de los poemas escritos por mi padre y que yo recojo como acápite para mi último libro de poemas publicado, *Diminuto verde*. También me llegaban los ecos

de la canción *Mi viejo* de Piero; más tarde y al escribir esta crónica, el poema "A mi padre", de Borges y luego, la terrible carta de Kafka. Asociaciones disímiles o arbitrarias que guarda y recupera, sin filtro, la memoria.

En la presentación hubo espacio para las preguntas. Una pedía una respuesta al porqué del dibujo de un huevo, presente no solo en la tapa del libro sino también en muchas de las páginas interiores. Tute no supo qué responder, pero tampoco hizo el intento. Me pareció honesto que así sucediera. No siempre se sabe qué es lo que sucede detrás del primer trazo cuando se delinea la palabra.

Lo que sí sabía, y así lo escribe, es que "el duelo tiene el tamaño del amor que uno tenía por la persona que se fue". Su libro señala esa medida.

Suele decirse –lo he escuchado en sus seguidores, entre los que me incluyo– que sus tiras replican sentimientos o pensamientos que nos son comunes a todos.

Para algunos sus reflexiones son angustiosas o complejas; para otros, conmovedoras; casi ninguna pasa desapercibida porque, como él mismo lo ha planteado, con su trabajo busca "un espacio más amplio que la risa".

Diario de un hijo es un libro que se lee de a poco, como los libros de poemas que provocan la pausa para alzar la cabeza emocionada.

He transitado con Tute"mi duelo dibujado", compartiendo con él el desamparo que producen las pérdidas. Tomo para el cierre la cita del final del libro, esa línea que alguna vez escribió Jorge Luis Borges: "Ya no es mágico el mundo, te han dejado".

Buenos Aires, abril 2019

Lucia Berlin

Una noche en el paraíso (2018)

Según refiere lo que he dejado asentado en la primera hoja en blanco del libro de relatos de Lucia Berlin, llego a esta autora sin saber nada de ella y de casualidad porque tenía que cambiar un regalo, un *best-seller* que no me interesaba leer, en una de las grandes librerías de cadena.

Sin ningún apuro, fui deambulando entre las mesas de libros, dejando que fuera la mano la que se deslizara con lentitud por una y otra tapa, deteniéndose en alguna reseña,

acariciando a los autores conocidos… Hasta esa contratapa con la fotografía de una mujer con un parecido sorprendente a Elizabeth Taylor.
Tal vez fue esa foto la que me condujo al nombre y después al título del libro; en ese sentido, ha dado resultado el trabajo de marketing de la editorial. Luego, ya frente a mi computador, busco más fotos de ella. Como bien señala la nota publicada en Eterna Cadencia, en 2018[151], siempre se "la muestra joven, parecida a una actriz de cine".
Pero ella es mucho más que un bonito retrato.
Lo afirmo luego de haber transitado la novela elegida, una obra póstuma de esta escritora nacida en EE.UU. en 1936, que en vida publicó tan solo tres libros de relatos. Aunque en 1991 ganara el American Book Award, con *Homesick*, luego su obra quedó olvidada por años[152].
Una noche en el Paraíso se compone de 22 cuentos más el prólogo escrito por su hijo Mark, quien así describe, casi como una dedicatoria amorosa, a su madre: "Lucia, bendita sea, era una rebelde y una mujer con un arte extraordinario, y en su día su vida era un baile" (p. 9).[153].
La lectura me atrapó de inmediato porque la escritura es tan deslumbrante como inagotable.
De inmediato tuve la sensación de ir navegando por un río torrentoso; en alguna orilla me había trepado a una barca y, sin darme cuenta, me había entregado a la corriente y al vértigo de las curvas y contracurvas. Navegaba con curiosidad atraída por el misterio o la sospecha de lo que narraba, por canales que me conducían por el sur de los Estados Unidos, en Nuevo México, o me llevaban a Santiago de Chile o Nueva York. Desde la barca, desde esa distancia que mediaba hasta la orilla, Berlin me invitaba a observar a las mujeres, casi niñas, y también a las mujeres-madres o aquellas y sus parejas.
En *Manual para mujeres de la limpieza*, también publicación póstuma (¡que recomiendo leer!), unas breves líneas anteceden a la digitalización del texto; el que, por cierto, tiene un excelente prólogo de Lydia Davis[154]. Extraigo:

---

[151] *https://www.eternacadencia.com.ar/blog/contenidos-originales/youlit/item/lucia-berlin-en-primera-persona.html*
[152] En *https://es.wikipedia.org/wiki/Lucia_Berlin*
[153] Berlin, Lucia, *Una noche en el paraíso*, Ed. Alfaguara, Bs. As.: 2019.
[154] *https://amsafe.org.ar/wp-content/uploads/Manual-para-mujeres-de-la-limpieza-Lucia-Berlin.pdf*

> Las mujeres de sus relatos están desorientadas, pero al mismo tiempo son fuertes, inteligentes y, sobre todo, extraordinariamente reales. Ríen, lloran, aman, beben: sobreviven.

Lucia Berlin me proponía escuchar el silencio de los hombres y la melodía persistente del jazz; me sometía al polvo que levanta la tierra árida, un polvo que penetra por la nariz y que lo impregna todo; y me invitaba a asistir a la incomprensión, a la soledad, al padecimiento del alcohol (siempre) y de la droga.

De esto se trata, así es el pueblo, así son las personas que me rodean, parecía decirme en nuestro recorrido.

Y me dejé conducir asistiendo con naturalidad a la desnudez y a la perversión, sin escandalizarme por el erotismo o la violencia que sobrevuelan esa geografía, solo observando. A veces, incluso, en zozobra por lo que podía deparar la corriente de ese río torrentoso. Algunas reseñas han señalado que así de ese modo descarnado fue realmente la vida de Lucia Berlin. Su hijo Mark lo cuenta en el prólogo. Sin embargo, lo importante es que ella trasciende su realidad, describiendo, como si los pintara, personajes, paisajes y sentimientos; transitando –como en "Perdida en el Louvre"– con ojos abiertos y desafiantes la existencia.

Recomiendo su lectura (a pesar de la no amigable traducción de la edición en español).

Recomiendo conocerla y ahondar su escritura, coincidiendo con lo que señala Elizabeth Geoghegan para *The Paris Review*:

"... Siempre me he preguntado por qué el mundo ha tardado tanto en descubrir a Lucia Berlin".

Buenos Aires, mayo 2019

Roberto Ferro

I.- *Desde aquella ventana* (2019)

Una nueva confabulación

En 2009 Roberto Ferro publica *De la literatura y los resto* [155]. Unos años más tarde, en la Petit Colón, de Libertad y Lavalle, en Buenos Aires, Miguel Vieytes se encuentra con su amigo Jorge Cáceres. Sobre la mesa del bar, además de las dos tazas de café, se alcanzan a distinguir, a través de la ventana, dos sobres de papel madera y una libreta negra ajustada por una liga elástica roja.

Como me contará luego María Laura Ochiro, testigo involuntaria de esa cita, los sobres resguardaban unos libros –uno era para mí, me confesará ella con cierta timidez–. También había una libreta con todas las notas que, como un "cuaderno de bitácora", fue tomando Cáceres cuando se embarcó en la búsqueda de la pintura de Caravaggio.

Sin embargo, había algo más en esa mesa -señalará María Laura-, a un costado y bajo un abrigo se ocultaba un libro de Roberto Ferro. Esa tarde Vieytes se lo prestaría a Cáceres con la condición de que le fuera devuelto alguna vez. "En un mes, un año, no importaba, será una buena excusa para volver a vernos", le había dicho.

Fue así que Cáceres se despidió de su amigo –sin saber que ese hasta pronto sería el último y definitivo entre ellos– y se llevó bajo el brazo el libro prestado que no leería hasta llegar a Florencia, en Italia. Es más, ya en esa ciudad, el reencuentro con Melissa, fiel al tacto y a los roces que había guardado su memoria, no le dio tregua para ocuparse de ese texto.

Jorge Cáceres respetaba a Roberto Ferro, sabía que había sido en gran parte responsable de la edición de *Fuera de foco*[156], la novela que finalmente logró articular ese descalabro de muertes y misterio que envolvió la ruta del Caravaggio. Le debía la lectura, pero en ese momento pudieron más sus ganas contenidas y la pasión por Melissa.

Por lo tanto, fue recién un año después, entre los preparativos de su viaje de regreso a Buenos Aires,

---

155 Ferro, Roberto. *De la literatura y los restos*, Liber Editores, Buenos Aires: 2009.

156 Ferro, Roberto. *Fuera de foco,* Ed. Metaliteratura. Disponible en Amazon, agosto 2018.

mientras ordenaba la biblioteca, que se reencontró no solo con el libro, sino también con el recuerdo de ese encuentro en la Colón y aquella insistencia de Miguel para que abordara esa lectura.
El primer contacto con el texto lo tuvo antes de subir al avión. Como una premonición del estado de ánimo con que lo esperaría Buenos Aires, la dedicatoria afectuosa en la portada, de Ferro a Vieytes, lo conmovió.
La continuidad de la lectura se la permitió el mismo viaje. El vuelo que lo mantuvo desvelado fue el espacio propicio para hacer las primeras marcas con una lapicera azul en el prólogo del libro que, ya intuía con la certeza de lo irreparable, no le devolvería al amigo.

> … Concibo la escritura literaria como un espacio infinito de recurrencias discontinuas: citas, alusiones, autorreferencias, duplicaciones, paralelos, injertos (…) El ojo que lee, el ojo del lector, que merodea y arriesga en el juego múltiple de asediar los sentidos, recorre las páginas del texto en su diagramación quebrada en la que cada trazo se confabula como pasaje hacia otros textos (p. 20)[157].

Luego seguiría con el capítulo que correspondía a Cortázar. Mi tocayo *JC,* fue lo primero que se le ocurrió pensar, anotándolo enseguida a un costado de la hoja, casi sonriendo por esa, para él, coincidencia que lo vinculaba al escritor que tanto admiraba.
Fue varios meses más tarde que Cáceres completó la lectura del libro. Se demoró más de lo que hubiera querido. Sin dudas existieron razones valederas que justificaron esa dilatación; sin embargo, la circunstancia de ir leyendo a medida que avanzaba en la investigación por la muerte-suicidio de Miguel, hizo que Ferro volviera a convertirse en un puente involuntario que lo conectaba con su amigo.
"(…) la identidad de quien narra se inscribe en una lógica de la máscara, que mientras dice 'yo soy', se oculta en la otredad" (p. 239)[158], subrayó en el libro una tarde antes de encontrarse con Sarkis. Esas líneas, del capítulo "La

[157] Ferro, Roberto. *De la literatura y los restos*, op. cit.
[158] Ferro, Roberto, op.cit.

narrativa policial latinoamericana", referían a la escritura de Onetti.

El escritor uruguayo estaba más que presente en esos días de incertidumbre para Cáceres. La primera edición de *La muerte y la niña,* de Corregidor, con una tapa verde –un obsequio de Roberto a Vieytes– fue, sin dudas, el último libro que tuvo entre sus manos Miguel. También fue el libro que rozaría con sus dedos gruesos Uriel Gorosito…

Han transcurrido los meses y hoy tengo sobre mi mesa una primera edición anillada y casera de *Desde aquella ventana.* En ella descubro de qué modo la vinculación con *La muerte y la niña* contribuyó a que Cáceres desentrañe el enigma de cómo y por qué había muerto su amigo Miguel Vieytes.

No puedo anticipar nada del desenlace en estas notas que escribo, sería como traicionar el esfuerzo de tan tremenda investigación. Ya circulará el texto definitivo y todos sabremos de qué trata.

Lo que sé, y de eso hemos conversado largo rato hoy con María Laura Ochiro, es eso mismo que ha escrito Roberto:

> El texto es una esceno-grafía, una puesta en escena de las huellas, las trazas, las estrías, de todas las modalidades posibles de una tipología del injerto; cada texto es un entramado con múltiples cabezas de lectura para otros textos, una deriva de convergencia de operaciones de desplazamiento y proliferación en las que no solo desaparece el origen, el origen ni siquiera ha desaparecido: nunca ha quedado constituido (p. 138)[159].

Ambas leemos juntas el párrafo en esta nueva tarde que nos ha reunido, casi como un ritual, en la Colón próxima a Tribunales.

No llueve como aquel otro día y un brillo insistente que se empeña en atravesar la ventana ilumina de lleno la cara de María Laura. Ella ha traído ese otro libro de Roberto y me muestra emocionada que la cita está subrayada por Miguel.

Este libro era suyo —me cuenta— me lo prestó mientras trabajábamos en las notas de Cáceres el año pasado, un

---

[159] Ferro, Roberto. *Derrida. Una introducción*, Ed. Quadrata, Bs. As.: 2009.

préstamo que tenía una doble condición, solo pude cumplir con la segunda.
Es una pena, una gran pena —repetirá María Laura al despedirnos.
Y no son necesarias más palabras para expresarle que la comprendo.

Buenos Aires, junio 2019

II.- *El aparejo de un crítico: Lecturas literarias* (2021)

(A mi papi-abuelo)

Leer una y otra vez buscando el detalle y
su relación con el texto como un todo.

En este universo de lecturas en el que me he zambullido desde el inicio de la pandemia, y donde sigo navegando incluso cuando en mi ventana ha mutado el paisaje y la casa es invadida por la brisa salina del mar, recibo el último trabajo de Roberto Ferro: *El aparejo de un crítico: Lecturas literarias.*
Además de la sorpresa que me ha provocado el contenido (hay dos capítulos que me honran), eché anclas en este mar bravo de Imbassaí, permitiendo que mi barca se detuviera y pudiera así iniciar la lectura del libro.
En primer lugar, me detuve en esa palabra tan particular del título: *aparejo.*
Creo que la vecindad de playa, visitada por pescadores solitarios que descubro por las mañanas temprano, y más tarde en algunos atardeceres, puso en relieve la relación, excluyendo otras posibles, entre "aparejo" y la pesca.
¿Qué tienen en común Roberto Ferro y esos hombres que llegan hasta la orilla, con sus cañas sencillas, hasta artesanales, una bolsa con la carnada y, a veces –como en un exceso–, una pequeña heladerita portátil?
¿Hay un ritual que los congrega?
Intento rastrear la similitud.
Para Roberto el momento de la escritura se inicia con una primera observación –la palabra suspendida en ese primer instante– de su mesa de trabajo, donde conviven:

> (...) la pila desordenada de los cuadernos Moleskine; a un costado, una libreta negra, pequeña, con el elástico que sujetaba las

> hojas, al lado un contenedor con lápices y marcadores; más atrás, la caja de las plumas fuentes, los dos recargados con sus habitantes oprimidos y asomándose hasta casi desbordarlos. Junto al escritorio estaba la mesita con la Underwood N° 5, siempre dispuesta a evocar nuestros buenos tiempos instalados en un aura mítica: más cerca, casi pegada al sillón giratorio, la prolongación de uno de los estantes de la biblioteca con hojas en blanco y los cuadraditos de papeles de colores que uso como señaladores en los libros[160] (p. 4).

Como el pescador de la playa, antes de lanzar la línea, el crítico –que se dispone a escribir sobre la escritura de otro– traza un recorrido por el propio espacio reconociendo los objetos que lo acompañarán en el oficio.

Como el escritor ante la hoja, el pescador aguarda el momento perfecto de la marea mientras el hilo se tensa en la caña, se verifica el correcto susurro de la bobina dentro del carretel y se preparan los distintos anzuelos.

Desde pequeña me vi rodeada por ese particular mundo de la pesca. Mi abuelo materno fue presidente de la Asociación Argentina de Pesca, un cargo que ocupó por muchísimos años (un anexo del club, en la localidad de Chascomús, provincia de Buenos Aires, lleva su nombre). Sin embargo, nunca lo vi pescar. Mi recuerdo de él evoca más el lugar de privilegio en los almuerzos o festejos que se hacían en la Asociación –allá por la Costanera Sur, detrás de la Ítalo– donde mi abuelo se desenvolvía como patrón de estancia. Pero sí recuerdo a los hombres, y también mujeres, que iban y venían vestidos con su indumentaria de pesca y las cañas ondeando sobre los muelles, cientos de ellas cuando se disputaban los famosos torneos. Cañas de competición que, no obstante su sofisticación, servían para el mismo propósito que las sencillas varas de los pescadores de Imbassaí.

Luego fue mi padre quien cada tanto hacía algunas escapadas para pescar. No más que eso.

---

[160] Ferro, Roberto. *El aparejo de un crítico: Lecturas literarias* Ed. Metaliteratura. Disponible en Amazon. Las referencias corresponden a esta edición.

No obstante, algo retuvo mi memoria de esas imágenes de los hombres de pie frente al agua, tan solo pescando. Quizás encontré allí, sin que se me develara del todo en ese momento, el acto posible de la escritura.
El libro de Roberto, sin dudas, recobró la ligazón.
El título invitaba a otras conjeturas, luego enunciadas en las Notas Preliminares: "El título de *El aparejo de un crítico* es una tentativa de poner el foco en el proceso material de la lectura" (p. 9).
No podía dejar de reparar en la palabra "foco", que forma parte de ese movimiento o gesto que realiza Roberto Ferro al leer: alejar y acercar la lente es una constante en su escritura, y es lo que le permite como crítico ahondar y sobrevolar por los textos.
Como si se dispusiera a tomar una fotografía, Ferro ajusta el foco para percibir los detalles mientras, y al mismo tiempo, lo aleja para comprender el conjunto y sus relaciones.
La palabra "foco" se incluye en el título de una novela de Ferro; el protagonista, Jorge Cáceres (quien firma la contratapa de este libro, no podía ser de otro modo), por su condición de estrabismo, transita por el relato con su mirada fuera de foco. Ese "desajuste" le permite observar la realidad de otro modo, como el personaje de la serie televisiva "Columbo".
Dentro del conjunto de textos, destaco el dedicado a Noé Jitrik y a su libro: *Verde es toda teoría*. Jitrik está presente en todo el volumen, además del capítulo "Ensayos y estudios de literatura argentina de Noé Jitrik". Aventuro a escribir aquí que Jitrik está presente no solo en este libro, sino en la vida del autor, como el maestro y un querido amigo (ambos vínculos insustituibles).
No he terminado aún el recorrido, pero voy disfrutando del tránsito por esta escritura que provoca relecturas, nuevas miradas y descubrimientos.
Cerca del final, debo decir que no me resulta del todo feliz ese conjunto de escritos que ponen de manifiesto la postura de Ferro frente a la realidad política argentina, reunidos bajo el título "Provocaciones". A excepción del "Cierre de las Jornadas Julio Cortázar" y las sentidas líneas dedicadas a Germán García, no estoy segura si la inclusión de esta sección no le escapa al tono que venía trayendo el resto del volumen. Pero ese material, pienso mientras escribo esta crónica, también forma parte del aparejo del crítico, y lo acepto como tal.

Hago una pausa en la lectura.

Dejo la computadora y me escapo a la orilla donde el pescador vigila su línea.
Una pareja de garzas blancas llega para picotear entre las piedras desnudas por la bajante de la marea y más allá, en el horizonte, comienza a dibujarse la tormenta.
Acompaño sin moverme cada gesto del pescador que, cada tanto, palpa la caña para medir su vibración.
Hasta que la línea se tensa y es el momento de recoger, trayendo y aflojando, en un continuo y suave soltar y traer, hasta que sobre las olas se divisa el lomo plateado de un pez.
Entonces recuerdo lo escrito por Clarice Lispector:

> Escribir es usar la palabra como carnada, para pescar lo que no es palabra. Cuando esa no-palabra, la entrelínea, muerde la carnada, algo se escribió. Una vez que se pescó la entrelínea, con alivio se puede echar afuera la palabra[161].

Y con ese murmullo en mis oídos de la escritora brasileña, lentamente, regreso a mi mesa, a la computadora abierta y al *Aparejo* de Roberto Ferro, para sentarme ahora junto a él en silencio, para observar la línea que ha tendido con tanto cuidado hacia ese maravilloso instante de la lectura y la escritura.
Sentados ambos, el libro y yo, frente al horizonte sin fin que es la literatura.

Imbassaí, 2 de mayo 2021

Noé Jitrik

La vuelta incompleta (2021)

1.- Un hombre "Atípico"[162]

---

[161] Extraído de *Notas sobre el arte de escribir,* Clarice Lispector.

[162] Presentación del libro*: Estudios y ensayos de la literatura argentina*, de Noé Jitrik (Serie de los dos Siglos)

Conocí a Noé Jitrik el 14 de agosto del 2000.
El encuentro fue "atípico", creo más para él que para nosotras, las participantes del taller literario coordinado por Cristina Domenech, en la localidad de Tortuguitas (Bs.As.).
Evoco esas reuniones y el entusiasmo ante la visita de tantos poetas y pintores, sin dimensionar la importancia de quienes se acercaban. Todo gracias a la generosidad y el vínculo de Cristina que nos permitió recibir –con café y masitas– a escritores como Julio Llinás o Susana Szwarc, entre otros.
Así llegó una tarde Noé, con algunos libros bajo el brazo (todos traían sus libros, sabían que gustosas se los compraríamos, aunque muchos después, terminaban dejándolos de regalo).
Entre esos libros de Noé estaba *Atípicos en la Literatura Latinoamericana*.
Uno de esos ejemplares está aquí, a mi lado en este momento mientras escribo, y tiene su dedicatoria.
Ayer, 29 de abril de 2019, casi diecinueve años después, asisto junto con Roberto Ferro a la presentación de la nueva edición de *Estudios y Ensayos de la Literatura Argentina,* una actividad organizada por Eudeba, de la que participaban Claudia Román, Pablo Ansolabehere y Silvia Saítta. La primera edición del libro data de 1970, aunque "El artículo más antiguo de esta serie ("Cambaceres: adentro y afuera") fue escrito en 1959".
(p. 29)[163].
Confieso que llegué tarde, venía de la exposición que daba Roberto, a la misma hora, sobre la obra de dos poetas argentinas en otro salón de la Feria. Al finalizar la charla, la responsable editorial le pidió a Jitrik que cerrara el encuentro. Unos segundos antes, Estela Barrenechea, sentada detrás de mí, me había tocado el hombro para despedirse. "Ahora me quedo, no me lo pierdo", casi me gritó al oído cuando supo que iba a hablar Noé, y se volvió a sentar.
Y valió la pena, como siempre que él tiene algo para decir.
Entonces fue, mientras lo escuchaba, que llegó ese recuerdo casi perdido de aquella tarde en Tortuguitas.
¿Qué se había modificado en este intervalo de tantos años transcurridos?

– Sala Alfonsina Storni – Pabellón Blanco; Feria del Libro 45.ª edición; 29 de abril de 2019.
[163] Jitrik, Noé. *Ensayos y estudios de literatura argentina*, Ed. Eudeba, Bs. As.: 2019.

Supongo que para él muchas cosas; para mí, tantas que no tendría punto final esta crónica.
El mismo Noé que me había "enamorado" de alguna manera, que es lo que sucede cuando otra persona logra despertarnos la pasión, se expresaba con arrebato, ardor y esa proclama de "empezar de nuevo, porque lo que está hecho, ya fue" que yo le había escuchado tantos años atrás.
Como su escritura que leo en la introducción a la re-edición de la obra:

> No podrá haber revolución en cada uno de nosotros ni afuera de nosotros, en la totalidad, si no aprendemos a hacer de la existencia intelectual un foco de peligrosidad y de lucidez, un foco de pensamiento aun allí donde todo tiende a uniformarse y corromperse, donde la palabra tiende a ser una única exclamación sin vida, sin relieve, ni aventura (pp. 30-31)[164].

El énfasis y el ardor de un hombre atípico, por esa "voluntad de rebeldía respecto de las convenciones".

Buenos Aires, abril 2019

Adenda

Al momento de la reescritura de estas crónicas, Noe Jitrik fue distinguido como Doctor Honoris Causa de la Universidad de Buenos Aires, por su destacada trayectoria como escritor, profesor y crítico. Ya había recibido anteriormente: Doctor Honoris Causa de la Universidad Autónoma de Puebla (México), país donde estuvo exiliado durante la dictadura cívico militar; Doctor Honoris Causa de la Universidad Nacional de Cuyo, Doctor Honoris Causa de la Universidad Nacional de Tucumán y Doctor Honoris Causa de la Universidad de la República (Uruguay).
Con 93 años (lo cual no es un dato menor) acaba de publicar la novela *La vuelta incompleta*, editada por Interzona.
En ocasión de la distinción en Uruguay, Noé Jitrik señaló:

---

[164] Jitrik, Noé, op.cit.

> Corrupción de la escritura fue el eje de mi perturbada respuesta a un honor como este que otra Universidad me discernía. ¿Es abusivo proponer que una corrupción que se manifiesta en lo aberrante de comportamientos sociales, información que no necesita de mayor énfasis pues plaga la vida entera de nuestras sociedades, penetra en lo íntimo y afecta conductas, disuelve valores, condiciona los imaginarios y gravita sobre esa actividad que llamamos escritura y que algunos suponemos incontaminada, no por solitaria sino por intensa y única?
> (...) Desearía que algo, una fuerza o el rayo del entendimiento, o alguien, con su fuerza, me preserven de ser atrapado en las redes del conformismo o de la calma intelectual que impone, no cabe duda, un sistema en el que la complacencia redime los conflictos, en el que el placer arrincona los dramas y en el que los sucedáneos estimulan vagos y tenues deseos de que no pase nada, como si esa nulificación preservara de la muerte (...). Desearía, por fin, que esos fantasmas (y se está refiriendo a los grandes escritores, a sus fuentes) sigan entrando en mis sueños y que la intranquilidad que irradian como un halo siga intranquilizando e intranquilizándome. Como que hay una obra por ejecutarse, no sólo la mía, ahora generosamente reconocida, pero también la mía, la que todavía no ha encontrado su forma[165].

Once años después pronuncia el discurso en la UBA. De él extraigo:

> Pero, ¿conocer qué? Por cierto, lo que desconocía, la gran literatura, pero, desde temprano, el "qué es la literatura", un enigma que signa casi todo mi trabajo, un enigma inacabable, sugerente, incitador, llegar a eso

---

[165] Discurso del Profesor Noé Jitrik al recibir el título de Doctor Honoris Causa en la Universidad de la República, Uruguay, 19 de julio de 2010, *https://www.fhuce.edu.uy/images/SADIL*

> que parece ser conocido y hasta reverenciado, tarea infinita, un recomenzar en cada instancia, en cada momento, en cada texto y en cada pretexto.

Buenos Aires, diciembre 2021

2.- Leyendo a Noé Jitrik, la pervivencia de una voz

Comencé a leer *La vuelta incompleta*[166] durante los primeros días de diciembre, luego de que se le otorgara a Noé Jitrik el Doctorado Honoris Causa, por la Universidad de Buenos Aires. Era un modo de homenajearlo, dado que no pude asistir a la ceremonia.

Jitrik había publicado la novela ese mismo año, 2021, aunque según consta en la edición, le había dado punto final en el 2019.

Realizo del texto una relectura más de un mes después, frente al escenario del mar con las hojas húmedas de los restos de arena.

Voy escribiendo, lentamente, para poder ir volcando, sin prisa, mis impresiones. Algunas tendrán que ver con aquel primer acercamiento; otras con las nuevas cuestiones que ha ido despertando el texto.

Me detengo en la cita que antecede a la lectura de Francisco Dos Santos, "Heroico editor y poeta exquisito", en palabras del propio Noé Jitrik[167]: *Mas como onde há morte, há vida.*

La línea resuena con mayor fuerza en este entorno de Brasil y me acompañará en la relectura.

El libro conserva las marcas de diciembre, comenzando, por ejemplo, con el corchete con el que atrapé por completo el párrafo inicial.

Revivo entonces la sensación de la primera lectura: la de la escucha.

La voz que resuena mientras leo es la de Jitrik, a quien tengo el placer de conocer. Es una voz que no fluye desde la lectura (haciendo memoria, reparo en el hecho de no

---

[166] Jitrik Noé, *La vuelta incompleta*, Interzona editores. Bs.As.: 2021. Las citas corresponden a esta edición.

[167] Entrevista a Noé Jitrik, entre libros nuevos y una enorme producción en revistas, sitios web y medios, por Demián Paredes. 18/04/2021, *https://www.pagina12.com.ar/335459-entrevista-a-noe-jitrik-entre-libros-nuevos-y-una-enorme-pro*

haberlo (yo) visto nunca leer sus conferencias), sino que es una voz dispuesta a contarme una historia. Señalo esta diferencia leve, sutil, entre leer y narrar que oiré hasta el final de la novela, acentuada por el hecho de que *La vuelta incompleta* permite este despliegue narrativo.

Dos historias se enlazan en la figura de Marcelo Lugano: la propia del protagonista, en la que prevalecen el vínculo con Lucía Palermo y la escritura de un artículo que remite a un período oscuro de nuestra Argentina, como fue la dictadura; y la ficcional centrada en esa novela que Lugano busca escribir y le es tan arisca, como el artículo que también parece escapársele de las manos.

En este punto, me gustaría interrumpirlo a Noé para contarle que creí reconocer a Brausen en Marcelo Lugano, en ese gesto frente a los papeles dispersos y la dificultad ante la trama; en ese gesto de construcción de "una ciudad" (que es la misma) donde ubicar la historia que está procurando.

El primer capítulo (en el que sobre todo he escuchado la voz del escritor, como ya mencioné) me pone en contacto con una trama que se anticipa como de "misterio o policial". El capítulo siguiente, la secuencia se interrumpe para dar paso al personaje de Lugano; así, intercaladas una con otra, se cuenta cada historia hasta el final de la novela.

Y es en la trama, en esa historia de enigma o policial, donde todo es conjetura (¿no lo es acaso para el mismo Marcelo Lugano?), y donde lo escucho con más fuerza a Jitrik:

> ¿Pero quién dice lo que hace el narrador y cómo se comporta? (p. 9).
>
> Podemos presumirlo (p. 10).
>
> No puede saberse (p. 10).
>
> Aunque hay muchos que prescinden de escenas y eligen otros modos de comenzar (p. 11).
>
> Hay que considerar que el narrador, no sólo éste sino todos, está en una posición privilegiada, mira, registra, arregla, ordena… (p. 30).
>
> …no puede dejar de pensarse que el lector no lo es antes de leer de modo que llega a ser tal

> cuando se encara con un texto al que, eso no se discute, se acerca ya conformado y por eso inmodificable por más diversas que sean las reacciones y los efectos que produce (p. 31).

Aunque la voz también aparece en los capítulos dedicados a Lugano o a Lucía Palermo, o a ambos.

> Grave dilema narrativo, es probable que por momentos así, que a veces parecen insuperables, pasa todo proceso de escritura de una novela, son inherentes a una manera de escribir que no sea mecánica y que incluya una dimensión poética; no se ignora, y se admite, que la poesía se produce por brotes, si es continua deja de serlo (p. 45).

Me detengo en esta última idea para alzar la vista –tal como viene susurrándome Roland Barthes– y, en la pausa, conectarme con la emoción, por eso de que "la poesía se produce por brotes". Sé que es una de las líneas que no olvidaré de este libro.

Tal vez esa emoción responda a lo también formulado: "¿será eso también la literatura, un escapar que puede parecer heroico si logra conmover o mover?", que Lucía se pregunta mientras habla con su padre. (De pronto reparo en la imagen de ambos conversando como si visualizara o proyectara en ella mis propias conversaciones con Noé Jitrik).

La realidad, ya sea la vivida durante la dictadura o en la que se mueven los personajes creados por Lugano, no abandona la novela; incluso, es lo no resuelto como "esos siniestros vuelos de la muerte a cuyo relato le faltaba una vuelta". ¿Qué información precisa Marcelo Lugano para poder escribir su artículo? ¿Qué estadísticas, qué certeza? ¿O es que simplemente, de eso, como ha ocurrido con el Holocausto se torna tan difícil escribir?

Pienso entonces, en la escritura de Jitrik, que no escapa al compromiso político y a la crítica social. Ya me lo ha anunciado en el título de uno de los capítulos: "No era precisamente un paseo".

Creo adivinar una sonrisa, o por lo menos cierto brillo divertido en los ojos de Noé cuando convoca en la novela a Saer y a Chesterton. "No por puro azar…" esos libros están sobre el escritorio de Elpidio. Evoco al asesino escurridizo de Saer y lamento esta distancia con mi biblioteca que impide el acto de iniciar una deriva por *La pesquisa*. En cuanto *Al hombre que fue jueves*, ya ocupa su lugar en la carpeta de las lecturas pendientes.

Saer, Chesterton, antes Cortázar, más de una vez Macedonio...; por ahí surge la pregunta "¿Hombre duplicado?" (¿Saramago?) para que luego llegue mi querido Bioy con *La invención de Morel* con la pregunta: "¿Otra vez el choque entre apariencia y realidad? ¿Es lo que se ve o lo que es, un traje o un disfraz?". (p. 105)

El escritor (y crítico), que es Jitrik, me recuerda entonces que, ante todo, es lector.

Más adelante, leo en el texto una pregunta que me remite a *Kawanabe*[168] y a la pregunta de la protagonista sobre su padre: "¿Cómo aceptar entonces que no hemos sabido todo sobre la persona que amamos" (*Kawanabe*, p. 110) ¿Puede alguien decir que conoce a otro, aunque conviva con él y se entienda en tantos aspectos...?" (*La vuelta incompleta*, p. 100).

Se lo comento a Noé y escucho que él me responde que imaginaba que yo pensaría en esa relación. ¿O no recordás que he sido también tu lector?, me advierte luego. Sin más palabras, asiento.

Sobrevolando (como aquellos "vuelos") el enigma, el relato insiste en la persistencia de un perfume, en el que solo parece reparar Clotilde.

¿Qué es un olor? ¿Qué nos despierta? ¿Hacia dónde conduce? ¿No es acaso su irrupción una visita involuntaria e irresistible, aun cuando a veces nos remite al desagrado? El perfume de las mujeres descoloca a Raymundo Núñez y persigue a la mujer:

> Ese perfume estaba llegando a sus narices y con ello una asociación que el narrador puede comprender como muy natural (p. 116).

Finalizando la novela, se cuenta que la escrita por Marcelo Lugano se ha publicado, develado en el penúltimo capítulo "Trémulos", donde también como una vela consumida se va apagando la vida de Lucía Palermo.

A partir de ahí, el narrador, como liberado de la presión de la escritura que padecía su personaje, ya no duda, ya sabe, y deja que sean ellos, quienes experimentan la historia, quienes recorran las calles develando su verdad.

Hasta un punto en que Jitrik hace una pausa.

---

[168] Otsubo, María Claudia, *Kawanabe*, op. cit.

No puedo permanecer ajena al *suspense* de su voz, inquieta ante su silencio como ante el mar enmudecido después de una tormenta.
Porque luego de eso, se desatará el giro inesperado (que no será revelado en esta crónica) y la sorpresa. ¿Quién podía, me pregunto, anticiparlo?

Adenda
Al momento de esta escritura, se han iniciado las gestiones para postular a Noé Jitrik al Premio Nobel de Literatura, que cohibió, sin dudas y por varios días, el impulso inicial de sentarme a escribir la crónica.
Por lo tanto, sumo la crónica en este volumen con esa inquietud que no me abandona, más tratándose de Jitrik, de mi lectura parcial y limitada. Hay mucho más entre líneas que lo que mis ojos rescatan hoy.
Mientras tanto, lo sigo escuchando.
Si creo en su pervivencia, ella me seguirá susurrando cuestiones a lo largo del tiempo.
De esto trata la buena literatura.

Imbassaí, 6 de febrero 2022

Leonardo Padura Fuentes

I.- *Adiós Hemingway* (2001)

Hay que matar al padre.
Estas pocas palabras, parafraseando con atrevimiento a Freud, comenzaron a resonar de inmediato y a medida que avanzaba por la novela de Leonardo Padura, *Adiós Hemingway,* mientras en mi pequeño parlante escuchaba a Omara Portuondo que se sumaba al murmullo de las olas golpeando contra el malecón de Cojimar:

> Sentado en el muro, con los pies colgando hacia los arrecifes, disfrutó la sensación de hallarse libre de la tiranía del tiempo…(p. 14) [169].

---

[169] Padura Fuentes, Leonardo, *Adiós Hemingway,* Ed. UNIÓN, Ciudad de la Habana: 2001. Las referencias corresponden a esta edición.

Y la pausa en la lectura ante esa imagen, mis ojos buscando con melancolía el horizonte marítimo. Y la pausa porque la voz inconfundible de Ibrahím Ferrer se sumaba en melodiosa conversación con Omara para cantar *Silencio.*

Más tarde, comprendería que había sido premonitoria la detención, esa suspensión gozosa de la lectura, que me situaba en un escenario al que, como Conde, regresaría antes de finalizar la novela.

Confieso que no conocía nada de este autor nacido en La Habana en 1955.

Enseguida Google me desasna.

La novela que tengo entre manos es de 2001 y cierra un ciclo de otras tres publicadas entre 1990 y 1997. El escritor cubano tiene varias más, como también ensayos, cuentos y numerosos premios.

¿Cómo es que no he sabido entonces nada antes de él?

Miguel Conde, el protagonista de muchas de sus novelas, reaparece en ésta ya como policía retirado para investigar sobre un crimen que podría haber cometido el mismo Hemingway, durante el tiempo en que ese escritor vivió en Cuba.

Como acaban de finalizar las Jornadas Ricardo Piglia en Buenos Aires, la asociación no demora en aparecer: Conde y el comisario Croce.

Ambos protagonistas, a su modo, devenidos en detectives, compartiendo el andar nostálgico por la vida (el que también arrastran otros comisarios y detectives literarios). Tanto Padura como Piglia han estado presentes en la Feria del Libro de Madrid; sus novelas se emparentan en congresos y seminarios…

Las ventanas se abren en el buscador de la computadora guiándome por un universo atrapante; no puede ser de otro modo cuando se piensa la literatura.

Pero me resisto a la tentación de esos desvíos porque quiero centrarme en la referencia a Freud con la que he iniciado esta crónica.

Demás está decir que hay mucho escrito sobre esta cita, en un derrotero del que también, y con esfuerzo, me aparto.

Mario Conde, el ex–policía y detective, se debate entre dos sentimientos. Por un lado, aquel que concentra la admiración por Hemingway; por eso es capaz de reconocer que el mejor homenaje al escritor es ese busto de bronce solitario construido por los pescadores en la desolada plazoleta de Cojimar:

> … para ellos había muerto un camarada, algo que Hemingway no fue ni para los escritores, ni para los periodistas, ni para los toreros o los cazadores blancos del África, ni para los milicianos españoles o para aquellos maquis franceses…. (p. 23).

Por el otro, el sentimiento de desilusión alimentado por las acciones de ese mismo hombre que ha venerado:

> El Conde sentía una extraña intranquilidad. Todos sus prejuicios y deseos de descubrir la culpabilidad de Hemingway habían caído en el pantano de su memoria… (p. 56).

Ambos sentimientos son genuinos, ateniéndome al relato que propone Padura. Así lo confiesa Conde, que, no obstante, está empeñado en descubrir la verdad:

> … Yo adoraba a ese hombre y ahora me cae como una patada. Pero la verdad es que no lo conozco. Es más, creo que nadie lo conoce. Déjame averiguar quién era: eso es lo que quiero… (p. 57).

Solo derribando el mito, pareciera decir el narrador, es que podrá surgir el escritor, "matando al padre" y sin omitir sus errores; por el contrario, rescatándolo aún más por ellos. Es la tarea que se le impone a Conde, y es una labor solitaria:

> No era imprescindible ser policía, detective privado y ni siquiera escritor para darse cuenta que a nadie, en aquellas calles, debía importarle si Hemingway había matado o no a un tipo empeñado en joderle la existencia… (p. 80).

Entonces, ¿por qué lo intenta?
El mismo Conde es quien lo cuenta y mi leer-escribir-leer conversa así con la cita (p. 96):

> Entonces comprendía que su amor por aquellos objetos
> (los libros son la pasión de Conde y en ese momento se encuentra en la Biblioteca).

> gracias a los cuales ahora vivía
> (Conde se ha convertido en un escritor).
>
> y de los que a lo largo de los años había obtenido una felicidad diferente a todas las otras modalidades posibles de la felicidad, eran una de las cosas más importantes de su vida, en la cual cada vez quedaban menos cosas importantes. (Conde experimenta ese sentimiento, poner en valor y buscar solo las cosas importantes de la vida).
>
> y las empezó a contar: la amistad, el café, el cigarro, el ron, hacer el amor de vez en cuando –ay, Tamara, ay, Ava Gardner—. (No puedo omitir a las mujeres al transcribir la cita, ellas son imprescindibles en su vida).
>
> y la literatura. Y los libros, claro, sumó al final. (¿No son todas estas las cuestiones que había elegido también Hemingway?).

"¿Qué cosa es un escritor sin obsesiones?", se pregunta también Conde.
Ya Padura lo había anticipado en el prólogo:

> … y el escritor que de inmediato vino a mi mente fue Ernest Hemingway, con quien he tenido por años una encarnizada relación de amor-odio. Pero, al buscar el modo de enfrentar mi dilema personal con el autor de *Fiesta*, no se me ocurrió nada mejor que pasarle mis obsesiones al Conde…

Son muchas más las cuestiones que van surgiendo a medida que armo este texto.
Regreso a Freud para citar lo que también él escribió "que los poetas poseen la osadía de dejar hablar en voz alta a su propio inconsciente".
La poesía, también decía el poeta ruso Joseph Brodsky, "es el medio de supervivencia de la lengua".
No hay dudas de que en este camino del aprendizaje me he cruzado con un poeta.
Porque Padura Fuentes (Conde) es esa clase de escritor capaz de articular en el entramado de las palabras algo más

que un sentido. Es esa clase de escritor que sabe hacer literatura, aquella capaz de modificar la vida de los lectores.

Buenos Aires, 21 de agosto 2019

II.- *Herejes* (2013)

En esta mañana de finales de septiembre, salgo a caminar escuchando a Creedence.

Hace frío, mucho más de lo que suponía; tal vez porque llegaba envuelta por el calor de las últimas horas, mientras recorría una vez más junto a Conde las calles de La Habana.

Camino por esta mi ciudad, Buenos Aires, con la mirada de quien regresa de un viaje. Siempre es extraña la sensación al regresar de una travesía, inclusive –y ni más ni menos– si esta ha sido literaria. Por eso busco el refugio que, ocasionalmente, en alguna vereda me da el sol para volver a sentir su abrazo y prolongar su caricia de algún modo dentro de mi corazón.

La música de Creedence me transporta a un baile a los catorce años (*Down on the corner* o *Have you seen the rain…*), también a la emoción de escuchar por primera vez *Proud Mary*; la que, al contrario de la opinión de Conde, me gusta mucho más en la versión posterior de Tina Turner.

La luz de la mañana se cuela de pronto entre el claroscuro del día, como en las pinturas de Rembrandt, y esa luminosidad no buscada voluntariamente es lo que me permite pensar en este libro que acabo de leer: *Herejes*.

La luz ilumina el texto, voluminoso, intenso, que acabo de finalizar; y mi escritura que nace como un intento de poder llegar alguna vez a conversar realmente con Padura. La crónica, correspondencia sin destinatario, la botella lanzada desde las orillas de mi ciudad hacia aquella otra bañada del Mar del Caribe.

El libro se abre con tres acápites sobre los cuales Padura reflexionará a lo largo de todo el texto.

También se detiene en el significado de la palabra “Hereje”, con resaltados, marcados en negrita por el autor, que serán una marca importante de lectura.

La trama podría resumirse en dos líneas. Pero no quiero escribir sobre ella, como tampoco hablaría sobre la misma si existiera la posibilidad de un encuentro posible con Leonardo Padura.

Con él conversaría de otras cosas, fundamentalmente, sobre lo que me ha conmovido: el oficio de escribir.

Solo quien así se asume, comprometido en su vocación de narrador (además de librepensador, que no deja nunca de ser cubano) puede alcanzar como resultado un texto que, en toda su extensión, no pierde fuerza; con recursos (investigación, el trabajo sobre hechos reales, saltos en el tiempo), articulados con maestría y que cautivan desde la primera página. No en vano, es uno de los mejores escritores latinoamericanos contemporáneos.

Con él conversaría sobre esa voluntad persistente (que me ha movilizado) para articular con tanta precisión las palabras; sobre la intencionalidad de contar la verdad, cruda y desgarradora, con ojos críticos que, sin embargo, no emite sentencia, porque de eso se trata –sé que piensa y cree Conde–. Porque la escritura se le hace tan necesaria, tanto al autor como al personaje para seguir adelante con la vida; porque es con ella, con la literatura, que se puede olvidar por un instante eso que he leído al inicio del texto, la sentencia rabínica elegida: "quienquiera que haya reflexionado sobre estas cuatro cosas, mejor había hecho no viniendo al mundo…".

La muerte, la pérdida –insondables y crecientes pérdidas– como también la amistad, el amor, la vejez, la melancolía.

Y frente a todo eso, la escritura como la posibilidad de ser un poco más libres.

De esa incertidumbre del vivir, y no de otra cosa, me gustaría hablar con Padura.

Para escucharlo y agradecerle.

Tal vez sentados en algún espacio de su ciudad, que él, conocedor y anfitrión elegiría, el punto donde el Paseo del Prado se deshace como una flor mustia tras su encontronazo con la siempre agresiva intemperie del Malecón.

Entonces le leería este párrafo; seguramente lo festejaríamos juntos:

> Cuando despertó, dos horas después, se sentía húmedo y pesado. La pesadez la debía al sueño, la humedad, a Basura II que, necesitado de refugio para pasar el vendaval veraniego, lo había encontrado en toda la regla y dormía, con su pelambre todavía mojada, cara a cara con el Conde. El hombre pensó que debía aprovechar el sueño del perro para matarlo en ese mismo instante: era lo que se merecía aquel hijo de puta

redomado. Pero al verlo dormir con la punta de la lengua asomada entre los dientes, mientras emitía unos levísimos gruñidos de felicidad, provocados por algún amable sueño perruno, se sintió desarmado y se levantó con la mayor delicadeza posible para no interrumpirle siesta a… aquel pedazo de cabrón que merecía que lo mataran por haberle mojado la cama.

Buenos Aires, 23 de septiembre 2019

III.- *La transparencia del tiempo* (2018)

(A Pablo "osi").

… estaba viendo el tiempo a través de la transparencia de una gota de lluvia suspendida de una rama

5 de junio de 2021

Es sábado y ya se ha hecho de noche, aunque apenas son un poco más de las cinco y media aquí en Imbassaí.
Inicio la crónica de la novela, finalizada hace unas horas, inmersa aún en la calidez que me ha proporcionado, una vez más, el encuentro con Mario Conde.
El rumor oscuro del mar me ayuda a imaginar que incluso estoy en La Habana, y la brisa húmeda, que ingresa constante por los ventanales abiertos de par en par, me permite creer que es cierto, que hace apenas unos instantes nos despedimos con Conde en algún punto de la vieja muralla del malecón.
Este viaje a Cuba fue imprevisto y se hizo lugar entre Cortázar, Derrida, Faulkner, Blanchot y Norah Lange, entre otros; lecturas que sin ostentación de mi parte y sin establecer ninguna jerarquía, dentro de este aparente modo de leer ecléctico y desordenado, conversan entre sí y conmigo en estos días de Brasil.
Un viaje imprevisto del que vuelvo con muy buenos recuerdos.

6 de junio de 2021

Hace más de mil quinientos años, Constantino decidió que el domingo, el día del venerable sol, fuera día de reposo. Una decisión que los bahianos respetan a rajatabla, argumentando además que, como el venerable sol –del cual tienen cabal certeza de su existencia durante la mayor parte del año– es más importante que ese tal Constantino, los días dedicados al *dolce far niente* pueden extenderse, casi como un deber ser y cada vez que es posible.

Tal vez, y coincido con la mirada de Conde, porque por lo menos en esta región del país, la del nordeste, lo vital no pasa por el trabajo.

Entonces obedecí y reposé, entregándome sin culpas a un mar de olas furiosas que se entrechocaban entre sí; un mar desbocado, libre; un mar feliz.

Mientras el cuerpo descansaba, los pensamientos, no obstante, no lograban liberarse del influjo de la reciente visita a La Habana y de la magia que provoca leer a Leonardo Padura.

No solo la historia es atrapante: una investigación policial que involucra a Conde, ya retirado del oficio, pero siempre, de modo fortuito o voluntario, complicado en estas cuestiones.

La novela tiene el registro de diario o de crónicas que fechan cada capítulo con un día, mes y año.

Y de pronto en ese irse –por la pausa que le regalaba a mi cuerpo– tras la brisa provocada por la llegada de una ligera tormenta, en ese irse tras un incipiente arcoíris –que más tarde dibujaría un círculo perfecto en el horizonte–, comenzó a desplegarse en el cielo la novela que estaba leyendo, en toda su extensión, pero ya no para mostrarme los detalles de la historia –el argumento, los personajes– sino para permitirme prestar atención al esquema o a cómo Padura va construyendo el relato.

Por eso, al regresar luego a mi mesa y a esta crónica iniciada en el día de ayer supe, en primer lugar, que debía modificar el inicio colocando también una marca de calendario en mi reseña, aunque lo que se escribiera como un ayer, en realidad estuviera siendo reescrito hoy.

¿No se trataba de eso? ¿No lo hace el mismo Padura cuando en el capítulo 19, dos antes de finalizar el libro, juega a introducirse como Velázquez –y émulo de su personaje principal y del personaje que ha rescatado del pasado en la novela?

> Aferrado al presente, escribías el pasado hasta perder el sentido de los límites de lo permanente y lo transcurrido" (p. 430)[170].

La pregunta sería entonces: ¿De qué trata en definitiva el tiempo, mi querido Padura?

La novela se inicia con una fecha, entonces, recurso que se repetirá para cada comienzo de capítulo. La primera corresponde al presente de Mario Conde y la última corresponde a justo un mes después de la inicial, el día en que Conde cumple los sesenta años, un capítulo en que se escribe sobre la cuestión del tiempo y sobre la turbulenta relación que mantiene el ex–policía con el calendario:

> La evidencia de una cantidad tajante, incluso de sonoridad obscena (sesenta, sesenta, algo se desinfla y estalla, sse–sssen–ta), se le había presentado como una ratificación incontestable de lo que su físico (rodillas, cintura y hombros oxidados, hígado envuelto en grasa, pene cada vez más perezoso) y su espíritu (sueños, proyectos, deseos mitigados o para siempre extraviados) iban sintiendo desde hacía algún tiempo: la obscena llegada de la vejez… (p. 8).

En paralelo se van alternando en el libro los capítulos, también fechados, que remiten a una historia del pasado vinculada con el peregrinar de la Virgen Negra; capítulos que tienen como protagonista a Antoni Barral; un nombre que no le pertenece a un solo hombre, sino a varios nacidos en distintos siglos con una misión común, que se les ha encomendado: el cuidado y la protección de la imagen milagrosa.

En los capítulos que narran el presente, Mario Conde sigue visitando a sus amigos de toda la vida, los compañeros "del pre", como también a su antiguo jefe, enfermo, y al actual, que supo ser en su momento su subalterno. Está Tamara, la mujer que lo acompaña hace veinte años, además de aguantarlo, porque el amor es así incondicional, dicen; y, por supuesto Basura II, que lo espera fiel sin hacerle ningún reproche por el abandono.

---

170 Todas las citas corresponden a la edición digital Titivillus 24.01.18.

En el haber del presente de Conde también comienzan a contabilizarse las pérdidas por las partidas definitivas (la muerte) de los seres queridos por las de aquellos que no lo han hecho del todo y no sabe si tendrán regreso. Por eso, esta novela, quizás más que las otras que lo tienen como protagonista, está tan marcada por la melancolía.
El cambio de década es un quiebre y así lo transita Conde, con una nostalgia que no le impide, sin embargo, desplegar la mirada crítica y objetiva sobre su ciudad:

> Por su parte, las personas que circulaban por centenares y miles bajo el sol todavía asesino de septiembre, y a una hora a la cual se suponía que todos debían trabajar con sus mayores esfuerzos para un futuro mejor, parecían gastadas y mustias, más que los viejos fords o chevrolets o pontiacs (p. 80).

O para preguntarse durante sus idas y venidas por las calles de los contrastes de La Habana, las de la opulencia y las de los bajos fondos: "¿Quién trabaja en este país?".
Un Mario Conde reflexivo y con *saudades* que no deja de prestar atención a sus premoniciones, aquellas que le han permitido ir siempre y con éxito tras lo importante, lo que escapa del centro de la escena, oculto en apariencia, pero desencadenante para resolver por fin la investigación policial.

Lunes 7 de junio 2021

¿Ves//esta gota//que de mi mano//se desliza?[171]

"La luz rotunda del amanecer tropical, filtrada por la ventana, caía como el haz teatral proyectado sobre la pared…". Así comienza la novela que estoy reseñando y así fue la mañana que me fue conduciendo lentamente de regreso a la crónica.
Retomo la última línea de ayer pensando en Conde. Quizás fue sobre la intuición que también conversamos juntos en esos días en Cuba.
Pero antes hablamos del mar, ese que, según donde nos detuviéramos a conversar, nos hacía alzar un poco la voz para poder oírnos:

---

[171] Otsubo, María Claudia. "Lo que queda de la lluvia" en *Diminuto verde*, op. cit.

> El mar siempre lo había arrastrado como un imán: ver el océano, disfrutar de su color y su olor, de su misteriosa insondabilidad, le transmitían una poderosa sensación de empatía y distensión. De promesas de libertad, más que de límite y encierro (...) Escribir en las mañanas, bañarse en las playas en las tardes, pescar en las noches, hacerle el amor a una mujer bella en las madrugadas, respirando el aroma del salitre, embriagado por los murmullos del océano (p. 45).

Luego diría sobre la escritura:

> La convicción de que la escritura apenas resulta la posibilidad de construir a otros a partir de lo que tú has sido y eres te había servido para distanciarte de ti mismo, verte desde una perspectiva que resultó ser reveladora, amable y dolorosa a un tiempo (p. 431).

Después, como resignado, me contará sobre su fiesta de cumpleaños.
¿Cómo no comprender si yo también voy sufriendo las marcas del tiempo, esa grosería que sin censura escupe el calendario?
Pero sabes –me contestó muy despacio– con ese decir cubano pleno de emociones y sentimientos: ya pasó y no estuvo tan mal. Nada mal, hasta te diría que hasta estuvo bueno.

Imbassaí, 5-7 de junio 2021

Enrique Vila-Matas

I.- *París no se acaba nunca, tan feliz que ni me enteraba* (2003)

La realidad es un complot
A medida que leía *París no se acaba nunca, tan feliz que ni me enteraba* fui tomando notas, copiando algunas líneas y rescatando las referencias a otros escritores, pintores,

pensadores o a músicos, como Van Morrison; –contemporáneos o no del narrador–, infinidad de nombres que habitan la novela como personajes ficcionales, que de eso trata este libro que tiene tanto de autobiografía como de ficción y de ensayo.

Una conferencia sobre la ironía, tres charlas consecutivas que dicta el autor[172]dio origen a la escritura del texto; así él lo explicita en el libro: *¿Soy conferencia o novela? ¿Soy?* (p. 16). Es la primera vez que leo a Vila-Matas. La desmesura de su obra me provoca aquel sentimiento vivenciado frente a la de Bioy Casares, el alma expuesta ante un océano infinito, que seguramente me conectará como ocurrió con el escritor argentino, con tantas orillas y tierras desconocidas en viajes inesperados.

Este texto en particular, y es el primero que abordo del escritor español, abre el camino a una travesía similar.

¿De qué trata el texto?

El narrador habita, y me invita a habitar mientras leo, un París muy especial. Menciona esquinas que tuve la suerte de conocer o barrios, por los que he caminado aunque sin la suerte, como él, de poder cruzarme al paso con Roland Barthes o Paloma Picasso. Tampoco he vivido en una buhardilla, ni se acercó para hablarme en su *francés superior* Marguerite Duras; a lo sumo, mi mejor experiencia en esa ciudad fue vivir en un departamento rentado en Le Marais, cuya dueña, además de artista era curadora del Louvre. Llegar con "mis" llaves y abrir la puerta de calle provocaba de algún modo la sensación de sentirme también un poco parisina.

Vila-Matas aclara en el Prólogo:

> Es un fragmento de la novela de mi vida en el que todo es verdad porque todo está inventado. Y es que, como se dice en el libro, un relato autobiográfico es una ficción entre muchas posibles (p. 7).

Así está planteado el desafío: entregarse al relato sin especulaciones.

De algún modo, la realidad es hoy también la combinación de espejismos que se quiebran o brillan de acuerdo a cómo

---

[172] Vila-Matas, Enrique. *París no se acaba nunca* (Biblioteca Breve) (Spanish Edition) Grupo Planeta. Ed. Kindle. Todas las referencias corresponden a esta edición.

a ellos se les antoje colocarse. Y hoy estoy aquí, escribiendo frente al mar de Imbassaí, desdoblada por esa parte de mí que quedó allí en la ciudad, a la que quizás regresaré en algún momento.
¿Es este también un fragmento de la novela de mi vida, en el que todo es verdad porque está inventado?
Entonces no habría extensión de playa y mar azul, y mi computadora estaría abierta hacia otro paisaje.
¿Cuál es la mesa que hoy sostiene la escritura?
Si cerrara los ojos ahora y lograra acallar por un momento (sobre todo eso) el susurro de las olas, podría encontrarme frente a la ventana donde alguna vez se posó aquel pájaro y donde no han dejado de visitarme revoltosas las verdes cotorras.
No lo sé.
La realidad hace con nuestra vida lo que a ella le place.

Regreso a la novela, para detenerme primero en el título, incorporando el subtítulo para leer en él la negación reiterada (*no, nunca, ni me enteraba*) que deja al desnudo *París* y *feliz.* Ambas palabras se repiten durante toda la novela.
"París no se acaba nunca" aparece una y otra vez, como el ascenso y descenso de una respiración o como las pausas de una composición musical.
En esa línea de cinco palabras, Vila-Matas se repliega para volver a pensarse, para encontrarse en la hondura de lo que va narrando, similar al movimiento que podría hacer la mano deslizándose sobre el pecho buscando el refugio del corazón. Allí está el latido, no lo debo olvidar, parece querer decir para que no lo perdamos de vista.
El ser feliz, y en París, forma parte del discurso sobre la ironía y es la cifra del diálogo que durante todo el texto Vila-Matas mantendrá con Ernest Hemingway. No lo menciona en el Prólogo y, sin embargo, el escritor admirado (como le sucede a Padura) ya comienza a estar ahí en esa broma casi paródica de "que me parezco a él, aunque todos me digan lo contrario".

La parodia
No sé por qué misterioso vericueto ha llegado y ha conseguido treparse a mi mesa Fontanarrosa. Me refiero al querido rosarino, dibujante del personaje de historieta Inodoro Pereyra, entre otros inolvidables.
Quizás porque en sus caricaturas, pero en especial en sus cuentos, no solo hay humor, también hay intertextualidad.

Quizás era porque estaba pensando en la parodia aquella que se afirma para construirse en otros textos (o imagen) en una suerte, también, de celebración u homenaje.
Desde el inicio, desde el mismo título de la novela que he leído, Vila-Matas se planta en este recurso.
Desde el inicio finge que finge, con *disimulo*, echando sobre la realidad además el manto de humor que ella demanda para que nos sea accesible.
Pienso también enseguida en los cuentos de Bustos Domecq y otros escritores llegan convocados por la similitud, pero intuyo el desvío y quiero finalizar la crónica.
(Los que llegan a esta mesa me van repitiendo al marcharse siempre lo mismo: leer, leer y leer).
"En la parodia, la cita es repetición, diferencia y travestimiento", me escribe Roberto Ferro, mi lector más fiel.
Se produce un desplazarse en el gesto primero de la detención y luego en el de la proyección sobre la hoja en la escritura.
Para quien lee, en este caso yo que leo a Vila-Matas y que ahora escribo sobre su narrativa, el ejercicio es similar y opera por el reconocimiento de la parodia que solo se posibilita por la cifra escondida en alguna lectura previa.
Estaba sumida en estas disquisiciones sobre el procedimiento cuando llega el correo de un amigo contándome sus cuitas recientes con la tecnología.
"Me explayo tanto sobre estas miserias", me escribe con sutil ironía para explicar el desamparo en que ha quedado por la "muerte" de su computadora: los archivos y los trabajos de años que creyó, en el primer espanto, perdidos.
Es cierto que hoy algunas herramientas, como las que ofrece el espacio virtual, permiten recuperar casi todo; pero hay restos extraviados para siempre, párrafos que no existirán más, entonces ningún artilugio alcanza.
Influenciada por el texto que estaba leyendo, le contesté a mi amigo, sin ánimo de minimizar su tragedia, y habilitada por la propia escritura de su correo: "Vila-Matas escribe que estando en el Café de Flore, en esos tiempos de su juventud en que sí o sí había que estar en ese lugar para ser alguien, le pregunta a Martine Simonet (un amor imposible para él) qué era lo que encontraba más irresistible para reír a carcajadas. 'La piel de los plátanos, la gente que resbala y se rompe las narices. Soy muy clásica'".
Quizás se trata de eso, pensé luego, reírnos de nosotros mismos, de nuestras miserias, como hace mi amigo al

escribirme ya superado el momento; como lo hace Vila-Matas en su novela.

Voy tomando notas durante la lectura acompañada por la música propuesta: Van Morrison.

Entonces llego al episodio de Clara, la mujer que está sentada en la primera fila de la audiencia que asiste a la conferencia y que, ofendida por haber sido aludida por el disertante, se levanta y abandona el salón.

Me hubiera gustado ser yo esa mujer, le digo de inmediato a Vila-Matas.

Me hubiera gustado escucharle decir que me parezco a una de las enfermeras de las que se enamora Hemingway (que evoca algo del capitán Morris, el protagonista de "La trama celeste", enamorado de Idibal, en el cuento de Bioy Casares).

En definitiva, me hubiera gustado haber sido objeto de su atención y ser la mujer nueva de la conferencia, para que fueran dirigidas a mí sus palabras:

> Desde luego usted, la que no se llama Clara, es la mujer nueva de esta conferencia, de eso no tengo la menor duda, como tampoco la tengo de que París no se acaba nunca (p. 144).

Finalizo con unas líneas que el narrador cita, y que le pertenecen a Marguerite Duras: "No sé si me da miedo la muerte, no sé casi nada desde que llegué al mar", a lo que Vila-Matas agrega a continuación: "O tal vez porque lo que más me aterra de la idea de la muerte eterna es no poder volver a ver el mar, las olas rompiendo en invierno en las playas desiertas (p. 158).

En este presente frente al mar, mi temor hoy es no volver a París, o quizás es más que eso, es la pérdida de un tiempo eterno que alguna vez creí poseer. Eso de que la vida no se acabaría nunca y esa certeza de haber sido en esa ciudad por algunos segundos fugaces, feliz, muy feliz.

Imbassaí 14 de marzo 2021

II.- *El mal de Montano* (2002)

Con el mono de trabajo

Regreso al mar luego de haberme quitado el mono de trabajo, el cuerpo desnudo avanzando por el sendero que lleva hasta las olas.

Regreso al mar, la cabeza a merced de la espuma y su bravura.

Regreso a esa intimidad húmeda, al intercambio secreto de la sal y la piel.

Allí, en el mar, sin embargo, me siguió la escritura; y ya fuera del agua, desde la orilla y con prisa, me acompañó desandando la línea del camino para volver a las palabras que aguardaban titilando en la pantalla.

Sin cubrirme del todo, me senté ante la novela iniciada *El mal de Montano*[173]junto a las notas que había ido tomando a medida que avanzaba con la lectura.

¿Se trataba de eso la enfermedad, esta obsesión, de la que cuenta Vila-Matas?

Entre mis notas, he guardado: "Antes de que el mundo fuera un país extranjero, la literatura era un viaje, una odisea" (p. 238).

¿A qué mundo se refiere?

El mío hoy se corresponde con este país que me cobija con dulzura de *samba.*

El resto, como le sucede al mismo narrador, testigo mudo del ataque en Manhattan, es un universo extranjero comprimido en el espanto de la pandemia, deseoso de que todo termine para volver a las vecindades y los encuentros.

Solo la literatura me ha posibilitado ensanchar las fronteras impuestas.

Por eso pude irme de viaje durante todo el año pasado con Bioy; y no he dejado de estar en movimiento desde que abordé otras lecturas, como esta novela de Vila-Matas.

"Puede que la literatura sea también parte del mundo del modo que lo son, por ejemplo, las hojas", escribe el escritor español citando a Magris.

Y como él experimento el consuelo cuando luego agrega: "Literatura y mundo entran en armonía" (p. 132).

Pero regreso –y no es casual la palabra en el marco de la novela que se construye sobre el procedimiento del constante retorno– al inicio de esta crónica, al momento de

---

[173] Vila-Matas, Enrique. *El mal de Montano* (Spanish Edition) Grupo Planeta. Ed. Kindle. Todas las referencias corresponden a esta edición.

sumergirme en el agua, o estar bajo o dentro de ella (si eso fuera posible, ser así tan intensamente parte de), donde además de la necesidad de la escritura vivencié la levedad del espíritu errante.

Como le sucede al narrador de la cuarta parte del libro, "Diario de un hombre engañado": "Una mañana, te marchas de repente, sin dejar ni una nota. No te llevas nada, sólo tu diario personal" (p. 214), regresando de este modo a la cita de Maurice Blanchot, epígrafe de la novela: "¿Cómo haremos para desaparecer?".

¿Podía ser tan simple desaparecer; abandonar el roce de los pies sobre la arena y sucumbir a la bravura de las olas para siempre?

La pregunta corresponde a esta instancia de la escritura, no al momento del puro goce entre el cuerpo y el mar, cuando inmersa en el silencio surgió la palabra.

La experiencia en ese instante no era la de la pregunta, era la de la libertad.

Libre como la hoja echada al viento.

Libre como para llegar a sentir que, si el mundo insistía en su extranjería, la literatura sería el viaje sin límites, la barcaza disponible hacia cualquier destino o lugar.

¿Desaparecemos, *monsieur* Blanchot, cuando nos entregamos a este acto laborioso de la escritura? ¿Desaparezco al fundirme en la letra que aparece en la pantalla, mientras la música acompaña el tecleo de los dedos, los ojos buscando en la bruma la imagen, la siguiente palabra y la que sigue?

Sí, desaparezco.

Me convierto también en una especie de espíritu errante, otro más como lo es Vila-Matas, para emigrar en busca de la poesía. Como lo estoy haciendo desde el inicio de esta crónica que encontró su epifanía bajo el agua.

Había comenzado otra escritura sobre la novela.

El archivo aún está en la computadora, como el que se fue alimentando de los fragmentos, las citas, las referencias a libros, películas, músicas (que desde la hoja en papel pasaron a la computadora) como ya me sucedió con *París no se acaba nunca.* Las ventanas abiertas aguardan disponibles para nutrir esta que ocupa el lugar principal.

Abro uno de esos archivos donde he guardado, en una suerte de epígrafe, el primer verso de la bellísima canción cantada por Bárbara:

> Llueve sobre Nantes
> dame la mano

el cielo de Nantes
apena mi corazón.

Aún no sabía entonces lo que Vila-Matas proponía.

El mal de escribir

En esa primera parte de la novela, me había conmovido el desamparo del hijo frente al padre; el adjetivo repetido una y otra vez, "ágrafo", sonaba con tanta dureza en boca de ese padre que parecía pensar no en que su hijo fuera incapaz de escribir, sino que no sabía hacerlo. Me pregunté ¿quién de los dos realmente sufría el mal de Montano? "¿Quién del mal de escribir, como decía Marguerite Duras?" (p. 27).

Al avanzar con la lectura, sin embargo, fue cuando abandoné esa primera crónica. La novela iba por otro lado, debía seguir leyendo. Luego vino la pausa del mar que ahora ha quedado allí, del otro lado de la cerca. (Puedo oírlo y la tentación de correr hacia él es grande, pero ya me he puesto el mono de trabajo).

En definitiva seguir leyendo.

Leer no tanto para llegar al final –que como dijo Unamuno (y cita Vila-Matas) "el lector que busca novelas acabadas no merece ser mi lector"–, sino para no apresurarme. Leer e intentar controlar un poco este feo vicio, que ya se ha instalado, de ponerme a escribir antes que el escritor finalice de hacerlo.

Más tarde, le digo, un poco más tarde, entonces al mar mientras pienso en todas estas cuestiones que fueron surgiendo en la lectura.

Son tantas las cuestiones que me tienta enumerarlas (y la hago) por las múltiples asociaciones que provocaron.

1.-

Empezaría tal vez por Valparaíso y el escenario del Pacífico.

El narrador llega a Chile y remarca un instante que se repetirá luego durante otros momentos de la novela.

De inmediato recordé la escritura que tuvo lugar en esa ciudad, una escritura sobre la pérdida que tenía un acápite de Cesar Aira: "… lo que pasó fue que, en cierto momento de la redacción, ésta se apoderó de mí como yo pensaba apoderarme de ella, y me condujo al campo de la literatura".

Un texto en que mencionaba a mi querido Bioy Casares, casi como un auspicio del viaje que haría en el futuro con el escritor argentino. Me atrevo a copiar unos párrafos:

> Me preguntaba por el despojo o por esa sensación que nos queda entre las manos cuando algo se pierde para siempre. Entonces la memoria, obstinada, testaruda, se detiene en ese segundo, en ese instante en que todo ha ocurrido. Lo que podía no haber sido y sucedió. La duda y el tiempo que quisiéramos se detenga y nos lleve otra vez a esa suspensión en que algo podría haber sido evitado. (el peso del destino, como escribió Bioy) (…) Así fue, digo, aunque la memoria puje por volver a cada detalle, agotada en el avance de la película, deteniéndose y retrocediendo por los cuadros para regresar al inicio y a esa escena final, reclamando, como si eso fuera posible, las pocas cosas que nos pertenecían y que no queremos dejar ir.

Y luego la escritura del poema:

> Si de la vida
> se trata
> lo que lleva
> la oscuridad
> su cara, recuerdo brumoso
> que me deja
> esta tarde con
> las manos vacías
> Si de la vida
> se trata
> lo que me trae
> la oscuridad
> su alma, desazón del cuerpo
> esta intemperie
> que se cobija frágil
> en tan pocas palabras.

Tan en consonancia con lo que leo años más tarde en Vila-Matas:

> Precisamente porque la literatura nos permite comprender la vida, nos deja fuera de ella. Es

> duro, pero a veces es lo mejor que puede pasarnos (p. 262).

2.-

Seguiría quizás con la lectura que volví a hacer de "Funes el memorioso", el cuento de Borges. El narrador del *Mal de Montano* quiere ser la memoria de la literatura frente a un mundo que se desvanece:

> (...) acabé volviendo a mirar a la bahía y al horizonte e imaginando que en el filo mismo de ese horizonte se veían unas nubes difusas que anunciaban una dura tormenta y, con la llegada de ésta, el fin de los libros, el triunfo de lo no literario y de los escritores falsos (p. 47).

Funes padece de una memoria infinita, anclado a ella tanto como a la cama donde luego morirá. Quizás se trata más sobre la que escribe Borges en "La memoria de Shakespeare": "A medida que transcurren los años, todo hombre está obligado a sobrellevar la creciente carga de su memoria".

3.-

Las referencias del texto a Claudio Magris.
Hace muchos años leí *El Danubio*. Llevé el libro cuando viajé a Budapest. Lo releí una y otra vez acodada en ambas orillas: la de Buda y la de Pest. Evoco, sobre todo, de ese viaje, la experiencia de mi recorrido en total y gratificante soledad y que, como era verano, mis comidas se reducían a tan solo excelentes helados húngaros. Ya había leído *Danubio* antes de ese viaje, sin saber que algún día tendría la posibilidad de estar junto al río para comparar la realidad con los subrayados y las marcas que me habían conmovido tanto. Extraño el libro aquí en Imbassaí. Lo extrañé mientras leía la novela de Vila-Matas. La distancia no me permitió el encuentro con sus hojas gastadas y eso me trajo mucha melancolía: "Melancolía aquí en Faial, pensando en aquellos días sencillos en el espacio" (p. 78).

4.-

"'Pasa un pájaro', me dijo. 'Lo sigo. Eso me permite ir a donde quiera en la narración'" (p. 143), cita Vila-Matas a

Jean Echenoz, novelista francés; cita que, por supuesto, evocó a mi propio pájaro presente siempre en mi ventana.

5.-

"Ficción es ficción y calificar de real un relato es un insulto al arte y la verdad, todo gran escritor es un gran embaucador" (p.190). La cita pertenece a Nabokov y me permite pensar, más allá de las asociaciones que me iba procurando el recorrido de la novela, en la enfermedad de la que habla Vila-Matas. Mal, dolencia, padecimiento, pero también afección. Quien narra se encuentra afectado por la literatura. Y la afección, así como se vincula con la falta de salud, también puede deberse a exceso de cariño o de amor.

> No conocerse nunca o sólo un poco y ser un parásito de otros escritores para acabar teniendo una brizna de literatura propia. Se diría que éste fue mi programa de futuro desde que empezara a escribir copiando a Cernuda (p. 101).

Lo cito advirtiendo la negación en Vila-Matas, la que, como creí entrever en el título de *París no se acaba nunca*, se establece por el contrario. Quizás por eso su auto declaración de ser "un gran embaucador".

Voy finalizando la crónica, por lo menos en este hoy donde intento teclear el punto.
Me he apuntado leer a Kafka, a Gombrowicz, Emily Dickinson, Pavese, entre tantos otros; (y ya estoy imaginando la posibilidad de tener otra vida, para dedicarme a la lectura de los diarios personales, nuestra finitud es injusta).
También por qué no, volver en algún momento a los míos escritos en la adolescencia ¿en busca, tal vez, de mi memoria literaria?
¿Tendré tiempo?
No creo, pero en el lapso que me otorga el mientras tanto lo voy intentando.
Pero no ahora cuando he vuelto a quitarme el mono de trabajo para sumergirme en el mar.
Antes alcanzo a copiar unos versos (para no "perderlos" en el misterioso universo virtual) que hallé en la búsqueda

sobre “los famosos relojes que giran en contrario” del British Bar de Lisboa, mencionados en la novela.
El poema pertenece a Jesús Jiménez Domínguez, poeta español, zaragozano, contemporáneo. Tiene algo, o mucho, de Oliverio Girondo, o por lo menos así me pareció a mí. (le he escrito a su dirección de Facebook para decírselo y me ha contestado muy agradecido).

LOS RELOJES DEL BRITISH BAR DE LISBOA

En el British Bar los relojes giran al contrario
y Lisboa entera se sumerge como un nadador
que se aventurara de noche contra la corriente.
En el British Bar un exceso de alcohol y de tristeza
(ese clima mustio que aquí todo lo esponja o
amortaja)
rebobina la sangre en las venas y al final, algo
mareado,
pides la cuenta como quien pone cercas a la sed.
Y ves al camarero acudir y encallar en sus saudades
porque no le cuadran los números de la fatalidad:
El tiempo se le enreda sin remedio entre los dedos.
Y sales, salgo del British Bar como de una magia
y me hallo de repente en una calle desconocida
con cincuenta, cien años menos y el mundo
cambiado
lo mismo que cambian los ojos de quien ve pasar un
río.
Los tranvías retroceden a un pasado lento de calesas,
los plataneros menguan hasta ser semillas o sílabas
de luz,
la lluvia se levanta de los charcos para caer hacia
arriba
y los besos vuelven a sus bocas, y los poemas al
silencio,
como al principio del mundo antes de ser mundo.
Y vuelvo sobre mis pasos hasta el barrio de Alfama
con las ropas holgadas como adjetivos excesivos.
Por el camino corro y pierdo los zapatos, me
tropiezo.
Entro en la casa recóndita y al fondo del tiempo,
sobre los azulejos arruinados de otra época,
están los relojes ardiendo, el humo volviendo sobre

la llama
y mi madre destejiendo los puntos de nuestras vidas
para decirme en un portugués desdentado de 1755:
"Agárrate, hijo mío, a las asas de la mañana;
ahora vamos a entrar en el terremoto".

Imbassaí, 25 de marzo 2021

III.- ***Bartleby y compañía*** **(2000)**

Querido amigo:

Sé que la amistad da cuenta de una correspondencia entre dos personas. Y aunque la lectura del libro que acabo de terminar me sitúa en una relación muy especial con Ud., también es cierto que por el momento el sentimiento es unilateral. No obstante, eso no me impide sentirme su amiga y escribirle.

Le cuento que acabo de regresar de la playa, repitiendo este casi ritual en el que se ha transformado mi cotidianidad, luego de finalizar *Bartleby y compañía*.

El epílogo del libro está fechado en Barcelona y pensé de inmediato en la orilla catalana tan al alcance de su mano al escribir esas últimas líneas. Por eso sentí el impulso de también ponerme en contacto con el mar. Claro se trata de otro, el suyo es el del Mediterráneo, el de Serrat, el de "Pueblo Blanco"; el mío es de este Imbassaí, una pequeña playa en el nordeste de Brasil que me cobija con calidez desde hace varios meses.

Estando en el agua fue que surgió el inicio de esta carta, y tal como ocurrió con la crónica sobre el *Mal de Montano*, me tomó la urgencia por regresar y sentarme frente a la computadora.

¡Qué buena combinación provoca en mi escritura la literatura húmeda de mar!

Hubo un instante previo aún a ello mientras echada en la arena me entregaba al roce del viento. Fue cuando me fui tras las nubes, como si se tratara de las de Úbeda, hasta lograr recortar en el cielo la imagen del narrador de su libro, el resignado hombre que va a escribir sobre los escritores del NO. Pensé enseguida en aquel otro, usted sabe, ya que a quién podríamos reconocer más amarrado a la historia de Notre Dame que a su fiel jorobado.

Ya en casa, mientras abría la computadora, e iniciaba por fin esta carta, he puesto música, el recientemente descubierto Tony Fruscella; quizás en un intento de repetición de su: "Me he levantado del sofá para poner de fondo música de Tony Fruscella, otro de mis artistas favoritos"[174], gesto en el que me he visto reflejada.
Quizás la música como el mar sean los espacios comunes para ambos, si pensáramos alguna vez en la posibilidad de una amistad contada a dos voces.
Le confieso que tengo mucho por leer, un excelente prólogo a la *Obra completa* de Oliverio Girondo, escrito por Raúl Antelo; los poemas del poeta luego, por supuesto; *El castillo* de Kafka que comencé mientras recorría el *Mal de Montano;* y tantos cuentos (Wakefield, por ej.); o recordatorio de libros y poemas que fui archivando a partir de la lectura para abordarlos en cuanto pueda, junto con las notas desaforadas que he ido copiando de su texto.
Por ejemplo, la cita de Primo Levi:

> Todos deseamos rescatar a través de la memoria cada fragmento de vida que súbitamente vuelve a nosotros, por más indigno, por más doloroso que sea. Y la única manera de hacerlo es fijarlo con la escritura. La literatura, por mucho que nos apasione negarla, permite rescatar del olvido todo eso sobre lo que la mirada contemporánea, cada día más inmoral, pretende deslizarse con la más absoluta indiferencia (p. 26).

¿Qué es lo que escribe el protagonista-narrador?, ¿de qué texto se trata?, ¿un cuaderno, un diario, un conjunto de notas, un "texto invisible"?
Es un narrador que escribe luego de veinticinco años de silencio y que cuando decide volver al ruedo es para dar cuenta de la No escritura de otros. Además, decide hacerlo al margen, fuera del texto, con notas a pie de página, en las orillas (¿será que así ha querido situarlo, porque es necesaria la distancia, es necesario estar fuera de la misma literatura para hablar de ella?).

---

[174] Vila-Matas, Enrique. *Bartleby y compañía* (Biblioteca Breve) (Spanish Edition). Grupo Planeta. Ed. Kindle. Todas las referencias a la obra corresponden a esta edición.

Lo importante para él es escribir, que –como recuerda y cuenta– así decía una amiga parisina, una mujer cubano-portuguesa de la que se sintió desde el inicio enamorado:

> … escribir, porque, a fin de cuentas, lo que allí se decía era que no había nada más que escribir y que no había ni siquiera por dónde empezar a decir eso, a decir que era imposible escribir.
> (p. 40).

Como una variante de esa enfermedad del *Mal de Montano*; también es un "mal endémico" lo que paraliza y obtura la escritura de tantos escritores que conforman esa lista que va armando; autores que, no obstante, han logrado en algún momento algo formidable. Luego han callado, dice, o se han silenciado, incluso algunos se han retirado un poco más, abandonando del todo esta vida, quizás suspendidos por esa pregunta de Barthes: "¿Por dónde empezar?".

La inquietud formulada, sin embargo, no es para nada simple.

Introducida en el derrotero que va tomando su libro, menos.

Pero me he permitido, tarea que vengo realizando desde que lo conocí, dejar que algunas cuestiones se vayan incorporando a mi saber lentamente; la semejanza, para que me entienda, sería como cuando se emprende un viaje, sobre todo esas clases de paseos que nos arrastran por antiguas ciudades cargadas de historia y de arte con tanto para ver y descubrir. La primera reacción sería la del viajero abrumado por la desesperación, sobre todo porque se intenta otra mirada diferente a la cómoda del turista; la segunda, sería la solo entregarse al disfrute mientras se asimila lo que se puede, incluso lo que, a primera vista, requiere una comprensión más ardua, confiando en que será la memoria con sus espacios insondables, quien, cuando sea oportuno, permitirá que esas (imágenes, sentimientos y lecturas) regresen a su debido tiempo para iluminar el presente.

En su caso, creo que se trata de otro tipo de viajero.

Usted pertenece a la compañía de los privilegiados.

Es así que lo he imaginado, mientras lo leía, sentado en medio de un círculo de pequeños *post-it* coloridos en los que se dibujan algunas palabras que activan el mecanismo extraordinario de su memoria.

Y es tan leve ese movimiento suyo, ese ir en búsqueda de las lecturas que van nutriendo su propia escritura que el lector, partícipe entonces también de ese círculo imaginario, solo puede sentir admiración.

Como me sucedió, por ejemplo, cuando me detuvo en el cuento de Felisberto Hernández, "Nadie encendía las lámparas", ante ese hombre que no hace otra cosa que "tropezarse con los muebles" (antes había soñado que era un caballo), tomado a tal punto por la búsqueda que ha emprendido, solitaria y atemporal.

He quedado también suspendida en el aire, como en el cuento de Felisberto.

Las luces apagadas, tropezando con los muebles a medida que abandono la mesa donde trabajo.

He participado del pequeño misterio, me ha ganado la sombra de los escritores del NO.

Le agradezco su sinceridad, creo que fue ahí donde experimenté aquello que le decía al inicio, de la amistad, o por lo menos esa posibilidad, a partir de esa respuesta a la pregunta en Florencia:

> Por el miedo a quedarme sin el mejor lugar que conozco para vivir hechos tan extraordinarios como decir que el mundo no tiene sentido y, acto seguido, observar cómo el timbre profundo de la voz que ha dicho eso es el eco de ese sentido (p. 157).

Finalizar una carta es tan difícil como iniciarla.

Prefiero lo que suele decir por aquí, en el norte de Brasil: *a gente se vê.*

Será entonces hasta la siguiente lectura de alguno de sus libros, será hasta ese, nuestro próximo encuentro.

Imbassaí, 9 de abril 2021

Eugenia Limanski

Entretanto (2019)

La nueva novela de Eugenia Limanski, *Entretanto*, se inicia con dos preguntas retóricas, que pueden leerse con la cadencia de un poema.

> Dónde está el jardín con sus colores, dónde las flores que he ido cultivando y que, más allá del verde del césped, dependiendo de la estación del año, encienden la mañana. Desde dónde se iluminan los ojos que se abren, cada día, cuando amanece la mirada[175] (p. 5).

Las líneas revelan que algo se ha perdido, unos colores, un amanecer, un espacio que alguna vez existió. Quien cuenta parece saberlo, sin embargo, es incapaz de entender cuándo en realidad ocurrió.

Un poco después, la voz narrativa interpela ya de modo directo: "¿Qué es lo que estoy viendo ahora?", casi como si lanzara un grito desesperado buscando comprender qué está sucediendo, imposibilidad que se fija en la mirada: los ojos son los depositarios de esa incapacidad para reconocer el presente.

Saber quién se plantea estos interrogantes aparece varios párrafos más adelante: "Nunca me gustó un lugar como este, espero estar confundida" (p. 7). Hasta ese momento quien estaba postrado inconsciente y ha despertado en un lugar desconocido no tenía género. Ahora sé que es una mujer.

Sin embargo, desde esta instancia paralizada, la única voz que se escucha a lo largo de ese inicio es la de la memoria. La memoria donde ha encontrado refugio la voz acallada.

Los pensamientos se narran a partir de ella y en ella (en la memoria) también se articulan los recuerdos. La memoria es la voz del relato, y su supervivencia es el único modo que encuentra la protagonista para seguir existiendo.

Los relatos afloran a partir de este movimiento; a veces, son historias breves, casi pequeños cuentos que se van enhebrando como en un viejo telar de mano, con morosidad; historias sin final o sin cierre, como estallidos provocados por la evocación y por esa necesidad de recuperar. Narrarlos posibilita el sostén, cuando ya no queda ninguna otra cosa a qué aferrarse en el presente.

Pero quién realmente lo está haciendo ¿es la mujer postrada o es otra? ¿o son dos en un juego de desdoblamiento permanente?

Leo:

---

175 Limanski Eugenia, *Entretanto,* Ed. Metaliteratura, Bs. As: 2019. Disponible en Amazon. Las referencias corresponden a esta edición.

> Siento como si de pronto fuera otra la que dice de mí algo así como: “Rebota en los huesos el pensamiento en diálogo con el alma misma” (p. 9).

Que denota la recurrencia a Platón para expresar que solo es el alma la que puede, a pesar de todo, conversar.
Más adelante insiste:

> A veces hablaba sin saber si podría oírme, o, si me oía, sin saber si comprendía lo que decía (p. 29).

No hay respuesta para estas cuestiones ni se buscan resolver en la narración. Como lectora, no me queda más remedio que asistir al juego de una ella y una otra, pensadas sobre sí mismas, agitadas, sostenidas, ancladas en esa inmovilidad y, al mismo tiempo, liberadas por el fluir de la palabra.
Cuando se inicia la lectura de un texto se pone en funcionamiento la propia red intertextual, aquel bagaje que se va acumulando en este andar leyendo. Este intercambio no solo se pone en funcionamiento con la lectura, también ante la música o la pintura. Si pudiera graficarlo, imagino que se trata de un destello que ilumina (en este caso sobre el libro) la palabra. Un brillo que no opaca ni distorsiona; por el contrario, esa luminosidad hace que mi mirada se detenga y que la memoria evoque otras lecturas. “Lectores en tránsito”, como alguna vez se auto definió Roberto Ferro, lectores “atentos a las señales”.
Pero eso solo ocurre, si sobre –o desde el adentro– de lo que estoy leyendo se produce esa luminosidad. Si no, el texto pasa desapercibido y se pierde, tal vez para ser recuperado en otro momento, o quizás nunca, como tantas otras cosas de la vida.
Ese es para mí, el valor de una obra.
De una buena obra.
Esta digresión es un elogio a la lectura de *Entretanto,* que fue leída con manos y ojos, a medida que avanzaba, porque las manos hacían las marcas obedeciendo al deslumbre de los ojos por los destellos.
Así debo confesar que, desde el inicio, hubo una resonancia, como el eco de una melodía inolvidable, que persistente y obstinada, me acompañó durante la lectura. Me refiero a Clarice Lispector y, en particular, a su novela *La pasión según G.H.*

En la novela de Lispector, tampoco se dice demasiado sobre la protagonista (apenas que es escultora que vive en una posición acomodada en Río de Janeiro). En el relato, la mujer entra al cuarto de su empleada –un cuarto que nunca visita, un espacio distinto dentro de su departamento obsesivamente ordenado– y encuentra allí una cucaracha. En un rapto de asco la aplasta, pero el insecto no muere del todo. Y en ese acto que las vincula a ambas, mujer y cucaracha quedan petrificadas (y vivas); y desde esa parálisis se contemplan sin posibilidad de escapatoria.

A partir de ese instante, casi diría vital, es que Lispector conjuga la inmovilidad física y la introspección, un pensarse desde adentro hacia afuera para encontrarle un nuevo sentido a la vida, una suerte, en el caso de su novela, de camino espiritual: "Estoy pidiendo socorro, grité entonces de repente con el mutismo de aquellas personas cuya boca se llena gradualmente de arenas movedizas, estoy pidiendo socorro, pensé inmóvil y sentada".

La mujer de Lispector se dirige a un tú. Un tú amoroso, como una mano tendida hacia un afuera para poder seguir narrando: "Ese esfuerzo que he de hacer ahora para dejar subir a la superficie un sentido, cualquiera que sea, ese esfuerzo se vería facilitado si fingiese escribir para alguien".

En *Entretanto,* la mujer postrada también se dirige a un tú, un "usted" al que busca asirse para poder deshilvanar los recuerdos.

¿Somos quizás los lectores los destinatarios? (he marcado en uno de los márgenes).

Ambas narradoras mantienen un mismo registro de voz, aquel que surge de la introspección.

Y ese fue el destello fundamental, los textos se enfrentaban como dos espejos, reflejándose uno en el otro, abrazando en ese observarse una misma luz. No encuentro otro modo para definir esa oquedad, sino es por el exceso de luz. (La segunda acepción de "oquedad" en el diccionario remite justamente a la materialidad: "al espacio hueco dentro de un cuerpo sólido").

A las mujeres de *Entretanto* y de *La pasión según G.H.*, en las que la materialidad cobra la dimensión del mismo cuerpo, les corresponde por completo esta definición.

El espacio no es el afuera, no es la habitación blanca en la que nada parece estar sucediendo, o el cuarto de la empleada; ellas mismas son el espacio.

Como leo en *Entretanto*:

> Hay un pequeño hueco dentro de mi cuerpo que parece dar lugar a la creación de mis manos, con formas, y ahora busca saber cómo llenar con palabras el balbuceo que se agita en mi interior (p. 29).

¿Cuál es esa creación?
Para la mujer de *Entretanto,* son los hijos, la escultura, los amigos, los amantes; instancias a las que la mujer regresa como un modo de reconocerse viva. Y se trata de una mujer, ya no hay dudas, por ese cuidado tan femenino –que pongo en valor y destaco como distinción feliz de género– por esa proliferación de gratuidades amorosas que solo puede experimentar una mujer con el universo que la rodea. Pero, sobre todo, y vuelvo así al inicio de mi crónica, está la memoria.
No hay límite para ese espacio que se torna más y más intenso.
En ellos nos sumergimos una y otra vez. "Los márgenes inestables entre lo vivido y lo imaginado se hacen menos nítidos…" (p. 100).
Como lectora tampoco puedo estar segura de esos límites. Ella misma no sabe y se entrega a esa suerte de *collage* (la palabra se repite con insistencia a lo largo del relato) de los recuerdos para armar el cuadro.
Las imágenes son poderosas, casi escenográficas. "Imágenes que se asoman y se despliegan como en un escenario confuso", (p. 107).
Imágenes de ensueño, de una memoria en suspenso, en estado de latencia, que evoca encuentros de plenitud, de pura sensualidad, de bienvenido erotismo. Reminiscencias de *Las mil y una noches* en el roce de los sexos, en los besos, en esos encuentros donde prevalece el sentido cuando los cuerpos se entregan al goce.
Se señala:

> Las paredes blancas, la inmovilidad del cuerpo se tropieza con el vértigo de la memoria, sigo en sus territorios (p. 108).
>
> Tanto mi escritura como las imágenes son el fluir del movimiento (p. 164).

Y quien así lo expresa es la mujer postrada; el movimiento como en un oxímoron de su propia realidad que se repite sin fin.

La escritura de *Entretanto* es por momentos poética (lo mencioné en el inicio) y por lo tanto conmueve, pero nunca deja de ser urgente.
Ese "devenir" (palabra que se repite con insistencia en el texto) de la palabra plegándose y desplegándose incesantemente, en un "deambular" como condición de vida: "Luego de deambular por la estancia, recreando las imágenes y los aromas de la memoria… (p. 93).
La lectura de *Entretanto* requiere de pausas, las necesarias para dejarse atravesar por las sensaciones.
Y me ha detenido más de una vez mientras leía, mi mano sosteniendo el trazo de una línea, los ojos alzándose (siempre Barthes) conmovidos, para luego regresar a la continuidad de las hojas, intentando comprender, emocionada; para asistir a ese último juego que propone Eugenia Limanski en el final.
Ya no es el de la infancia, es un juego en un lugar totalmente desconocido para quien también ha estado inmersa en esa oquedad, en ese "entretanto" que pareciera ser el lapso de tiempo que media entre dos sucesos vitales: el nacer y el morir.
Para finalizar, regreso a esa cuestión que me ha interpelado "¿Qué estoy viendo ahora?".
La pregunta se disemina en su significado por la cita de Borges, elegida por la autora para acápite de su libro. Y me detengo en ellas para el final: "… todo lo que realmente me pasa me pasa a mí".

Buenos Aires, 3 de septiembre 2019

Ana Abregú

I.- *Mover el punto* (2019)

"Los pequeños infiernos se arman en la multiplicidad", señala una de las tantas voces que narran en *Mover el punto* [176], la nueva novela de Ana Abregú.
Podría ser Julio, Esteban, Alfredo o Frot, quien lo dice; o podría ser alguna de las mujeres, presencias sugestivas y determinantes en la construcción de esa existencia que propone el texto ("las mujeres son un punto de vista"),

---

[176] Abregú, Ana, *Mover el punto*. Ed. Metaliteratura. Disponible en Amazon. Bs. As.: 2019.

donde los personajes escriben sobre sí y sobre el otro –"cada uno le hace hacer al otro su vida"– disolviendo los límites, desdoblando la realidad hasta el extremo de la multiplicidad.

También el límite entre lo que se narra y la maquinaria que urde la trama es difuso, y es el lector quién debe ajustar el enfoque, atendiendo a los distintos puntos de vista.

Empleando el mismo recurso que se utiliza para tomar una fotografía, se observa la escena desde la distancia que otorga la lente para intentar capturar la imagen que se propone. ¿Se consigue? No del todo, porque el entramado con el que se teje la novela se compone de capas superpuestas que alejan el objetivo. La tarea será nuevamente, volver a enfocar o ¿mover el punto? para poder continuar.

No pude dejar de asociar entonces la fotografía, el oficio de la autora de esta novela, con su escritura, pensando o trayendo a mi memoria que la fotografía deriva etimológicamente de dos voces griegas *photos* (luz) y *graphein o graphos* (escribir-dibujar).

El resultado, la foto, sería entonces producto de esa doble combinación entre un escribir-dibujar y la luz, *escribir/grabar con la luz,* términos que se repiten con insistencia en este texto:

> … la propia silueta enmarcada en la misma luz sin movimiento se notaba que hasta el tiempo parecía detenido… (p. 6).

> … Cerré los ojos y como tantas veces me puse a pensar en lo que había escrito, y en lo que quería escribir… (p. 24).

Aunque, es otra también la palabra pronunciada desde el inicio: "muerte", que ya aparece como una posibilidad en el primer capítulo: "Y lo supe porque se me metió esa idea de que, si ella era la muerte, entonces, no sería mala idea matar a la muerte".

Un crimen que, sin embargo, no terminará de producirse o develarse, porque como señala una de las voces "no importa quién muera en este relato".

Mujer, luz, escritura, muerte.

Señala Francisco Umbral en *Las ninfas* –y reparo en esta similitud encadenada de las lecturas, tan disímiles en apariencia, vinculadas ahora por mi gesto de lectura–:

> ...Porque poseyendo a una mujer se posee algo más (...) esa plenitud tan ligera en la que uno cae como en una muerte que no fuese la muerte, sino esa cosa dulce y vertiginosa que debiera ser la muerte[177].

Párrafo escrito por Umbral y que asocio con *Mover el punto*, en ese señalamiento a lo que precede y lo que queda después del vínculo.

En la novela de Abregú la mujer–muerte es una presencia para Julio, y lo es también para Esteban que escribe a Julio; y a su vez en Julio que le escribe a Esteban. También lo son las otras mujeres: Jimena y Carla, Nora y Sofía.

En el relato, la acción se detiene (como en "el deseo del milagro secreto") en las voces, porque poco importa la trama.

Se lee como a través del lente de una cámara, ajustando la óptica, recortando el punto, para lograr captar el leve movimiento de la luz, ese que penetra insinuante, por ejemplo, a través de la ventana de un bar, "donde dos mujeres se miran y cuchichean".

Solo el ojo atento puede dar cuenta de ello y descubrir "lo entramado en ese juego de luces y sombras"; tal vez persiguiendo como un detective –como propone la novela– las huellas impalpables del trazo.

Porque como confía la narradora:

> Hay escritores que se desdoblan cuando escriben, otros dicen que sueñan, dicen que una voz les habla mientras escriben, otros mienten, otros escenifican ...

Buenos Aires, 16 de septiembre 2019

II.- *AtraVe(r)sar* (2020)

Antes de comenzar la lectura de *AtraVe(r)sar* me detengo en el diseño que acompaña la tapa del libro.

Observo la imagen de la lengua expuesta, lacerada por la pluma fuente; no percibo dolor en la herida sino cierto goce en la lengua al ser atravesada.

---

[177] Umbral, Francisco, *Las Ninfas*. Emecé editores, 1975.

Me detengo en el título. La dificultad de la escritura de la palabra al iniciar la propia. La palabra imponía la atención de mis dedos al teclear las letras, tal vez como una señal del porvenir luego de la lectura. Al mismo tiempo creí oír, en ese primer entramado con el que se me interpelaba, a Hélène Cixous: "Yo no 'empiezo' por «escribir»: yo no escribo. La vida hace texto a partir de mi cuerpo".

Me detengo aún más.

En la *V* primero; en la *(r)* después. Ambas quiebran el significado diseñando un nuevo significante. Ambas "irrumpen" con una melodía vibrante: ¿violencia, virginidad, validez, *V*er? también ¿ruptura, rasgadura, reparación?

Al abrir por fin (y el gesto es figurativo porque el acceso es virtual) las páginas, encuentro la dedicatoria primera *A mi abuela Pola;* luego la cita –que se repite en todos los textos de Abregú– de Macedonio Fernández; por fin, un acápite de Oitos Rossi.

Vuelvo a detenerme, pero ahora en estas marcas que hablan del devenir de la autora: el origen, la convicción literaria, y esa invitación al encuentro, por medio del lenguaje, dichas por un otro(a).

No hay trama en la narración y no debo esperar que suceda nada (aunque al mismo tiempo sucederá todo) porque solo "Hay palabras que intentan pasar del grado de escritura al grado de existencia".

Avanzo, comienzo a hacer mis marcas. Las necesito para encontrarme luego con ellas en la re-lectura. Es la propuesta de Oitos Rossi y la acepto.

La primera palabra que va surgiendo, a medida que mis ojos transitan por la escritura de Ana es la de "titubeo" o también vacilación.

Quizás por ese continuo regresar sobre su propio decir: volver una vez más sobre lo dicho y proponer un nuevo modo.

Sin embargo, luego entiendo que el "titubeo" no es de la autora, es mío.

Soy yo, la lectora, quien vacilo y debo desandar lo ya leído "sólo para descubrir qué hay en el reverso. Que Del otro lado hay sentido".

Y así me dejo conducir, admirada por haberse atrevido (no es casual esta elección del verbo). Para dejarse *atraVe(r)sar,* Abregú necesariamente *ha visto* y luego, se *ha atrevido*, convocando al desafío: "juegas a que no me lees, pero me jadeas".

Así se escriben los textos del encuentro amoroso:

> El énfasis del aroma rompe en la noche
> esfuma la obsesión que convoca la ausencia
> al fuego de sonidos que no son palabras
> a veces es demasiado temprano para el lenguaje (p. 27).

> Amo los desplazamientos de tu sombra en la pared,
> me hacen creer que orbitas para mí (p. 186).

> De encuentro de cuerpos:
> Las palabras son como los rostros (*)
> (*) Donde dice "rostros", debería decir "cuerpos" (p. 39).

Del deseo:

> Tu amor forj(m)a la espuma
> y todo el deseo como olas
> siseando en s(c)al (p. 37).

Del encuentro íntimo con el lector:

> Entre parpadeos el movimiento que se sucede en la escritura (re)vela su cualidad de no persistencia. El texto copula con el lector (p. 59).

Mis marcas continúan a lo largo de toda la lectura.
Sobre el final me interpela otra cita de Oitos Rossi.
La celebro porque yo también y a medida que seguía el curso de las líneas, desplazándome por su particular cartografía, engañosamente enumerada, he imaginado ser un navegante.
En el cierre y en comunión (la que solo se produce si ha habido encuentro) con el texto leído, el verso que alguna vez he escrito: *¿qué mirar//desde ahora//que ya se sabe//sa(v)iendo?*

Buenos Aires, julio 2021

María Carbó
Tiempo de Irene (2021)

Desde el primer recorrido por *Tiempo de Irene*[178], asocié la novela de María Carbó con los textos de Silvina Ocampo y Norah Lange. Me refiero a los libros *Viaje olvidado*, en el caso de Silvina y a *Cuadernos de Infancia,* de Lange, ambos publicados en 1937. Para Silvina Ocampo se trató de una obra inicial; no así en el caso de Norah Lange, que para entonces era una poetisa reconocida, representante de la vanguardia de la revista *Martín Fierro* junto a Oliverio Girondo.

Las dos lecturas se impusieron por sí solas quizás porque las tres –e incluyo entonces a María Carbó– escriben sobre la infancia. Además, el nombre, Irene, también me remitía al cuento "Autobiografía de Irene", de Silvina Ocampo; Irene se llama la hermana mayor de la narradora de *Cuadernos de Infancia*.

Esta asociación de textos resulta de un mecanismo del que ya he escrito anteriormente cuando emprendo un nuevo viaje de lectura con el bagaje de lo ya recorrido. Equipaje que no me condiciona o le quita disfrute a la lectura; por el contrario, dimensiona el horizonte de las líneas por la que circulan mis ojos, en un movimiento que no es de comparación sino de enriquecimiento y de expansión.

Tzvetan Todorov decía al respecto:

> Cuando leemos una obra, leemos siempre mucho más que una obra: entramos en comunicación con la memoria literaria, la nuestra propia, la del autor, la de la obra misma; las obras que ya hemos leído, y hasta las otras, están presentes en nuestra lectura, y todo texto es un palimpsesto[179].

En este sentido, fui leyendo *Tiempo de Irene*, en comunicación con los textos que ya mencioné, de Ocampo y Lange, y otras lecturas, pero, y, sobre todo también, en continuidad con la narrativa de María Carbó.

---

[178] Carbó, María. *Tiempo de Irene*. Ed. Instituto Cultural Latinoamericano, Junín: 2021.

[179] Palimpsesto es un manuscrito en el que se ha borrado, mediante raspado u otro procedimiento, el texto primitivo para volver a escribir un nuevo texto.

En esta novela, la protagonista transita su presente, por momentos doloroso, mientras una historia se le impone con insistencia en el personaje de Irene. Como en la novela de Lange, nos encontramos ante un viaje, un viaje doble en realidad: el propio de la protagonista hacia adentro de sí misma (allí "donde cabalgan sus pensamientos") y el viaje que realiza la niña, Irene, hacia su Paraná natal.

El relato es desde los ojos de la niña, pero esa mirada se conjuga con los recuerdos que va volcando la misma mujer que está intentando escribir sobre ella. Entonces surge la pregunta: ¿son los recuerdos de la niña de lo que se escribe o son los de la mujer que recuerda?

Tanto en esta novela, como en las dos mencionadas al inicio, la infancia no se narra desde la inocencia o de la candidez, que presuponemos corresponde a esta etapa de la vida, sino desde el interrogarse; desde esa diferencia de la mirada que hace un recorte sobre la realidad, que es el modo de observar de Irene.

Escribe la protagonista sobre Irene:

> Por cierto, no era una niña típica y a medida que crecía se iba diferenciando del grupo familiar. Tenía gustos especiales y, aunque prefería la independencia de sus hermanos, quería estar siempre con su madre, pero no era fácil (p. 33).

Irene es una niña que observa todo a su alrededor, por momentos con esa mirada de la inquietud que también tienen las niñas de los cuentos de Silvina Ocampo.

Una niña que cuenta de sus miedos: "Es en la noche cuando vienen ellos a buscar niños y no los devuelven" (p. 39); o como señala la narradora: "el miedo era el momento más preciado de Irene". Una niña que puede pensar "en la forma de asesinar a su hermano", percibir el goce que conlleva "espiar a las parejas que se besaban en la caída del sol", tanto como pinchar gusanos con un alfiler.

Irene observa a todos, en especial a su madre. Así leo ese momento tan sensual en la novela cuando ambas, madre e hija están en la peluquería:

> El agua caía finita y la madre entornaba los ojos. Quizás se imaginaba que estaba en Brasil o en algún lugar del trópico. Al igual que la abuela, la madre adoraba el mar. En el silencio del salón, Irene creía oír algún rumor

> de pájaros o animales de selva cercanos y las olas llegando a la orilla de una playa desierta. Cada vez disfrutaba de esa ceremonia ritual (p. 77).

O cuando acompaña a su abuela y el ritual de la compra del sombrero cobra un halo mágico y especial: "(...) se sentó callada junto a ella, delante de un espejo largo con cabezas de madera que tenían diferentes tipos de sombreros puestos" (p. 30).

En la novela de María, como si se tratará del mismo río Paraná, Irene transita veloz desbordándose en las hojas que se van inundando "con recuerdos propios".
Irene se gesta (el sueño de la mujer embarazada, que es de la narradora, me habilita al verbo elegido), y se construye por esos recuerdos que, a su vez, son los recuerdos de Irene, quien regresa a su lugar de origen para reconocerse.
Irene crece impulsada por la mujer que rastrea con pesar, dudas, con esfuerzo entre los restos que guarda su memoria para poder escribir sobre ella ("de qué otra cosa trata el proceso de la escritura", confirma la misma María Carbó), mientras y al mismo tiempo la narradora o la mujer adulta también busca: "Esas preguntas sin respuestas, esos deseos de abrazar a aquellos que había perdido".
La mujer adulta será quién escribirá sobre Irene y al mismo tiempo nos hará partícipes, como lectores, del "desvelo" que le produce esa escritura. Las primeras cinco líneas con que se inicia el texto, casi como un acápite, revelan desde donde se construirá el relato:

> Y otra vez el galope de los pensamientos y las carreras que no se detienen. Con las primeras luces, aminoran la marcha, arrancan los recuerdos cubiertos de rocío, mastican un largo rato y dejan pasar eso que con gusto amargo se mezcla con los nutrientes (p. 9).

A partir de ese desgarrarse con "gusto amargo" al momento de sentarse a escribir, se experimentará por un lado la luz: "Amanecer en domingo", por otro la "Oscuridad" (he citado aquí el título de los dos primeros capítulos) preguntándome ¿opuestos o necesarios?
Amanecer y oscuridad. En apariencia opuestos, en realidad el mismo espacio de incertidumbre desde donde plantearse los interrogantes sobre Irene y también su propia vida.

Por un lado, la confusión o el desasosiego, los pensamientos que no abandonan a la protagonista y parecen paralizarla; por el otro: la emoción y la armonía que va encontrando a medida que se va construyendo su novela sobre la niña.
Para poder escribir:

> ¿qué tiempo, éste o aquél?
>
> ¿Dónde estaban todos, ahora?

Luz y oscuridad como dos instancias inseparables que conviven juntas en el silencio de la casa.
Es en ese espacio de profunda intimidad donde va apareciendo Irene.
En ella, de quien se cuenta, la narradora va encontrando su propia voz.

Mencioné una segunda vinculación en este diálogo. Es con los textos anteriores de María Carbó que conforman su trayectoria narrativa.
No puedo, como me gustaría hoy por estar aquí en Imbassaí, desplegar sobre mi mesa los libros anteriores de la autora. Lo lamento profundamente porque estoy segura que encontraría en ellos marcas de lectura que sin duda se vincularían con esta novela. Así que apelo a mi memoria; como decía Todorov, a mi memoria literaria.
En este sentido destaco como una de las características de la escritura de María el recorte que ella opera sobre la realidad –la mirada de la extrañeza y también de cierta perplejidad–, aventurando afirmar que esa realidad no es la misma luego de ser observada por los ojos de María Carbó.
Como la dimensión nueva que cobró el pasaje del barrio de Palermo, en la ciudad de Buenos Aires, en su cuento "Pasaje del Lazo".
O las respuestas con las que la narradora sorprende, a veces tan solo con una línea, que detiene la marcha de la lectura por lo provocativa, como en el cuento "En tránsito" (publicado en *Otras direcciones*): frente al comentario obligado, y hasta burocrático de la empleada: "el tiempo se le va a pasar rápido", se escucha a la mujer abrumada por la distancia con su hijo decir simplemente: "¿Qué tiempo?"[180].

---

[180] Carbó, María; Cárdenas, Beatriz; Cargnel, Gabriela; Otsubo, María Claudia. *En distintas direcciones*. Ed. Simurg, Bs.As.: 2011.

Es también la mirada que permitió escribir con intensidad amorosa sobre la pérdida, tan presente en *Parimpar,* donde la narradora sin perder su tono irónico, por momentos ácido y descriptivo, le cede el paso a la voz poética.
Voz poética que está muy presente en esta novela, al punto que se incluye en ella un poema, "Otoño".
Se lo incluye en el texto como propio (el deseo cumplido de quien narra) aunque en complicidad con el verdadero autor del poema, que está presente en el relato: "En una parte de la novela, me gustaría incluir también alguno. Pienso que aliviaría el texto porque verás que complejo es" (p. 83).
Creo que Carbó sabe, y seguramente a propósito escribe "aliviaría", porque lo que el poema produce no es la liviandad sino una instancia de mayor profundidad en el texto.
Para finalizar, no podía faltar en *Tiempo de Irene* el homenaje a Juan José Saer, escritor admirado por María Carbó, presente en todos los textos anteriores de la autora. En el proceso arduo de la novela, la protagonista le pide ayuda a un especialista (se omite la especialidad), un tal "Dr. Tomat". La vinculación con el nombre del personaje emblemático, Carlos Tomatis, de Saer fue inmediata e hizo que me preguntara: ¿Es al escritor santafecino a quien la autora busca para que la socorra en su intento de escritura?
La novela de María Carbó, como el río Paraná, no detiene su curso ni se agota en una única lectura; como no existe un solo viaje para los buenos libros, a los que regresamos siempre, como sucede con los amigos.
Porque como señala Noé Jitrik:

> La lectura al igual que la escritura, tendida sobre la incesancia, puede recomenzar y siempre, por ello mismo, es insatisfactoria, está siempre a punto de asir algo que no deja de evadirse.[181]

Imbassaí, junio 2021

---

[181] Ferro Roberto*, De la literatura y los restos,* Buenos Aires: Liber: 2009.

Jorge Fernández
***La forma del fruto* (2021)**

La redondez
del fruto
cabe
en esta mano

Llego a *La forma del fruto* con las manos dispuestas a deslizarse por las líneas despojadas de las hojas.

Dejo para después de la lectura el prólogo, para comenzar por los poemas.

Una primera cita de Hegel reafirma la percepción que me había provocado la imagen casi etérea, que acompaña el título del libro y extiendo entonces la mano para recibir aquello por venir.

Le sigue una cita de T.S. Eliot y me detengo en *the place*: hay un lugar, me señalan ambos poetas, donde se producirá la transformación, donde el fruto cobrará la forma.

El primer poema provoca el silencio.

De pronto, la ciudad, que se mecía con ritmo propio bajo mi ventana, acalla su murmullo.

Oigo el silencio y enseguida, tras él, el susurro del viento meciéndose a través de las hojas de un tilo.

Un viento necesario para evanecer huellas, borrar la memoria y la no ausencia.

Paso sutilmente del ansiado roce de la mano a la escucha.

Enseguida el perfume del tilo impregna mi cuarto, en el poema número 5:

> su perfume
> nos guía
> por el primer
> sendero
> hasta
> allí,
> donde
> la forma
> del fruto
> subyuga.

Los sentidos despiertan y se suman en el tránsito por los poemas: el tacto, el oído, el olfato me van conduciendo hacia “la redondez del fruto”.

Avanzo, aún a ciegas y recuerdo entonces (y las busco) las líneas de Clarice: "... algo como lo que no se ve con los ojos cerrados".
Me deleito luego en el goce de los cuerpos, en esa intimidad virginal que también he procurado en alguno de mis versos ("En el desorden de los olores// se abren tus pechos").
La segunda cita de Eliot, en una nueva sección del libro, me enfrenta a la consumación. "Inocencia // crispada", había escrito antes el poeta, para continuar:

> en la helada
> escarcha.
> del segundo día.

Incorporo la mirada. Los ojos, como los del poema, se abren "al curso cristalino del agua". Los ojos atravesando la "espesura del ahora" para regresar al tiempo original de la forma.
En el sendero acompañan las palabras de la tribu (¿Borges y Celan en la estela de Mallarmé?) y en el "espectro de la rosa" creo encontrar a Nijinsky cuando sus pies, como las palabras contenidas en el verso, danzaban la melodía.
Cierro el libro para regresar por un instante al dibujo de tapa y contemplar las líneas simples de la forma. Habiendo avanzado por la escritura, el diseño se asemeja por momentos también a una lágrima, y encierra en su sencillez un sutil y delicado erotismo.
Esa imagen renovada me acompaña ahora, junto con todos los sentidos abiertos a la provocación de los versos.
Cuando de pronto, Fernández escribe: "cenizas de cada verso// en el final del poema"; las cenizas se continúan en la nueva cita de Eliot que acompaña la tercera parte del libro.
Entonces las voces se acallan, pero ya no es el silencio del inicio, es el de la sombra y el del melancólico atardecer; es también el de la oscuridad (nuevamente Clarice: "aprendió a darles sombra por medio de la forma").

> Ni temor
> Ni misterio,
>
> lo oscuro
> también habita
> en casa.

El espacio en blanco es la pausa que se impone en la lectura, como una respiración profunda que permita enfrentar esa certeza de que lo oscuro no nos es ajeno. Pausa que estará presente si la lectura se produce en voz alta. Entonces ya no serán solo los ojos quienes detengan la marcha, también la voz, o quizás todo el cuerpo, enrollado al sonido (al cuerpo también) del chelo, y como el bailarín ruso, entregarnos a la cadencia.
"Este// todavía no", señala luego la voz lírica; esperar el tiempo del fruto, las manos aquietadas, ocupadas en el mientras tanto de lo cotidiano. Y en ese equilibrio entre el mirar y no hacer, descubrir

> Ni cerca
> ni lejos
> un dios
> que nace
> lleva su nombre.

Y nuevamente la niñez, y el agua y la danza y los frutos del día, en el pequeño ángel que atraviesa con levedad el poemario en una breve tercera sección.
La siguiente tiene una cita de Rimbaud.
El ángel-la niña, que me había hecho girar la cabeza hacia el retrato de infancia que me acompaña desde siempre en la mesa de luz, pierde su inocencia.
La voz, casi con furia, denuncia su desgarro, su destino en sombras, la prole maldita y hermanos fratricidas. Es el poema más extenso del libro y me provoca conversar con Foucault y Eco.
Porque de esto trata este poemario. Una invitación a sumarme a la conversación que el poeta establece con sus lecturas.
"ni antes// ni después" escribe casi en el final, como antes escribió "ni temor, ni misterio" y "ni cerca// ni lejos".
¿Dónde?, entonces.
¿Se trata acaso de ese primer lugar de Eliot?
En el poema, dice Jorge Fernández, quizás tan solo en el poema.
Para allí bucear la forma e intentar atrapar el fruto que como la palabra se torna inasible. Con los pies desnudos y, las manos consagradas, porque

> //

la poesía
es ceguera
que arranca
de un rincón

a un niño
que
tiembla.

Buenos Aires, octubre 2021

ADOLFO BIOY CASARES

Compañero de viaje en tiempos de coronavirus

La escritura en esta sección del libro trata de un recorrido que surgió en los inicios del 2020 cuando, paralizada como el resto del mundo para emprender otros desplazamientos debido a la amenaza del COVID 19, decidí irme de viaje por la obra literaria de Adolfo Bioy Casares.
Ocurrió cuando el presente era todavía una vivencia demasiado fuerte y nada se sabía aún del mañana. Una experiencia que, por lo incierta y trascendente, fue encontrando espacio en estas crónicas.
Crónicas sobre un mientras tanto impuesto.
El acto de la escritura que procuré preservar y alimentar como un modo de extender el hilo hacia otro horizonte.
Crónicas de lectura y al mismo tiempo testimonio del presente que me tocaba transitar, las notas que fui recogiendo a medida que avanzaba con la lectura, desde ese primer encuentro con *La Invención de Morel* y la pregunta que surgió casi de inmediato al iniciar la novela: ¿Había leído en realidad alguna vez, en profundidad, a Bioy Casares?
Una pregunta que me puso en movimiento, casi como una necesidad en contracara a la detención que obligaba el afuera.
Por eso, desde el comienzo la lectura fue vivida como un viaje, quizás por esa ansía de salir a caminar que ya comenzaba a extrañarse en la extendida cuarentena.
Quizás también porque la primera novela de Bioy Casares me proponía mudar el escenario de la ciudad por el de una isla caribeña.
La propuesta fue entonces lanzarme a transitar por ese camino propuesto, sabiendo como dijo Lao Tzu, que "un viaje de mil millas ha de comenzar con un simple paso".
Entonces evoqué un recorrido realizado años atrás a bordo de una barcaza por los mansos ríos de la Borgoña francesa: una navegación de una semana a través de canales comunicados entre sí por un sistema de esclusas –en base a un antiguo mecanismo ideado por Leonardo Da Vinci– que nivelan y permiten el paso de las embarcaciones. Evoqué las sucesivas detenciones mientras se realizaba la apertura manual del paso, y el tiempo que disponíamos entonces en

esa pausa –más que suficiente– para caminar, andar en bicicleta o, simplemente, para permanecer a bordo y extraviar la mirada en el paisaje reflejado en el agua, casi como una pintura de Monet.

Evoqué la vivencia del lento discurrir como un aprendizaje. Precisaría de ella al enfrentarme a la desmesura de la obra de Bioy para leer dejándome conducir por el andar pausado de la barca y la magia de los relatos. Ya que como quien me invitaba a esta aventura escribió: "A veces para leer una página he tardado un día entero" (p. 280)[182].

Escribir y viajar en clave de sol

> ¿Cómo dar a una página —¿alguien lo alcanzó?—
> la completa victoria de bellezas de un momento musical?

Promediando el viaje, agregué a estas crónicas la clave de sol.

Ya que de pronto descubría que en los relatos podía escuchar cierta música. Y la lectura me permitía también oírla.

Comencé a intuir que la música para Bioy, sobre todo ciertas piezas que disfrutaba y "reconocía", también formaba parte de su biblioteca al momento de la escritura.

Para la viajera que soy, la música es un imprescindible no solo al momento de escribir y leer; necesito la música a mi lado mientras mis ojos van surfeando las hojas, mientras mis manos las acarician.

Con todo el cuerpo sobre el cuerpo de la letra en una particular melodía.

Por fin, casi desde el inicio del recorrido, sumé además a mi maleta de mano *Conversaciones con Bioy,* en una edición de *Corregidor* de 1990, el libro que reúne los diálogos que mantuvo Noemí Ulla con Bioy Casares entre 1985 y 1988, que trata sobre los primeros libros del autor y también sobre su vida personal: la infancia, los amores, la amistad.

En uno de esos encuentros, Ulla expresa:

> Cuando varios libros de una persona nos han gustado mucho, necesitamos conocer todos lo que ha escrito, y saber algo del autor, que es

---

[182] Bioy Casares, Adolfo. *Obra Completa*, *Vol. I.* Emecé Editores, Bs. As.: 2012

> un amigo, necesitamos saber cómo era ese amigo. (p. 57)[183].

En esas palabras, he encontrado la cifra de este viaje.

Crónica 1 - 13 de abril 2020

Inicio este hoy que condensa el ahora con una fuerza inusitada.
Me entrego a la lectura y enseguida a la escritura, conversar con el texto, poner en claro mis ideas, extender el placer.
Un universo particular que en estrecha comunión van armando la mano, los ojos sobre la página y la palabra que se desliza sobre la hoja suplantando la otra realidad.
Antes, escucho y asisto al video de Andrea Bocelli[184].
Lo observo caminar desde la puerta central del *Il Duomo* hasta el desolado micrófono; sus pasos en comunicación con el sendero, atento a la propia voz que, antes de emerger para deleitarnos, le susurra dónde detenerse.
Me emociono en el final del canto, abierto al mundo azotado por la pandemia, y ante su voz intensa y maravillosa capaz de quebrar ese silencio impuesto.
Creo que, por eso, y por muchas cosas más que aún perduran es que vale la pena emprender hoy este viaje que me he propuesto gracias a la invitación de Bioy Casares.

Crónica 2 - 16 de abril

La invención de Morel

> Al hombre que, basándose en este informe, invente una máquina capaz de reunir las presencias disgregadas, haré una súplica. Búsquenos a Faustine y a mí, hágame entrar en el cielo de la conciencia de Faustine. Será un acto piadoso.

---

[183] Ulla, Noemí. *Aventuras de la imaginación. De la vida y los libros de Adolfo Bioy Casares. Conversaciones de Adolfo Bioy Casares con Noemí Ulla.* Ed. Corregidor. Bs.As.:1990.
[184] En *https://www.youtube.com/watch?v=huTUOek4LgU*

Voy asomando la cabeza y respiro.
Permito que el tibio sol de abril ilumine mi cara, luego abro las ventanas por completo y repito este acto, ahora voluntario, de respirar.
Entonces puedo dejar a un costado las cuestiones domésticas y construir un nuevo refugio, no impuesto por el afuera y de absoluta libertad para emprender el viaje.
Creí que sería junto a Silvina Ocampo, en vista a la invitación que recibí para exponer en las Jornadas de Literatura del Instituto de Literatura Hispanoamericana, que se llevarán a cabo en el MALBA en el próximo octubre.
Sin embargo, el 2020 me enfrenta a otros planes y, de pronto, sin plan previo, me encuentro buscando en mi biblioteca *La Invención de Morel.*
¿Leí en realidad alguna vez, en profundidad, a Bioy Casares?, es la primera pregunta que me formulo.
Intentar una respuesta es lo que me impulsa a pensar en aprovechar este tiempo de "detención" que tendré por delante para hacerlo.
La decisión es tan intensa que supera la primera desilusión: *La Invención de Morel* ya no está en su lugar, dentro de los estantes ordenados de mi biblioteca.
Porque me he propuesto partir desde el inicio, desde la primera novela publicada que lo consagró como escritor al ganar el Premio Municipal de Literatura de la Ciudad de Buenos Aires en 1940.
Las librerías cerradas, como toda la ciudad que ha quedado suspendida en un extraño sueño, me conducen hacia la compra *online*. En menos de veinticuatro horas llega el libro a mi casa.
Una edición usada de *Emecé*[185], con algunas marcas personales de un lector anterior.
Antes de ingresar a la novela, escribo en la portada, siguiendo el ritual previo a la lectura que establezco siempre con todo libro que comienzo: "A quienquiera que me haya precedido en la travesía, mi complicidad de lectura".
Al teclear estas líneas lo hago con el asombro de haber escrito sobre esa otra lectura previa y ajena, tan en concordancia, luego con lo que provoca esta novela. "Asombro" definido como "extrañeza" por el diccionario, pero también como "susto" o "espanto". Las distintas

---

[185] Bioy Casares, Adolfo, *La Invención de Morel*, Emecé Editores, Bs. As.: 1994.

acepciones se confabulaban en mi dedicatoria por esa sospecha de otros dedos deslizándose primero por estas mismas hojas, dejando marcas y hasta esa última anotación más extensa al finalizar el libro, que mencionaré más adelante.

Inicio pues la lectura del texto que Bioy publicó en 1940.
Ese mismo año se casa con Silvina Ocampo, una década mayor que él. O sea, imagino, meses intensos de creación y, presumo, también apasionados.
En algún lugar de mi memoria queda registro de mi lectura primigenia, por lo tanto, me lanzo con la certeza de que voy estableciendo una relectura: un regreso a la isla desierta en el Caribe, territorio geográfico al que llega ese hombre que huye de la justicia.
Como para el protagonista, algunas imágenes (no todas, confieso, ya que mucho de lo que voy leyendo lo he olvidado por completo) vuelven a rodar ante mis ojos hasta asistir, por fin, al descubrimiento de la invención de Morel.
Me detengo entonces en la palabra *invención.*
Invención o invento son dos sustantivos que refieren al mismo significado: ambos dicen sobre "la cosa inventada". Bioy Casares optó por el primero, y debo decir que lo celebro. La invención produce en mi imaginario la sensación de algo en movimiento, de proceso, de lo que aún debe elaborarse, como la trama de la novela que va develando muy de poco en poco lo que sucede.
La isla en la que se ha refugiado el prófugo presenta dos geografías: una zona de bajos, acosada por las mareas y otra de un alto donde se encuentran las ruinas, descriptas con vaguedad.
¿Se trata de un espléndido hotel en desuso? ¿Es posible en ese abandono que exista una inmensa biblioteca —"deficiente", según señala el protagonista, ya que en "ella no hay más que novelas, poesía, teatro..."— o se trata de un museo?
En el mismo lugar hay una capilla y una pileta de natación inservible. La escenografía se asemeja, por momentos, al casco abandonado de un campo de la provincia de Buenos Aires.
El protagonista es un fugitivo; aunque también es un hombre que toma notas. Y por ellas me voy enterando de lo que va sucediendo, así como de la aparición —al comienzo incierta, casi con si se tratara de un sueño— de ecos de pisadas y de una música que comienza a escucharse en un viejo fonógrafo: *Té para dos, Tea for two*, que luego, al

momento de esta escritura, escucharé eligiendo la versión cantada por Doris Day: *Oh can't you see how happy we will be. (How happy we will be)*[186].

Todos esos sucesos conforman un conjunto de extraños aconteceres que irrumpen de pronto en la vida del hombre, organizada con meticulosidad para sobrevivir:

> Ahora mi fortuna es distinguir las raíces comestibles. He llegado a ordenar la vida tan bien, que hago todos los trabajos y me queda, todavía, un rato para descansar. En esta amplitud me siento libre, feliz (p. 37).

Increíble estar leyendo esas líneas cuando la rutina cotidiana es un modo de sobrellevar el aislamiento forzoso por la pandemia.

Sensación que se acrecienta con lo que leo más adelante:

> Nuestros hábitos suponen una manera de suceder las cosas, una vaga coherencia del mundo. Ahora la realidad se me propone cambiada, irreal (...) (p. 97).

En estos tiempos de encierro o de refugio en la isla, en que se ha transformado mi departamento, el afuera se experimenta con incertidumbre y tristeza. Los vínculos amorosos también se han convertido en imágenes retenidas en la pantalla, reemplazando los besos y abrazos por el intercambio virtual.

Mi mente se ha puesto en plan de resistencia, la música y la lectura son el mejor escudo para no perderme en el olvido y cada mañana, como el prófugo de la novela, establezco los rituales y contabilizo las mareas.

Mi espíritu se aferra a la historia de amor y a la esperanza del prófugo.

> —“Pero esa mujer me ha dado esperanzas ...”, que desplaza todas las demás necesidades incluso la de la propia soledad: “Entonces la vida es intolerable para mí. ¿Cómo seguiré en la tortura de vivir con Faustine y de tenerla tan lejos?”— (p. 143).

---

[186] *https://www.youtube.com/watch?v=y0zc7x434Aw*

En la novela se sostiene con maestría el enigma y la sospecha, mientras como una tragedia se sucede la historia de amor.
Llego al final del relato ansiando lo mismo que propone el narrador: atrapar, aunque se trate de una ilusión, ese instante pleno de felicidad con el ser amado.

> Al hombre que, basándose en este informe, invente una máquina capaz de reunir las presencias disgregadas, haré una súplica. Búsquenos a Faustine y a mí, hágame entrar en el cielo de la conciencia de Faustine. Será un acto piadoso (p. 155).

Sobre estas líneas encuentro la última marca del lector anónimo que me ha precedido, con la firma de Cheli, del 28 de abril de 1995: "Bioy sos un pichi. Aunque primero en la lista, 'Retrato Oval' de Poe, después nació Morel. Cheli faltó a la Facu y se lo comió de un saque".
Cheli como yo, encontró en esa isla otra realidad que superaba la propia.
En el final vuelco unas líneas de Jorge Luis Borges, extraídas del prólogo que ha escrito para este libro:

> He discutido con su autor los pormenores de su trama, la he releído, no me parece una imprecisión o una hipérbole calificarla de perfecta (p. 15).

Crónica 3 - 22 de abril

Plan de Evasión

> el deseo de inmortalidad es, casi siempre, de inmortalidad personal

En 1942, Adolfo Bioy Casares publica la novela *Plan de evasión.* Llego a ella hoy por una edición heredada y firmada por mi madre[187].
Antes de comenzar la lectura, escribo en la portada:

> En la línea cronológica, la palabra nos enlaza.

---

[187] Bioy Casares, *Plan de evasión.* Emecé Editores, Bs. As.: 1978.

Bioy se la dedica a su mujer, Silvina Ocampo. Es su tercera novela, aunque la primera –como otros textos breves, anteriores a 1940–, fue desechada por el escritor.

El texto tiene una cita en inglés, un verso del poema de John Donne: *Hymne to God my God, in my Sicknesse (Himno a Dios, mi Dios, en mi enfermedad)*.

John Donne fue el más importante poeta metafísico inglés de las sucesivas épocas de la reina Isabel I, el rey Jacobo I y su hijo Carlos I. En este poema se lee el temor hacia la muerte y un acercamiento hacia el conocimiento científico que aliviará la angustia del enfermo. "El cuerpo enfermo, en este estado de decadencia será inspeccionado por los médicos y se transformará en el texto poético en una serie de metáforas acerca del organismo como cuerpo de lectura, como texto o, más complicado aún, como mapa"[188]:

> *Whilst my Physitians by their love are growne // Cosmographers, and I their Mapp...*
> (Mientras mis médicos crecen por su amor // Cosmógrafos, y yo su mapa….)

La pérdida en la traducción de la melodía original no obtura el sentimiento que provoca: la desolación y la soledad del cuerpo enfermo y expuesto.

Esa cita, como los intertextos que se irán colando en la narración, reenvían al rico universo de lecturas con el que Bioy construye su ficción. Su escritura se nutre de esa vasta biblioteca, denota mucha lectura y, asimismo, una inmensa curiosidad por tantos temas, como, por ejemplo, la metafísica.

"Saber es aprender a vivir", me diría mi sobrino Martín, licenciado en filosofía, parafraseando a los epicúreos.

Por experiencia, sé de la íntima relación entre la lectura y la escritura.

¡Cuánta biblioteca me falta!, pienso recordando las palabras de Borges en una entrevista: *Uno llega a grande no por lo que escribe, sino por lo que lee.*

En *Plan de evasión*, la vinculación con otras lecturas es múltiples y se convierte, como señala en su análisis

---

[188] La herencia de Shakespeare. El caso John Donne por Lucas Margarit, *https://buenosairespoetry.com/2016/04/11/la-herencia-de-shakespeare-el-caso-de-john-donne-por-lucas-margarit/*

Mercedes Riva[189], "en puntales sobre los que Bioy piensa y construye la trama": *Los juicios de Oléron*, un *Larousse*, la poesía de Rimbaud. También el vínculo con la música, la filosofía o la psicología —como William James— y, por supuesto, en el diálogo que se establece con otros autores del género fantástico.

La novela transcurre en unas islas en el Caribe. En una de ellas funciona una cárcel, allí será destinado el teniente de navío, Enrique Nevers, por decisión de su padre en castigo por una falta que ha cometido (no se explica cuál es); lo que le ha valido tener que "alejarse y madurar" por un año.

Nevers es "un héroe inadecuado", como señala su tío, el narrador en la novela y el destinatario del epistolario que le escribe su sobrino desterrado.

En la primera carta, con el primer párrafo de la misiva comienza la novela, Enrique Nevers le habla de Irene, su prometida en Francia, sospechando que la distancia física provoque en ella "una inconcebible traición". También hace alguna referencia a su vida anterior al destierro, a los días de bohemia que no le escapan al roce con "el borde ilusorio de la metafísica".

La similitud entre el fugitivo de *La invención de Morel* y Nevers no solo está dada por el espacio geográfico en que ocurre la narración, las islas, sino también por las lecturas que acompañan a los protagonistas, como *El Tratado de Isis y Osiris*, de Plutarco; y por lo forzado de la nueva situación de exilio, del que ambos ansían huir. También los une ser testigos y parte de un experimento: la tentativa de construir un mundo artificial, poblado por imágenes en el caso de la *Invención*; alterando la percepción de los sentidos de los presos, en el caso de *Plan*. Para el lector, como para el mismo Nevers, lo que ocurre en una de las islas donde se ha refugiado el gobernador Castel es un misterio. Nevers usará un bote para llegar hasta ese lugar, aunque tanto el derrotero como lo qué encontrará allí será incierto. Porque, como señala el narrador sobre el protagonista:

> (…) guiado por su invencible instinto de perder las oportunidades (…).
> No le faltaba coraje para hablar; le faltaba coraje para enfrentar las consecuencias de lo que decía. Se declaraba desinteresado de la

[189] Riva, Mercedes,"La escritura paródica de *Plan de Evasión* y *Dormir al sol*, de Adolfo Bioy Casares", *http://institucional.us.es/revistas/philologia/4_1/art_3.pdf*

> realidad. Las complicaciones le interesaban (p. 118).

Nevers se debate entre dos sentimientos: ir en la búsqueda de aquello que intenta descubrir, por la sospecha de que algo está sucediendo —que tanto puede ser una rebelión como torturas a los presos–, algo oculto detrás del *camouflage* que ha preparado el gobernador Castel; y su deseo de irse lo más pronto posible de ese lugar para regresar junto a Irene.

Esa ambigüedad del protagonista atenta contra su propio "plan", y provocará los escollos que le impiden escapar. Nevers pronto se verá envuelto en una delirante investigación, de la que (y en un juego irónico e interesante del autor) el mismo narrador se exime de culpa: "No rehúyo responsabilidades, pero no he de cargar con las que no merezco"; ya que él solamente es quien está encargado de contar los hechos.

El experimento de Castel se revela ya en los finales de la novela, en las notas reunidas en una carpeta dirigida a Nevers, que incluye la confesión de Castel, con una explicación vinculada al campo de la ciencia y la metafísica. Cito las líneas destacando su tono poético:

> (…) ahí el sabor de una gota de agua de mar, ahí el viento en las oscuras casuarinas, ahí una aspereza en el metal pulido, ahí la fragancia del trébol en la hecatombe del verano, aquí tu rostro (p. 204).

Nevers leerá la confesión de Castel durante la noche que antecede a su misteriosa muerte y, a su vez, escribirá unas notas personales como un modo de entender lo que está ocurriendo, aunque termine concluyendo que "Toda fantasía es real para quien cree en ella".

Sobre el final, sin embargo, una nueva carta (la primera había aparecido en la mitad de la novela) de su primo, Xavier, alter ego del protagonista, que así se presenta:

> (…) yo no soy un literato, un simpático bohemio, sino el capitán de fragata Xavier Brissac (…) hombre de su Patria, de su Familia, un ordenado (p. 80).

La carta, escrita también al narrador desde la isla de la Salvación, plantea un final abierto con temas recurrentes

como un nuevo destierro, la repetición de la ausencia de Irene, más la presencia amenazante de los "transformados", y la sospecha de que pudo ser el mismo Xavier el responsable del asesinato de Nevers.
Nada se cuenta, nada se devela luego del "etcétera" con que termina el último fragmento de la carta.

> No importa —había escrito Nevers, sin embargo—. Ni siquiera importa a dónde se llegue. Importa el exaltado, y tranquilo, y alegre, trabajo de la inteligencia.

Al cerrar el libro, intentando contener entre las tapas las hojas que han sido incapaces de resistirse al paso del tiempo, pienso en esta incursión por la que me ha llevado Bioy Casares.
No hubo un plan de mi parte, pero su lectura me ha permitido evadir el refugio de las paredes.
He recibido el calor sofocante, he navegado por el mar del Caribe, he llegado a las islas y he asistido a la posibilidad de observar el mundo de un modo diferente, alterando los sentidos para ver qué sucede.
¿Podré —como postula Castel— construir mi utopía ficticia?
¿Sentirme libre y feliz aun estando encerrada, para que entonces "con un cambio en el ajuste de mis sentidos haga quizá, de los cuatro muros de esta celda la sombra del manzano del primer huerto"?

Crónica 4 - 24 de abril – 30 de mayo

La trama celeste

> Habrá infinitos mundos idénticos, infinitos mundos ligeramente variados, infinitos mundos diferentes…

Primera parte (24 de abril)

Entre el fin de una novela y el inicio de otra, en este recorrido por los textos de Bioy Casares, imagino que hago una pausa, algo similar a un intervalo, y leo el cuento "La trama celeste", que se publica en un volumen con ese mismo título en 1948.

Es un cuento largo que de inmediato me atrapa por el suspenso, y que asocio a imágenes de películas de ciencia ficción y a otros textos literarios que abordan la posibilidad de la coexistencia de los universos paralelos.
Un índice nítido de esos reenvíos es el recurso de las citas (como en la construcción de sus anteriores dos novelas, aventuro). Desde la cita de Blanqui, con la que abre y cierra el cuento —Luis Augusto Blanqui fue referente del movimiento revolucionario francés en 1848 y autor de *La eternidad de los astros*, título que Bioy también menciona en el cuento—; así como la cita de Cicerón: "Según Demócrito, hay una infinidad de mundos, entre los cuales algunos son, no tan parecidos sino perfectamente iguales".
La trama se va tejiendo en torno de esos tópicos: los mundos paralelos, el desdoblamiento en el tiempo, la capacidad de teletransportarse –como anteriormente había sido la creación de un tiempo capturado y recreado solo por las imágenes en *La invención de Morel;* o la alteración de los sentidos, el modo diferente y cuestionado, por lo tanto, de experimentar la realidad en *Plan de evasión*–.
No he podido leer, mientras escribo esta crónica, la totalidad de los cuentos que componen *La Trama Celeste.* Pero he encontrado en esta historia una continuidad que no aplana, sino que agiganta mis ganas de seguir leyendo a Bioy.
Quizás por ese guiño que me convierte en cómplice de su maquinaria, cuando leo: "Morris está más que dispuesto a escuchar mis planes de evasión"

Segunda parte (30 de mayo)

En esta continuidad, una detención para regresar a la primera fecha de la crónica.
En este camino que simula ser lineal, porque para imponer un sistema avanzo siguiendo la cronología de fechas que Bioy me propone con sus publicaciones, desando algunos pasos en procura de un detalle, sabiendo que todo es una ilusión y que la lectura escapa a la noción de tiempo y lugar.
"A veces para leer una página he tardado un día entero" ("El otro laberinto"). Y porque la lectura remite siempre a otra u otras, ampliando de este modo el propio universo de lo que voy leyendo, trasladándome más allá de los límites de la página, infinitamente. La biblioteca de Babel, me diría ¿con una sonrisa? Borges, quién ya ha escrito mucho mejor sobre el tema.

Por lo tanto regresar sobre algunas huellas del camino me lanza a la posibilidad, inalcanzable y vertiginosa, de los no límites y a la doble, o múltiple, dimensión en la que el reencuentro con mi propia escritura —la de la primera parte, escrita hace más de un mes— me pone en total correspondencia con esta escritura del hoy (que ya escrita le escapa también al presente), en un diálogo que solo busca, y afanosamente, reinterpretarse, porque "muchas páginas están escritas en líneas que se cruzan" (*"El otro laberinto"*). De eso trata lo que propone la trama, de perderse sin remedio por su urdimbre.

Y por ese tejido busco, con la mirada más atenta, encontrando aquello que, repito, creo haber pasado por alto.

Me siento a escribir, luego de haber disfrutado, por fin, de los seis relatos "En memoria de Paulina", "De los reyes futuros", "El ídolo", "La trama celeste", "El otro laberinto" y "El perjurio de la nieve" que componen el libro.

Ya anduve por las líneas de uno de los cuentos, pero quizás el rayo oblicuo y luminoso que atraviesa la copa de los árboles hace la diferencia esta tarde y esa luminosidad permite descubrir nuevos matices.

Relatos fantásticos en los que reaparece la instancia de lo onírico como el espacio necesario para que se produzca el desplazamiento misterioso de los personajes; donde el narrador propone un enigma –del que no se brinda mucho detalle– que incita a querer saber más y llegar al desenlace.

Atenta a la propuesta de quien cuenta, testigo o vocero de los hechos. Porque alguien tiene que asumir ese rol para señalar qué fue lo que sucedió y quién fue en definitiva el héroe.

Las historias se multiplican dentro de un mismo cuento, como correspondiéndose con el tema del doble, en algunos casos con el del plagio.

Las mujeres siguen siendo inalcanzables y los amores, por lo tanto, imposibles.

Como resume Pedro Barcia, en el prólogo al libro en la edición de Castalia, 2011:

> (…) concibió una trama celeste (o divina) donde conviven un asesino pasional, un hombre sometido al arbitrio de animales mutantes, una víctima perseguida por los sectarios del culto al perro, un hombre que traspasa una puerta y retrocede dos siglos, y otro que, mediante un rito mágico, detiene el tiempo. Y, junto a todas estas historias, la

> pieza que da título al conjunto: "La trama celeste".

A eso se suma el dilema de la memoria:

> (...) la mejor posibilidad de mi ser, como el refugio en donde me libraría de mis defectos naturales, de mi torpeza, de la negligencia, de la vanidad (en "La memoria de Paulina", p. 191)[190].

Aunque, lo sabe bien Bioy, haciendo honor a la dedicación que le impone su oficio: "una cosa es recordar; otra, escribir" (en "Los reyes futuros"), y para eso es necesario (como me ocurre a mí hoy, escritora de esta crónica en esta tarde que ya se adormece) detenerse y dar cuenta de ello. Había escrito Borges en el prólogo a *La Invención de Morel*:

> (...) Despliega una odisea de prodigios que no parecen admitir otra clave que la alucinación o que el símbolo, y plenamente los descifra mediante un solo postulado fantástico, pero no sobrenatural (...).

Sin dudas, Bioy "despliega" en estos cuentos el arte que domina con maestría, saber cómo narrar, sumándose al canon de los grandes cuentistas como Abelardo Castillo, Héctor Tizón, Juan Carlos Onetti, Osvaldo Soriano, Rodolfo Walsh, Silvina Ocampo, Julio Cortázar y el mismo Jorge Luis Borges, entre otros que habitaron estos pagos en un momento determinado de nuestra literatura.

Crónica 5 - 3 de mayo

El sueño de los héroes

(a Martín, en España)

¿Qué habría pasado si algunos
hechos hubieran sido distintos?

---

[190] Bioy Casares, Adolfo. *Obra Completa I*, op. cit.

En 1954, Adolfo Bioy Casares publica *El sueño de los héroes*. En una nota preliminar aclara haberla comenzado a escribir en 1949, y que la narración propone:

> (…) la idea de que la realidad puede ser fantástica en cualquier momento (…) como si el mundo estuviera hecho de infinitos mundos que de vez en cuando confluyen (p. 5)[191].

Esta vez el territorio donde se desarrolla la trama no es una isla del Caribe. El joven protagonista de la novela, Emilio Gauna, se desplaza por los barrios de Buenos Aires, por sus calles y plazas.

Reconozco cruces de avenidas, vecindarios de la periferia de la ciudad que se describen con detalle, y que no creo se hayan modificado demasiado con el paso de los años; en su esencia algunos lugares no pierden jamás su identidad.

Así, como he seguido alguna vez a Leopold Bloom, morosamente voy tras los pasos de Gauna, advertida desde las primeras líneas, que una misteriosa "culminación" alterará "el fluir de los acontecimientos".

Leo "culminación" como "desenlace" y continuo.

Aunque antes hago una pausa para asomarme a mi terraza y observar las calles silenciosas, en apariencia dormidas por el encierro forzoso.

Y me parecen tan lejanas a las de la ciudad que recorre Emilio Gauna. Con melancolía comprendo, además, cuánto me gustaría leer esta novela en un café de Buenos Aires, incluso hasta en distintos cafés a los que iría llegando cada día con mi libro para sentarme preferentemente junto a una ventana; dejando que los ojos, cada tanto, se alcen sobre el horizonte de la hoja para perderse distraídos en lo que ocurre del otro lado del vidrio, la marcha del sol desplazándose por la vereda o las primeras luces que anuncian el anochecer.

Se ha escrito mucho sobre *El sueño de los héroes* y mi discurrir en esta crónica no busca agregar una reseña más. Se trata de un viaje, en el que la novela con su particular geografía se suma a la vivencia vital del sendero.

Creo que tal vez, por eso, lo que escribo hoy no se agota en un punto final.

---

[191] Bioy Casares, Adolfo. *El sueño de los héroes*. Emecé Editores, Colección *La Nación*, Bs.As.: 2005.

Como cuando se concluye una travesía, regresaré a la novela y a sus imágenes para recrear lo transitado. Entonces, seguramente, el acercamiento será diferente porque los textos, como el arte en general, provocan esa magia de ser siempre otros, deslumbrándonos con renovados brillos y oscuridades. Como los recuerdos de un viaje guardados en la memoria a los que regresamos siempre sorprendidos.

Nueva pausa en algún momento de la lectura para afirmar que es casi imposible leer a Bioy sin reparar en la presencia de los otros textos de su vasta biblioteca.
Señaló Roland Barthes en 1968 (Teoría del texto):

> Todo texto es un intertexto; otros textos están presentes en él, en estratos variables, bajo formas más o menos reconocibles; los textos de la cultura anterior y los de la cultura que lo rodea; todo texto es un tejido nuevo de citas anteriores (…).

Roberto Ferro sobre el final del capítulo "Borges y Mugica, dos miradas y una esquina" (en *El lector apócrifo*, 1998) escribe:

> (…) el cruce de los textos, cualquiera sea su soporte semiótico, es laberíntico no porque sus lectores o espectadores no encuentren la salida, sino porque nunca sabrán el origen.

La lectura supone entonces una instancia de búsqueda, casi detectivesca, de huellas por donde la escritura ha transitado antes de hacerse nuevo texto. En algunos casos, esa instancia es clara o se evidencia por un acápite que nos brinda una pista. Tomo como ejemplo el cuento "Volvedor" de Abelardo Castillo y la cita de inicio: *A Julio Cortázar y a usted, Borges, y perdón si los salpiqué.*
En otros textos, la palabra se roza con una anterior sin señalamientos.
Y entonces como lectora intuyo, evoco, sospecho… esa íntima conversación, por ejemplo, entre Bernardo Soares (Fernando Pessoa) y Marcel Proust, en las líneas que leo en el *Libro del Desasosiego*:

> (…) A través del sabor leve del humo revivo el pasado. Otras veces será un cierto dulce.

> Un simple bombón de chocolate me descompone los nervios por un exceso de recuerdos que los estremece. ¡La infancia! (…) Con qué sutil posibilidad de sabor-aroma reconstruyo los escenarios muertos (…), tan medieval por lo inevitablemente perdido[192] (pp. 43-44).

Textos que se cruzan, como señalaba Ferro, que se entrelazan a su vez y dialogan con otros previos, y así infinitamente en el discurrir incesante de la palabra.
Se escribe en diálogo con la propia lectura que es, a su vez, escritura de otro, para recrear lo leído con la nueva expansión que provoca el nuevo texto que se va creando.
Quizás por eso se sigue escribiendo.
Cuando como una luz se enciende para mí, lectora, esta pista —de otra lectura— y, de pronto, esta pausa detiene el andar del ojo sobre la línea, es cuando el texto hace hondura. Me sucede también con la música y con la pintura, en ese intento, a veces casi obsesivo de descubrir la nota de un instrumento o el trazo íntimo del pintor, sin que ello opaque el placer de la experiencia.
Me sucede con la novela que estoy leyendo que se suma a un todo de otras lecturas que se van abriendo a medida que avanzo.

Tercera pausa para escribir que la lectura se trata de una experiencia viva.
Así entiendo este ida y vuelta entre el libro que tengo entre manos.
Mientras regresaba a la hoja marcada en la novela, llegó un correo de Martín, mi sobrino filósofo, radicado temporalmente en Madrid–Barcelona que me escribe:

> (…) filosofar es una aventura dinámica: no se agota ni aquí ni allá (…) El movimiento encuentra muchas maneras. Es el despliegue de las ideas buscando su forma, haciéndose en el discurrir. Me gusta la ambigüedad de esta palabra: discurrir. Remite tanto al extenderse de algo a través del espacio (por ejemplo, las aguas de un río discurren a través de su cauce) como a la actividad de

[192] Pessoa, Fernando, *Libro del desasosiego*, Alianza Editorial. Madrid: 2016.

> reflexionar o pensar sobre un asunto. Discurrir es moverse avanzando por un lugar y es, también, uno de los nombres del tiempo.

A eso intentaba referirme antes de esta pausa; y Martín lo ha expresado mejor que yo.

Regreso a la novela de Bioy, en esta crónica que se va construyendo como los pasos de su protagonista, Emilio Gauna, de modo errante.

Gauna tiene apenas veintiún años y su deambular al inicio del relato se vincula con lo que le da seguridad en la vida: el club de barrio y los amigos.

Hasta que ocurre el "acontecimiento" que alterará el fluir de lo cotidiano, suceso que modificará por sobre todo su conciencia y el modo de percibirse a sí mismo. Esa experiencia marcará su destino.

El narrador no cuenta qué fue lo que sucedió esa noche tan perturbadora y, aunque páginas más adelante, algo se intuya, nunca develará el secreto hasta el final: "Cómo pasaron de ahí a otra parte era un misterio".

Comparto con el protagonista el enigma y la inquietud: "Después de la aventura, Gauna nunca fue el mismo".

Sobre esa trama de lo secreto (en la reescritura de esta crónica, advierto la repetición de la palabra "trama") se acomoda el resto de los personajes: las conversaciones con Larsen, que "son como la patria del alma"; el Dr. Valerga, un hombre que resulta "desagradable" (con ese adjetivo lo definirá Bioy en una entrevista), aunque por momentos el vínculo sea para Gauna la íntima vivencia de "padre-hijo"; el "brujo" Taboada, padre de Clara, quién desde su sapiencia parece saber lo que le está sucediendo realmente a Gauna; y los demás compañeros de ruta (del fútbol, del taller, algunos comerciantes claves), ese grupo de hombres que acompañan al protagonista.

Por fin, la mujer, Clara, sobre la que confluyen distintos sentimientos; en especial cierto temor o duda porque el vínculo le resulta a Gauna indescifrable. Esta imposibilidad que lo repele y acerca al mismo tiempo, se condensa en la búsqueda y en el encuentro más tarde con la "máscara".

Gauna necesita volver a ese momento para reconstruir el propio recuerdo. Necesita revivirlo para poder continuar, sin imaginar, ¿o sí?, que ese movimiento lo conducirá a la muerte. En el fin, aun comprendiendo el desenlace de su búsqueda, sin embargo, también entrevé el coraje. Entonces puede experimentar "el gran final, la muerte esplendorosa".

Cierro el libro, otra vez, agradecida a mi compañero de ruta por haberme invitado a la lectura.
Mi edición de *Emecé* corresponde a una publicada para el diario *La Nación* de tapas azules (cuando los diarios argentinos invertían en estas colecciones, algunas de lujo como las *Obras Completas* de Federico García Lorca, que ocupa uno de los estantes de mi biblioteca).
Leo la cita elegida para la contratapa de la edición, extraída de la novela, tan vinculada al discurrir que me proponía mi sobrino Martín.

> En el futuro corre, como un río, nuestro destino, según lo dibujamos aquí abajo. En el futuro está todo, porque todo es posible. Allí usted murió la semana pasada y allí está viviendo para siempre.

Crónica 6 - 7 de mayo

Diario de la Guerra del cerdo

> En la vejez todo es
> triste y ridículo: hasta el miedo
> de morir.

He finalizado la novela gracias a una edición que tenía en mi biblioteca, otro volumen de la colección de tapas azules ya comentada.
Al abrir el libro, descubro en la portada mi nombre y una fecha, 14 de septiembre de 2001.
Me detuve entonces para evocar ese momento condensado en un mes y en un año; como si me encontrara frente a la imagen de una fotografía. La fecha provocaba un estallido en mi memoria: estaba próxima a publicar mi primer libro, *De eso se trata,* un conjunto de doce cuentos breves.
Busco mi libro y lo coloco junto a la novela de Bioy al costado de la computadora. Los dos libros se sostienen, uno en el otro, y abro uno de mis cuentos "Suburbios", que comienza así: "Quizás como al resto de los mortales, lo que más le cuesta al comisario Ramírez es poner en acto la decisión de levantarse por las mañanas".
Varios años después, y gracias a la insistencia de Raquel Barros, el cuento daría origen a la novela, que fue publicada

precisamente ayer, 6 de mayo, vía Amazon: *Las niñas de los fósforos*[193].

En la novela, Ramírez ha mutado extrañamente en Rodríguez. Ha sido un fallo de la memoria, ya que se trata del mismo comisario, aunque, claro, más viejo porque el paso del tiempo nos toca a todos, incluso a mi comisario.

No puedo dejar de pensar, por lo tanto, y antes de comenzar a leer *Diario de la guerra del cerdo,* sobre el entramado mágico, casi fantástico que se ha develado ante mis ojos hace unos instantes, y que se corresponde tan bien con los universos que, en cada nuevo texto, "despliega con maestría" Bioy Casares.

Las primeras páginas de la novela me recordaron enseguida la trama, y algo de la vivencia del espanto que en estos años había intentado olvidar.

Sin embargo, reparé en otro vínculo, ausente en la lectura del 2001.

En ese entonces, vivía fuera de la ciudad y, por lo tanto, el barrio elegido por Bioy para ubicar la narración, aunque conocido me era ajeno.

Hoy, tantos años después, esas calles son mi barrio, el tránsito cotidiano (en estos meses de pandemia, tránsito añorado) de Isidoro Vidal, el protagonista.

Esa coincidencia produjo de inmediato una inusual cercanía; lo fortuito entremezclaba ficción y realidad; Vidal me cruzaba en Las Heras y Salguero; Vidal se escapaba entre casas que hoy ya no existen en la calle Paunero, o por el pasaje El Lazo; Vidal se corporizaba de un modo extraordinario.

Leí la novela en dos días, casi sin detenerme, apenas para dar cuenta de mi existencia por los reclamos del afuera.

Encontré dos marcas personales dentro del libro; una que recordé enseguida: "… los comió con queso rayado…" (en mi edición para *La Nación,* p. 42); y otra para destacar: "Ocasionales recuerdos de Néstor, que ya señalaban la presencia del olvido, añadían remordimiento al cansancio (…)" (p. 106).

Con respecto a la primera, no creo que haya sido una *gaffe* o un descuido ortográfico de Bioy; apuesto más a narrativa de uso coloquial, acorde a los otros diálogos que mantienen los personajes de la novela. No recuerdo el motivo o que

---

[193] Otsubo, María Claudia. *Las niñas de los fósforos,* op.cit.

despertó la segunda, quizás hoy la hubiera vuelto a resaltar por su síntesis.

En la nueva lectura he hecho muchas más marcas.

Algunas sobre algunos párrafos que contienen imágenes o descripciones admirables. Otras, para destacar pensamientos que Bioy pone en boca del narrador: "(...) meditó que una vida, por breve que sea, alcanza para dos o tres hombres"; o para resaltar los temas que lo desvelan, como las referencias continuas a las máscaras.

Vuelvo a constatar -estoy trabajando en este tópico para la ponencia en el MALBA- lo determinante del vínculo femenino en la narrativa de Bioy.

Porque la mujer, de la que se enamora el protagonista, nunca se alcanza del todo; ella es un enigma y despierta en quien la desea desazón, celos, o el impedimento para establecer un vínculo pleno. La relación con la mujer parece conducir al fracaso y a la imposibilidad; entonces, casi como parte del destino, el protagonista termina por quedarse solo.

Como en *El sueño de los héroes*, he admirado la habilidad de Bioy para lograr ese equilibrio, casi un vaivén, entre la inercia que me transmite el personaje –el rutinario recorrido por su barrio, los amigos, las costumbres, la "vejez"– y el movimiento dinámico generado por los diálogos, a lo que se suma la trama angustiosa de la persecución.

No quiero detenerme en lo que hoy podría escribir sobre los "viejos". Solo decir que las hogueras del *veranillo de San Juan* ya no son necesarias para su extinción, sistemáticamente, los distintos gobiernos de mí país los posponen de modo cruel e injusto; llegar a viejo no es una bendición, sino un estigma. Quizás porque llevo en mi sangre la herencia de la japonesa, admiro aquellas sociedades que respetan y veneran a sus mayores. Encuentro muy difícil pensarnos como comunidad superadora si prima la ausencia de este valor.

Tampoco puedo dejar de mencionar el contexto histórico de la escritura de esta novela.

Bioy sitúa la narración en el período correspondiente a la presidencia de facto del general Farrell (1943), aunque la publicación ocurrió en 1969, bajo la dictadura militar de Onganía y la aparición de las guerrillas. Al respecto invito a la lectura del trabajo de Elisa Calabrese: "La barbarie entre la minucia y la alegoría: *Diario de la guerra del cerdo*, de

Adolfo Bioy Casares"[194] o reparar en las notas a la edición de la *Obra Completa*, que realiza Daniel Martino.

Llegando al final, me pregunto si podría haber hecho esta crónica en aquel 2001. Seguramente no. En estos casi veinte años, mi biblioteca ha permitido que pueda establecer otros modos de lectura.

Por eso, la del presente, resulta novedosa.

Y eso es lo que hace trascender un texto, poder ser leído infinitamente. Su valor literario se acrecienta en cada mirada, la mía personal, y seguramente la de otros.

Adenda
21 de noviembre

Mi hermana Florencia, lectora incansable, entusiasmada por mi admiración por Bioy inaugura su recorrido con *Diario de la guerra del cerdo.* En un mensaje me envía su subrayado personal, recién empezada la novela; corresponde a un dicho de Isidoro Vidal:

> He llegado a un momento de la vida en que el cansancio no sirve para dormir y el sueño no sirve para descansar (p.14).

A lo que yo agrego:

> Creyó por primera vez entender por qué se decía que la vida es sueño: si uno vive bastante, los hechos de la vida, como los de un sueño, se vuelven incomunicables porque a nadie interesan (p. 79).

---

[194] Calabrese Elsa, Cuadernos de Literatura Vol. XX N ° 40, julio-diciembre 2016, p. 548-556, *https://www.researchgate.net/publication/307615650_La_barbarie_entre_la_minucia_y_la_alegoria_Diario_de_la_guerra_del_cerdo_de_Adolfo_Bioy_Casares*

Crónica 7 - 11 de mayo
Historia prodigiosa

> Sin embargo, el destino para el que tales imágenes sirven de inadecuado emblema, recogido por una pluma menos inepta que la mía, depararía a muchos una lección aterradora.

Día 49 de la cuarentena.
No llevaba el conteo, pero hoy me lo ha hecho saber el mensaje de una amiga. La cifra me ha provocado desasosiego.
No obstante, giro la cabeza hacia el frente de mi camino y prosigo.
Quinta etapa del viaje: *Historia prodigiosa*, el libro de cuentos publicado en 1956[195].
Antes de comenzar la lectura, me detengo en un trabajo de Gabriela Scheines sobre Bioy Casares, del que cito[196]:

> No se trata de lo sobrenatural infiltrándose solapadamente en la realidad cotidiana, sino de la incursión del personaje en un ámbito insospechado, diferente de lo habitual, que coexiste con la realidad conocida, como dos mundos paralelos, ajenos, mutuamente indiferentes, incontaminados, pero secretamente comunicados. En vez de irrupción de lo inexplicable en el sereno mundo de todos los días, la salida del personaje se aventura por ámbitos misteriosos.

Después cierro la computadora para poner en el centro de la mesa el libro que voy a comenzar. A su lado, la hoja de papel donde iré tomando notas porque, como ya he experimentado en este viaje, ellas me van a permitir el registro de mi escritura y de las otras lecturas que conforman la vasta biblioteca de Bioy.

---

[195] Bioy Casares, Adolfo. *Obra completa I*, op. cit.
[196] Scheines Gabriela, "Claves para leer a Adolfo Bioy Casares", Cuadernos Hispanoamericanos n °. 487, enero 1991 *www.cervantesvirtual.com.*

Viví una experiencia similar varios años atrás al participar de un grupo de lectura sobre la obra de Borges, travesía que nos fue llevando, y a medida que avanzábamos por sus textos, hacia otras lecturas o hacia las cuestiones filosóficas o religiosas con las que dialogaba en su narrativa; en definitiva, fuimos siguiendo las propuestas que Borges exhibía y ponía a nuestra disposición en cada relato, poema o ensayo; en definitiva, la infinitud de su universo literario. Una tarea que mantuvimos durante cinco años; por supuesto, sin agotarla.
La experiencia se repite en este viaje emprendido con Bioy. Como ya he dicho, no trata de un recorrido lineal, sino de bifurcaciones, caminos optativos que no demoran ni desvían, y que enriquecen el andar; un *zigzag* atractivo y de profundidad que provoca regresar, luego, a la carretera original con la mirada renovada por los nuevos paisajes.

El primer cuento que inicia el volumen es "Historia prodigiosa", un relato extenso que invoca -y qué bien este fallido de mis dedos al escribir "invocación"-, con ironía, una pseudo-moral. Dice el narrador en el inicio, y también más adelante:

> Lo que me mueve a escribir no es el agrado de hablar de estas cosas ni el instinto profesional (…) De verdad la conciencia me exige (…) (p. 483).
>
> No hay escapatoria para el dilema. Si no repito las palabras de Lancker, la historia moral que estoy contando perderá su significado (p. 491).

Los acontecimientos que se van a contar son "portentosos y terribles", como también "prodigiosos".
Lo prodigioso, si nos atenemos al diccionario, refiere a lo maravilloso, lo extraordinario. Un prodigio es un "suceso extraño, que excede los límites regulares de la naturaleza" y una tercera acepción vincula el término con "milagro". Todos estos elementos estarán presentes en el cuento.
Los hechos ocurren en un campo de las afueras de Buenos Aires donde vive un personaje extraño, Lancker. Quien narra, el protagonista, un alter ego de Bioy, es invitado a colaborar en una "suerte de academia de literatura", ideada por Lancker, adentrándose desde el momento en que llega en el ámbito misterioso de la divinidad y del maligno.

El juego entre lo extraño y lo cotidiano me hizo pensar de inmediato en Julio Cortázar. Trato de dilucidar la diferencia en el tratamiento de lo fantástico en ambos autores.
Me animo a escribir sobre mi propia experiencia con ambos: que mientras en JC lo fantástico me sobrecoge por la imprevista cercanía y, por lo tanto, por la sorpresa; en el caso de los textos de ABC, descubro que son los mismos protagonistas los que buscan y se adentran en aquello que no se puede entender, y que muchas veces experimentan como un sueño al que quieren regresar.
En ambos casos como lectora asisto con pavor a ese tránsito, voluntario o no voluntario, hacia lo irremediable.
En "Historia prodigiosa" se pone de manifiesto también la cuestión femenina (recurrente en el autor), condensada en el personaje de Olivia, diosa inalcanzable, que cuando debe elegir un disfraz para el baile se convierte de pronto en una mezcla de "hawaiana, esclava, apache y midinette" (p. 499). Un baile en el que están presentes las "máscaras", temática que atraviesa la escritura de Bioy, en su indagación sobre la identidad.
Mi lectura se detuvo además en el "mi culpa, mi grandísima culpa..." (p. 490) y otros vínculos religiosos similares; también en el uso del adjetivo "prodigiosa" para referirse a la hinchazón de la pierna de Olivia luego de haber asistido a la misa en el pueblo (entonces la hinchazón se convierte en algo más que una simple reacción del cuerpo). No quiero pasar por alto que, en el trayecto en tren hacia el campo, el protagonista va leyendo *Magic,* de Chesterton:

> Miré las gotas, pensé "a lo mejor me resfrío", me acurruqué en el asiento, noté la levedad de mi traje y, maravillado, me perdí en *Magic* de Chesterton: un tomito verde que en esos días había llegado a las librerías. Hacia el fin del trayecto, en la comedia de Chesterton se había desatado una tormenta y en Monte Grande había cesado de llover (p. 484).

La influencia del escritor inglés fue importante en la narrativa de Jorge Luis Borges, así como lo fueron Stevenson, Kipling, Wells; y no lo fue menos en Bioy; lo que será manifiesto en la obra conjunta escrita por ambos escritores con el seudónimo de H. Bustos Domecq, una serie de relatos detectivescos, entre los que destaco *Seis problemas para don Isidro Parodi*, publicados en 1942 (que leeré unos meses después gracias a la hermosa edición que hiciera la Librería la Ciudad, con ilustraciones de Fernández Chelo, regalo de mi querida tía Susi).

Dándole lugar a la pausa (es preciso el intervalo para pasar de un relato a otro) comienzo el siguiente cuento, "Clave de amor".

Diez años antes, Bioy y Silvina Ocampo habían escrito la novela *Los que aman, odian,* que se publica en 1946. En "Clave de amor" la trama se sitúa en una atmósfera similar a esa novela: los huéspedes del hotel están aislados, pero ya no por una tormenta de arena, sino por la nieve; también se produce una muerte y se plantea el enigma.

El cuento, sin embargo, escapa al relato policial, porque lo sucedido —nos dice quien narra— se debe a una causa sobrenatural. La referencia al dios Baco, y a las fiestas que se desarrollaban en su honor, las *liberalia*, le permiten a Bioy construir una historia en la que el narrador es apenas un testigo que solo puede dar fe de lo sucedido: "Así cumplo con mi deber en la vida, que según parece, es el de contar cuentos" (p. 531).

En ese contexto de encierro se desarrolla la fantasía amorosa que involucra a Claudia, "era la mujer más delicada, más graciosa, más encantadora que habíamos conocido" (p. 515), quien bajo el influjo de la realidad transfigurada por el afuera (la nieve que los aísla) y la maldición (el dios Baco) que contamina el adentro, le declara su amor a Griffin Johnson. Todos los huéspedes caerán bajo el influjo de la maldición de Baco dando rienda suelta a las pasiones desmesuradas (despecho, codicia, el robo y el amor). Pasado el hechizo, luego olvidarán; todos menos el protagonista del cuento, que buscará y logrará desentrañar el misterio de lo ocurrido, y Johnson, quien al comprender que "su amor había sido una ilusión" y sin poder superar el desencanto (él sí amaba a Claudia), termina muriendo, fiel a su oficio de trapecista, en un cuádruple salto mortal.

Cuando comienzo "La sierva ajena" leo la primera línea en relación con el presente que transito:

> En alguna parte leí que un apretado tejido de infortunios labra la historia de los hombres, desde la primera aurora. A mí me agradaría suponer que hubo períodos tranquilos y que por un inapelable golpe de azar me toca vivir

> el momento, confuso, épico, de la culminación (p. 532).

El cuento es tremendo, y me gusta esta palabra por mí elegida porque encierra toda la fuerza de lo aterrador o del espanto.
El narrador es un escritor para "gente culta" y es testigo –"Yo he visto con mis propios ojos"– de lo que va a suceder.
Otro narrador tomará luego la voz dentro del primer relato, para a su vez contarme la historia de Rafael Urbina, escribano, "un poeta de producción escasa" que lleva un diario íntimo y escribe *hai-kais*. Urbina será víctima de los encantos de Flora Larquier: "(...) para mí, el dechado de todas estas mujeres brillantes, limpias, delicadas, perfumadas, felices, era Flora" (p. 538), estableciendo con ella un vínculo amoroso desigual: "la áspera inmadurez del hombre; la sabiduría de la mujer".
Como en los otros textos anteriores de Bioy, prevalecen los celos, las equivocaciones, el trío erótico (la otra mujer, Rosaura) y, por fin, la desconfianza que conduce a Urbina por el enigma que propone la trama. Como un anticipo del desenlace, Urbina dice:

> —Ellas nos vuelven locos —respondió Urbina— Son nuestros demonios. Durante el día habría que guardarlas en el cuartito que los indios llaman zenana (p. 544).

El final es trágico. Como el amante de Tatá Laserna (dentro del primer relato), Urbina terminará, reducido y ciego, embarcado en un viaje sin retorno.
Al final, una cita casi bíblica que evoca el "no juzgarás": "Así como le sucedió a Urbina, le puede pasar a cualquiera de nosotros".

En "De los dos lados", una niña solitaria en una casa de estancia (el vínculo con Silvina fue inmediato al iniciar la lectura del cuento) es la protagonista de este relato fantástico donde se narra sobre el triángulo amoroso: Carlota, la niña; Celia, su niñera, y Jim (que tanto puede ser el nombre del hombre, del que están ambas enamoradas, como el de gato de la casa).
Jim un día le cuenta (a Celia): "Esta vida no es más que un pasaje". Ese será el anticipo a su deseo, no formulado, de

"irse" de este mundo. Cuando él lo logre, lo seguirá Celia con la ayuda de la niña, quien, aunque ha prometido lo mismo, a último momento desiste.
Carlota, a diferencia de *Alicia,* no da el paso hacia ese "otro lado" porque decide que aún tiene muchas cosas que hacer en este. Así, una vez que Celia desaparece, se va a dormir tranquilamente en un final de cuento que, contrario a lo que el narrador señala, resulta muy "desapacible".

Le llega el turno a "Homenaje a Francisco Almeyra", un cuento publicado dos años antes en la revista *Sur,* que refiere a la antinomia unitarios–federales.
Bioy escribe este relato como una alegoría. El protagonista del cuento es un joven poeta argentino, radicado en el Uruguay, en Montevideo, por razones políticas (declarado unitario, pero más por su familia que por el mismo) que, por distintas circunstancias, se verá inmerso en la violenta historia política de su país, y a la que asiste como espectador. Al cuento lo precede un verso de un poema sajón, del que busqué su traducción (¿cómo no pensar el verso en relación con los tiempos de mi presente?):

> *Thaes afereode, thisses swa maeg*
> (aquello ocurrió, esto también pasará).

El relato es intenso, pleno de significados históricos y al contexto político de nuestro país en el momento de su escritura.
El poeta romántico que es Almeyra:

> era delgado, de estructura delicada y de estatura mediana; tenía los cabellos castaños, muy finos; la frente despejada, los ojos oscuros, la nariz recta y una boca en que ambiguamente se discernía dureza o resolución. Las amplias y elegantes solapas de la levita ocultaban alguna estrechez de hombros. En cuanto a sus manos, una señora, en cierto famoso epistolario publicado en estos últimos años, las recordaba como "el hermoso y apropiado símbolo de la depurada sensibilidad, de su noble inteligencia y de su generoso corazón" (pp. 581-582).

Los círculos se repiten, cuenta Bioy, en consonancia con el acápite del relato.

El tema es cómo salir de ellos (escribo a mi vez) y con qué destino.

El último cuento "Las vísperas de Fausto" es un relato breve que retoma ese tema de la circularidad. Cito esta reflexión del narrador:

> Si nada podía modificar el pasado, esa infinita llanura que se prolongaba del otro lado de su nacimiento era inalcanzable para él (p. 577).

La historia se inicia con Fausto leyendo la *Memorabilia* de Jenofonte, en junio de 1540. Pronto expirará el plazo en el que debe entregar el alma al Diablo y Fausto siente la tentación de huir, de escapar para que ello no ocurra. Es su perro. *Señor*, quien parece comprender mejor que el sirviente Wagner el dilema.
Entonces, de pronto, el relato produce un salto al futuro: un coche ilumina con sus faros la ventana donde se apoya Fausto y me interpela: ¿Es que el tiempo ha transcurrido realmente y Fausto ha logrado escapar de aquella primera vez? o ¿la vida solo trata de eso, de la contemplación de una noche que se repetirá por toda la eternidad?

Cierro la crónica.
Más allá de mi ventana todo se ha detenido, nos hemos quedado sin el afuera y, en el adentro, solo queda este espacio dedicado a la lectura.
Por eso persevero en la ruta de viaje, como quien insiste en el trazo del pincel sobre la tela, como quien busca la melodía en el piano, siguiendo el pulso de la creación; o como señala Bioy:

> Con el inocente agrado que proporciona, en este mundo de medianías, descubrir algo extremo en su género. ("Historia prodigiosa", p. 492).

Crónica 8 - 22 de mayo
Dormir al sol

(A mi amiga, por siempre, Silvina Alsó)

El pasado

Buenos Aires, septiembre de 1973, primera edición: 8000 ejemplares de *Dormir al sol.* Dos meses después, mi madre compra el suyo. Lo firma, le pone fecha. Queda en su biblioteca hasta su muerte en el 2015 y permanece en la mía, sin leer, hasta ayer 20 de mayo de 2020.

1973. Mis lecturas de esa época quedaron consignadas en un cuaderno *Alcázar,* 48 hojas: fueron novelas de Agatha Christie, la saga de *Maite*… de Florencia de Arquer; la serie de *Papelucho*, de Marcela Paz; mucho Rafael Pérez y Pérez, Benito Galdós; *Los cachorros* de Vargas Llosa (retuve la perturbación que me provocó); poesía de Alfonsina Storni; teatro de Alejandro Casona; varios cuentos de Chejov, Gógol, Mauppasant, Poe, Dickens, Chaucer mezclado con Poldy Bird; o insólitos como Michael Burst; solo para nombrar algunos. Según mi cuaderno, ese año leí 54 textos, la mayoría fueron cuentos.

Esa fue mi biblioteca en el 73, alejada de la de mis padres que, por ejemplo, tenían en sus mesas de luz a Bioy Casares. Sin embargo –según testimonio del mismo cuaderno–, recién tres años después, en 1976, leería *Dormir al sol.*

Entonces la pausa en lo que voy escribiendo para dejar lugar a la emoción.

Porque es este mismo libro, y no otro, el que regresa a mis manos en un círculo mágico en el que no tiene lugar el paso del tiempo.

Cada lectura, apuntada en ese registro del cuaderno *Alcázar*, tiene a su costado una marca, una especie de estrella (hoy podría ser un *sticker)* que destacaba si lo que había leído me había gustado mucho.

Dormir al sol no tiene ninguna. En cambio, si la llevan *Las otras puertas,* de Abelardo Castillo o *Todos los fuegos, el fuego*, de Cortázar, por ejemplo. Además este es el único libro registrado de Bioy, por lo menos hasta finales de los años setenta cuando cesan mis anotaciones, sin que pueda recordar hoy cómo y por qué eso ocurrió.

La lectura actual, la de este presente, es por lo tanto casi como la de aquella primera vez. Como me ha sucedido con otras novelas de Bioy.

Salvo una débil reminiscencia del apellido del protagonista, "Bordenave", no tengo mayores recuerdos. Como ese apellido también me remonta a una profesora del secundario no estoy muy segura a cuál de los dos quedó aferrada mi memoria.

Veo que voy avanzando con lentitud en mi crónica. Como diría Martín Irala, padre de Diana y suegro de Lucho Bordenave, (parodiando a Jack el Destripador): "Vamos por partes", ya que la escritura se va ordenando a su antojo, como las piezas de un rompecabezas buscando su propio espacio.
Una crónica gobernada por la memoria en esta etapa del viaje que he iniciado en tiempos de coronavirus.
Creo entonces que, aun sin recordar del todo la lectura original, el acto repetitivo (aunque sea otro el andar por las líneas de la novela) ha convocado imágenes que no alcanzo a precisar, casi como un trayecto a ciegas que despierta muchas emociones.
Por eso tal vez he escrito bajo la firma de mi madre, antes de iniciar la novela y sosteniendo el ritual de la marca personal en la primera página de un libro, (he escrito algo más, que reservo a mi intimidad):

> Querida mamá, tan admiradora de Bioy que, apenas el libro en circulación, te adueñaste de su lectura.

El presente

He hecho una nueva pausa en este viaje sin ataduras por la obra de Bioy.
Sucedió cuando Roberto Ferro se asomó por la ventana de su casa y, al verme pasar, me gritó: "si intuiste un vínculo entre Bioy y Cortázar (ver en mi crónica anterior, Historia prodigiosa), no dejes de leer "Diario para un cuento", de don Julio.
Detuve la lectura de la novela para tomar esa bifurcación que me proponía el camino. Transcribo el párrafo inicial del cuento de Cortázar:

> 2 de febrero. 1982.
> A veces, cuando me va ganando como una cosquilla de cuento, ese sigiloso y creciente emplazamiento que me acerca poco a poco y rezongando a esta Olympia Traveller de Luxe (de luxe no tiene nada la pobre, pero en cambio ha traveleado por los siete profundos mares azules aguantándose cuanto golpe directo o indirecto puede recibir una portátil metida en una valija entre pantalones, botellas de ron y libros), así a veces, cuando

> cae la noche y pongo una hoja en blanco en el rodillo y enciendo un Gitane y me trato de estúpido, (¿para qué un cuento, al fin y al cabo, por qué no abrir un libro de otro cuentista, o escuchar uno de mis discos?), pero a veces, cuando ya no puedo hacer otra cosa que empezar un cuento como quisiera empezar éste, justamente entonces me gustaría ser Adolfo Bioy Casares.

La pausa

Entonces sobrevino un nuevo desvío que detuvo toda otra lectura.
Una pausa mayor que me dejó a la intemperie.
Una pérdida que se llevó las fuerzas para seguir avanzando.
Por ahí se me iba Cortázar sin poder remediarlo. Aunque sabía que me aguantaría, él también estaba en un tiempo de despedidas cuando escribió su cuento.
Necesité un tiempo para regresar.
Incorporar la pérdida que me enfrentaba a mi propia finitud y así, de a poco, poder volver al camino recogiendo las piedritas que JC me iba dejando para no extraviar la huella original.
Entonces finalicé la lectura propuesta, a la par que iba haciendo marcas y anotaciones, para retener aquello de que "todo es doble y debe leerse como doble…".

Continuar leyendo, continuar viviendo, continuar leyendo.

Inicio la novela de Bioy; para desesperarme, debo decirlo, desde el comienzo con Lucho Bordenave.
Quizás ese debió ser entre paréntesis el título de esta parte de mi crónica.
Quizás a esto se refería con tanta precisión Cortázar cuando escribe la palabra "desasimiento", para significar "la distancia –que logra Bioy– entre algunos de sus personajes y el narrador".
La novela se divide en dos partes.
La primera, más extensa, está escrita por Lucio Bordenave a un tercero, en el que se confabulan tanto el destinatario ficticio como el lector; alguien del que no se dice el nombre hasta las últimas páginas y del cual el protagonista está "distanciado" por una desavenencia "que ya se confundía con el destino", la que tampoco se devela.

Y una segunda parte, de apenas cuatro carillas, escrita por Félix Ramos (el destinatario de la primera), que se inicia, en diálogo con Bordenave:

> (...) muchas veces a lo largo de la vida he soñado con la idea de recibir una noticia que altere mi destino (p. 225).

El escenario de la novela corresponde a Parque Chas, barrio de la ciudad de Buenos Aires, que tiene la singularidad de tener un diseño circular, casi laberíntico. También la casa de Bordenave está ubicada en un pasaje que puede ser leído como *cul de sac*, o sea un callejón sin salida.
Como señala Judith Podlubne, en un trabajo sobre Bioy Casares:

> Esta visión del barrio como ámbito de pertenencia y a la vez como zona de reclusión de la que no se puede salir, a la que no se puede (o no se quiere) dejar de pertenecer, condensa el sentimiento de tensión y de ambigüedad que estos universos cerrados, incomunicados como las islas de sus primeras novelas, provocan en muchos de los personajes de Bioy Casares[197].

Confieso que, al inicio, tanto las reacciones de Bordenave, como el contexto que lo rodea, me resultaron algo anacrónicas. Cuarenta y siete años es demasiado tiempo (o nada, si lo pienso en función del recorrido de la memoria) para algunas cuestiones que tienen que ver con las costumbres o el ritmo de la ciudad. Pero esa primera impresión se fue diluyendo a medida que avanzaba con la lectura, cuando lo fantástico le fue ganando a lo cotidiano.
Seguí el derrotero de Bordenave, como señalé, con desesperación por sus indecisiones, siempre en el límite entre la torpeza y la ignorancia, entre la desidia y la pereza; entre el valor de su opinión y la de los demás. No solo su mujer; Diana, se funde en la perra; también Bordenave frente a los hechos, privilegia, como el animal, echarse a

---

[197] Podlubne Judith, "Fantasía, oralidad y humor en Adolfo Bioy Casares", Biblioteca Virtual Miguel Cervantes, *www.cervantesvirtual.com/obra-visor/fantasia-oralidad-y-humor-en-adolfo-bioy-casares/html/038e8f7c-3ddc-4b05-9288-81f15e31e96b_4.html*

dormir al sol, incapaz de resolver más nada. Y eso es lo que exaspera del personaje que se debate entre las sentencias de Ceferina (no pude dejar de asociarla con la abuela de Patoruzú), entre las de su suegro, Martín Irala; y el amigo, en principio más "entendido", Aldini.
La mujer es otra vez un enigma para el protagonista: "(…) la vi perderse entre máscaras disfrazadas de animales, que incesantemente pasaban"; y a ella se somete en todas sus versiones (Diana, Ceferina, su cuñada).
Me interesó la elección del nombre de la mujer, Diana, que remite a la diosa virgen de la caza para la mitología romana. También será un enigma la "otra", la que regresa "cambiada" del manicomio: "No sé cómo ni por qué me dio por preguntarme quién estaba mirándome desde los ojos de Diana". Solo la perra que lleva el mismo nombre de la mujer (un nombre que le viene impuesto por quien le regala el animal), será capaz de demostrarle amor incondicional y casi entenderlo.
Bordenave se dedica al oficio de relojero, aunque vaya abandonando durante el relato incluso esa tarea, preguntándose "¿Para qué mirar de cerca detalles tan chicos?" (p. 54); reconociéndose, como con todo lo demás, incapaz de hacerlo.

El final

Para el final, regreso al inicio de esta crónica.
¿Cómo medir el tiempo transcurrido entre aquella primera fecha en que el libro llegó a la biblioteca de mi madre y el hoy?
¿Por el paso de las ausencias?
En esta tarde en que escribo pareciera que es así.
Las pérdidas se fueron enredando por la trama de la novela, desde el inicio al evocar la escritura de 1973 y luego en el adiós a mi amiga Silvina.
El dibujo de la portada de la edición de *Emecé* es de relojes, seguramente se pensó en esa ilustración porque Lucho Bordenave es relojero. Es interesante que Bioy elige ese oficio para su protagonista, que apenas logra "matar el tiempo"; con su vida que, como las agujas del reloj, gira ciega alrededor de su mujer, de su alejamiento y de la pérdida.
En relación a la novela, explica Bioy a Noemí Ulla[198]:

---

[198] Ulla Noemí, op. cit.

> Es de algún modo, el inescrupuloso aprovechamiento de todas las cosas de la vida que tiene el novelista. Algo nos ha llegado, nos ha dolido profundamente, y después lo aprovechamos para escribir, para tratar de escribir buenos libros y libros divertidos (p. 84)

En estos tiempos de desasosiego, mientras la ciudad se resiste al avance del invierno y se demora en un otoño inusualmente cálido y reconfortante, termino por fin la lectura.
Entonces, con pereza, y con la ilusión de que al despertar algo cambie, me he echado a dormir al sol, con la ¿inocencia absoluta, feliz y despreocupada? de un perro.

Crónica 9 - 13 de junio

Guirnalda con amores

(A Daniel Martino)

¿No hubo
acaso un momento de
mi vida -y de la tuya
lector- en que todo era
posible?

¡Han abierto las librerías en la ciudad de Buenos Aires!
Enseguida pienso en mi nuevo amigo de estos días, un librero fiel al antiguo oficio que además de vendedor ha sido consejero, descubierto a través del sitio *Mercado Libre*. Ha estado acompañándome en este viaje con Bioy. Durante el trayecto, más de una vez, hemos conversado de qué otra cosa sino de libros.
Por él accedo a una edición limitada de *Breve Santoral*, de Silvina Ocampo, un librito hermoso, ilustrado por Norah Borges. Cuando le aviso a Marcelo que ya lo tengo en casa, que la moto (querida Guadalupe que fuiste y viniste todos estos días) ya me trajo el pedido, lo hago con emoción. Tengo entre las manos, pienso, un tesoro. Marcelo me confía, compartiendo el mismo sentimiento, que guardó este libro por más de diez años. Hablamos como si fuéramos dos chicos, pienso, recordando ese tiempo en que

las conversaciones importantes eran cómo conseguir la figurita difícil para el álbum.

Junto con *Breve Santoral*, también ha llegado a casa otro libro de Silvina: *La continuación y otras páginas*; y el libro de Noemí Ulla: *Aventuras de la Imaginación. De la vida y los libros de Adolfo Bioy Casares, Conversaciones de Adolfo Bioy Casares con Noemí Ulla,* una publicación editada por Corregidor en 1990. Aún no lo he abierto, pero ya se suma a este viaje emprendido con Bioy.

Porque de eso trata también esta crónica que escribo, como las anteriores, de una etapa más de mi recorrido.

En este *stop* del sendero festejo la apertura de las librerías.

Entonces caminé por las mismas calles que recorría Don Isidro en *Diario de la guerra del cerdo* mientras el absurdo, en tiempos de coronavirus, como un fantasma acechaba en las veredas.

La librería original, la que solía visitar, ya no está. Pero esa circunstancia fue previa a la pandemia. En algún momento, en un ayer cercano, la emblemática *La Barca* fue reemplazada por una de las grandes cadenas. Por suerte el interior ha quedado intacto y por momentos puedo olvidar eso de que algunas cosas se van un día para siempre.

Me acerco para preguntar por *Guirnalda con amores*, cansada de rastrear cada texto de este volumen en internet; ya mi librero Marcelo me había avisado que no lo tenía en stock.

Me acompaña en la caminata María Elena, una amiga querida. Ambas mantenemos la nueva modalidad de "distancia social", aunque eso no nos quita las ganas de sentarnos en algún café ¡cerrados todavía!, para conversar largo y tendido después de tantos días de aislamiento.

Al llegar a la librería, me espera una grata sorpresa. En un estante, pero bien a la vista, descubro la *Obra Completa* de Bioy Casares a un precio lógico (casi ridículo si lo comparo con lo que gasto luego en la verdulería) y así me voy –nos vamos, agrego, porque los brazos de mi amiga fueron indispensables– cargada y feliz con los tres volúmenes de esta edición, al cuidado de Daniel Martino, que compila todas sus novelas y cuentos publicados, además de otros textos no publicados en volumen, más adendas y aclaraciones que Martino fue encontrando al cotejar los textos con las notas que Bioy fue volcando en sus diarios. Los tomos me permiten con mucha más facilidad, y menos esfuerzo, este ir y venir en mi trayecto; cotejar, comparar, asociar, tarea que también se aplica para el otro trabajo de

investigación que estoy realizando sobre las mujeres en la narrativa de Bioy Casares para una próxima conferencia.
La nueva lectura que emprendo hoy corresponde a *Guirnalda con amores.*
Publicado en 1959, el volumen reúne varios cuentos y un collage de pensamientos, fragmentos o relatos muy breves, una "despreocupada miscelánea", como señala con ironía Bioy, conformando así un conjunto de relatos que, en un primer impulso asocié, como propone el título, con una "guirnalda", pensando en esa tira de papel o de flores que cuelga del techo o en la pared para una fiesta.
Sin embargo, la sospecha, que brota a medida que mis dedos desgastan las teclas, me condujo a buscar si podría existir otra acepción.
Así encuentro en *Wikipedia* que: "En los templos romanos (las guirnaldas) aparecen decorando el espacio que hay entre los cuernos de un bucráneo" Leo esa palabra por primera vez sin saber de qué trata: es una cabeza de buey.
La guirnalda que adornaba la cabeza del bucráneo "en la arquitectura antigua tendría por objeto recordar las víctimas ofrecidas en sacrificio".
En Hawái, la guirnalda o *lei*, es un collar que se suele obsequiar a los visitantes.
Ambos significados hablan de una entrega, tanto en pos de un sacrificio como de un homenaje.
¿Sería este el destino de los relatos breves y de los más extensos, ofrecidos por Bioy en el libro?
No sé por dónde habrá discurrido el imaginario de Bioy para pensar en el título. Pero él mismo, en la conversación que mantiene con Noemí Ulla, me aclara las dudas y me aleja de seguir discurriendo sobre bueyes perdidos:

> Había imaginado el frente de una casa del siglo XVIII. En la parte de arriba tenía unos amores y unas guirnaldas. Cada amor es un cuento; la guirnalda, son los fragmentos. A Borges le pareció un título horrendo (…) A mí no, pero es un título que sale de lo común dentro de los míos (p. 79)[199].

Guirnalda con amores está organizado en Libros: los impares corresponden a los relatos más extensos; los pares, son los que presentan los fragmentos o relatos breves.

---

[199] Ulla Noemí, op. cit.

La fascinación que Bioy tenía por la escritura fragmentaria está presente ya en el prólogo del libro, cuando señala, citando a uno de sus autores predilectos: "¿no dijo el doctor Johnson que para ser leído en un tiempo lejano habría que escribir fragmentos?".

Él mismo iba registrando en sus diarios aquellos pensamientos o ideas, relatos cortos de una situación, conversaciones o diálogos que llamaban su atención.

Gran parte de los relatos de este libro han surgido de historias que él ha escuchado, o de situaciones cotidianas que fue registrando en esos diarios, según surge de las notas a los textos, en la *Obra Completa, Vol. II.*

Samuel Johnson, citado por Bioy, más conocido como el Dr. Johnson (1709/1784), fue poeta, ensayista, biógrafo; una de las figuras literarias más importantes de Inglaterra.

Johnson ha escrito (y así lo cita Bioy en el Prólogo al volumen): "Tal vez un día el hombre, cansado de preparar, de vincular, de explicar, llegue a escribir sólo aforísticamente" (p. 9).

Me detengo para pensar en esta "premonición" hecha hace casi trescientos años.

¿Ese tal vez, que plantea Dr. Johnson, es el modo de lectura actual? ¿Qué se lee? ¿Cómo? ¿Con qué aliento?

Creo –y entiendo que emito un juicio de valor con mi opinión (que no avalo con ninguna estadística o estudio)– que hoy se lee poco, y con poca profundidad: textos breves que no superan tantos caracteres o, simplemente, titulares, copetes, información en destaque.

Si se lee poco; por lo tanto, menos se puede decir que se lea aforísticamente, ya que esa operación implicaría una lectura previa más amplia y criteriosa sobre la que se pueda luego emitir un decir (que resulta en el aforismo).

Nos hemos acostumbrado a leer resúmenes, sin análisis, alejándonos voluntariamente de la complejidad para no desacomodar la posibilidad de pensar, lejos incluso del burgués gentilhombre de Molière.

Bioy cita en este volumen a Leibnitz, filósofo matemático; su influencia en la narrativa del autor argentino ya se hace presente en *La Invención de Morel;* y también cita a Boswell, que escribe entre otras cosas sobre la vida del Dr. Johnson.

Bioy escribe y cita con soltura. Y lo hace sin ostentación, solo porque ha leído y sus lecturas nutren sus textos.

Bioy también anticipa en el prólogo de que trata *Guirnalda con amores*[200]:

> (...) son historias de amor. El elemento sobrenatural, preponderante en mis narraciones previas, en la presente colección, apenas determina un desenlace" (p. 9).

Recojo algunas líneas de los textos breves:

> Dije (faltando apenas a la verdad) que prefiero la conversación de las mujeres a la de los hombres, porque los hombres son historiadores, las mujeres filósofas... las mujeres discurren sobre la vida, sobre la muerte y sobre el amor. "Filósofos e historiadores" - Libro segundo (p. 29).

> De puro lánguida, no puede amar, salvo en la acepción técnica: así vorazmente. "Retrato de una dama 2 - Libro sexto (p. 69).

> (...) la vida es un juego que todos jugamos "Suspensiones de la incredulidad" - Libro cuarto
> (p. 49).

> Para que no se descubra que todo es un poco ridículo, la complicidad es una ley de juego en el amor. "Ley de Juego" - Libro sexto (p. 69).

Con placer, transito por el resto de las historias.
Imagino que Bioy me las va contando lentamente, a resguardo de una lumbre, su voz quebrando el silencio de la oscuridad; una melodía reparadora en la inmensidad de la noche que, a veces como la soledad, puede resultar tan desoladora.

---

[200] Bioy Casares, Adolfo. *Obra completa, Vol. II*, op. cit.

Crónica 10 - 21 de junio

El lado de la sombra

En cuanto cruzas la calle
estás del lado de la sombra

Llego a los diez cuentos de este libro publicados en 1962. El primer relato es "El lado de la sombra", que se corresponde con el título del volumen.
El acápite del cuento es el mismo que utilizo para esta crónica. Según Bioy, el verso pertenece a una milonga escrita por Juan Ferraris (1921): *Más acá, más allá.*
Hago una búsqueda por internet para poder escucharla, antes de comenzar la lectura, pero la milonga no existe; es el guiño de Bioy y el desafío: no habrá seguridad; si decido seguir leyendo, debo entregarme al juego de lo incierto.
Con esta impronta me sumerjo en una historia que retoma, como en textos anteriores, el tema del pasaje.
La aparición de una gata encarna la idea "del eterno retorno".
Imagino si podría haber sido otro el animal elegido para la historia, pensando en Áyax, el perro amado tanto por Silvina Ocampo: "(...) porque siempre en mi infancia, en mi adolescencia y después, por bastante tiempo, sufrí de vivir hasta que lo conocí a Áyax" (de su cuento "Nueve perros"); como por Bioy. Áyax es mencionado en *La Invención de Morel y también en el* Libro VIII, de *Guirnalda con amores:* "(...) pero cuando vi a mi perro supe que estaba en el cielo".
Bioy se apoya en la tradición de las culturas antiguas en las que los gatos eran venerados como sagrados. Creencia que nos llega de los egipcios, por ejemplo, de que los gatos tienen "siete vidas": el paso de una vida a otra era un camino necesario para que el animal se convirtiera en ser humano, meta que solo alcanzaban al llegar a la última vida, la séptima. Aún hoy los gatos están asociados a la buena fortuna o la abundancia, ¿o no expresan esa intención los pequeños gatos chinos (*zhaocai Mao*) o japoneses (*maneki neko*) que nos saludan desde las vidrieras de tantos negocios de la ciudad?
Los gatos, criaturas místicas o espirituales.
Bioy sabía de todo esto.
Un gato que se llama igual que su dueño aparece también en el cuento "De los dos lados".
En "El lado de la sombra", los gatos acechan desde el inicio: Veblen concurría a "una Real Exposición de

Gatos…"; el marido de Leda sabía que "se casaba con una suerte de gatito…"; y es una gata quien por fin se refugia en los brazos perdidos de Veblen.

¿En cuál de las vidas se encuentra ese animal que, según el inglés, reencarna a Lavinia? ¿Estará próxima al final de su recorrido para poder entonces transformarse en Leda?

En la mitología griega, Leda fue una de las mujeres seducidas por Zeus convertido en cisne. La leyenda ha sido recreada por artistas como Leonardo Da Vinci, Tintoretto, Matisse, entre muchos otros. También músicos, incluso contemporáneos, como la composición del dúo argentino *Sui Generis* (Charly García–Nito Mestre), de 1973: "Un hada, un cisne", del álbum *Confesiones de invierno.* Compuesta por Charly, como casi todos los temas de ese álbum, se suma la hermosa melodía, un intervalo jazzístico, dueto entre Nito Mestre y Charly.

> Pero un día el cisne volvió al mar
> se recostó en la playa a descansar
> y no pudo volver al hada blanca ver
> dormido se quedó hasta el amanecer

Escucho la balada mientras regreso al cuento de Bioy y, junto al protagonista, me voy perdiendo por el puerto húmedo y caluroso, la antesala a la experiencia del relato tan vinculado con lo sobrenatural.

Sin embargo, la lectura vuelve a detenerse, ya que no he podido desprenderme aún de la figura de gato.

Y como los textos de Bioy posibilitan este ir y venir, me levanto para retroceder (el movimiento que realizo es literal) a buscar en la biblioteca el verso de un poema.

> Hubo un gato,
> lo recuerdo,
> recorriendo
> el sendero sinuoso
> de la sombra[201].

Hay momentos inolvidables del tiempo de la propia escritura; instantes que quedan fijados como las letras en la página del libro, un subtexto solo reconocible para quién pensó el verso o la primera palabra de un cuento; una imagen, un color, aquel sonido.

---

[201]Otsubo, María Claudia. "Aquí nuevamente" en *Respiración artificial*, op. cit.

No siempre ocurre que se sepa lo que provoca la escritura; a veces ese momento no nos es revelado, o resulta imperceptible, como el instante fugaz del parpadeo.
En otras sí, y hoy evoco el de la creación de ese poema –lo evocaré siempre– cuando el tiempo se detuvo inmovilizando el gesto de la mano, distanciándola por unos segundos del papel, para contemplar al gato que, sinuosamente, avanzaba por la delgada línea de la sombra protegiéndose del calor de la playa; sus ojos dirigidos hacia los míos al cruzar por delante de mis piernas que se extendían al sol, y la certeza al fijarnos en la mirada de reconocernos en otra dimensión que escapaba a nuestro entendimiento.
Una brevedad, apenas, mientras un repentino resplandor electrizaba el horizonte.
Como la gata de Veblen, había algo de reconocible, y a la vez extraño, en ese gato que hoy recuerdo, y en el intercambio de nuestras miradas.
Como el juego de las sombras, que a su vez dio origen a otro poema:

> Como el roce
> del mar
> en la arena
> o la brisa leve
> de las palmeras,
> así es el desliz
> de la sombra
> que,
> en silencio,
> enfría mis pies[202].

La sombra, ese espacio donde se encuentra Veblen, el lugar donde refugia la melancolía:

> Cansancio,
> cuando tus pasos
> atraviesan la puerta
> y me traen esa sombra
> que no reconozco[203].

---

[202]Otsubo, María Claudia. "Desliz" en *Diminuto verde*, op. cit.
[203]Otsubo, María Claudia. "Entre sombras y brisas" en *Diminuto verde*, op. cit.

O lo que inquieta, y a la vez se añora:

> La voz oculta
> la sombra desconocida
> la emoción ya presentida
> de la piel
> que se espera[204].

La hora de la incertidumbre y la de no saber; la hora del pasaje.

En el relato de Bioy, la bochornosa sensación, que me invade desde las primeras líneas, estimula, no obstante, el deseo de llegar a ese lugar de "la sombra".

¿Qué es lo que hay allí, que atrae tanto? ¿Es un vacío similar al de la muerte? ¿O, por el contrario, es completitud, un juego de luces y sombras indivisible?

Evoco entonces *El elogio de la sombra,* de Junichirô Tanizaki.

Su relectura me acerca también una reseña de Noe Jitrik sobre ese texto. Lo cito:

> (…) la sombra rodea, acaricia, no acecha, no es la noche cerrada y oscura, recinto de fantasmagorías, sino la penumbra propicia en la que todo se encuentra y todo se ve y esa manera de ver, de ojos entrecerrados, es el Japón mismo.[205]

Ese otro lado atrae a los protagonistas de los siguientes cuentos del libro que estoy leyendo.

Los personajes se encaminan hacia él, cruzan una línea, bajan en un puerto, se trasladan de ciudad, escriben una carta (que es un modo de pasaje), superan límites; en definitiva, se atreven y se adentran en lo sobrenatural, lo fantástico o quizás en lo trágico.

Así:

- Veblen, vencido por la culpa, deja de ser quién era para exiliarse en un puerto perdido del África, donde una gata lo ilusiona con el regreso de su amada;

---

[204] Otsubo, María Claudia."Entre sombras y brisas" en *Diminuto verde*, op. cit.

[205]*https://www.pagina12.com.ar/diario/contratapa/13-191621-2012-04-11.html*

- un novelista busca finalizar su obra y se traslada a Mar del Plata, aunque finalmente sea la obra de un viejo bañero comprometido con su creación quien logre ese objetivo;
- un dibujante escribe una carta para contar sobre la modelo que lo obsesiona, y en ese tránsito de la palabra descubre que ella, a quien sin embargo no abandonará, jamás le pertenecerá del todo;
- el grupo de amigos de un pueblo perdido no tiene el coraje de cruzar ningún límite perdiendo la posibilidad del contacto con alguien de otro mundo;
- un marido, que necesita alejarse de su familia, sin darse cuenta deambula "por el lado de la sombra", entonces experimenta el deseo y el erotismo ajeno, castigo que oficia el mago Merlín del otro lado de la puerta;
- un león, como en aquel otro relato que alude a las *liberalia* de Baco, logra despertar terribles reacciones en quienes, por su causa, pasan una noche de encierro;
- una pareja cava su propio foso cuando traspasa el límite y comete un asesinato, cuando, por lo contrario, una elección por el amor es lo que permite vencer las dificultades.
- una mujer puede abandonar su vocación de paloma y elige vivir, liberándose de su jaula.
- también la creación de una máquina, que puede retener el alma y hacernos inmortal (la asociación con las primeras novelas es inmediata) debe ser destruida o no tomarse del todo en serio, si somos incapaces de pensar en la posibilidad de un otro lado.

Regreso a la cita que considero no es sólo acápite del primer relato, podría servir para todo este libro: *Más acá, más allá.*

Eso, en definitiva, parece querer decirme Bioy, en algún momento, cuando, sin darme cuenta, cruzo hacia el lado de la sombra. Hay que animarse.

Confieso que no se equivocó con el desafío, pero que también "tuve miedo, no sé por qué".

Crónica 11 - 26 de junio

El gran serafín

A casi cien días de cuarentena, el impulso (y, sobre todo, el deseo) de continuar mi viaje con Bioy se mantiene intacto. Las tareas cotidianas, algunas necesarias, me alejan cada vez menos de mi mesa de trabajo y del camino de la lectura. Por la noche pienso en el recorrido hecho, como el caminante que, recordando con agrado detalles del sendero, planifica la jornada siguiente con sus posibles desvíos y también las sorpresas. Si no fuera por la pereza que me provoca salir de la cama, creo que esa hora destinada al sueño, la hora del silencio y de la suspensión de la prisa, también la del desvelo, sería la mejor para sentarme a escribir.
Recién lo hago a la mañana siguiente intentando rescatar los restos nocturnos que, a veces, como hoy, logro garabatear en un papel:

> Por las mañanas
> asisto al ritual diario
> de este tiempo
> de vértigo.
> Los días
> oscurecen más temprano,
> ya es invierno.
> *Perecen las flores de todo jardín*
> con nostalgia, leo.

Porque he llegado a El Gran Serafín y a sus diez cuentos (1967), con Bioy a mi lado en el disfrute de su andar.

> He caminado bastante con Borges, con Silvina, con otras mujeres también. He caminado por el gusto de caminar conversando, y también para recordar los sitios donde iba a situar mis novelas (p. 137) [206].

---

[206] Ulla, Noemí, op. cit.

En esa misma charla con Noemí Ulla, Bioy cuenta también que en el deambular con Borges a veces podían llegar hasta Puente Alsina.

Caminaban por otra ciudad, pienso, con la nostalgia del encierro, imaginando esa extensa deriva por los distintos barrios, veredas que permitían el andar seguro del porteño.

Otros tiempos, murmuro; y solo me falta que farfulle para parecerme del todo a Isidoro Vidal.

No es casual que haya comenzado esta crónica convocando la cuestión del tránsito ya que en casi todos los cuentos de este volumen está presente la idea del viaje.

El protagonista-narrador se traslada a una playa cercana de Necochea; o a Europa, en una gira turística; circula por la noche de Montevideo; o anda por "El Tandil"; hace una travesía de barco entre Nueva York y Southampton; conduce por la Ruta 2; o se retira al refugio de un campo.

He leído, como suelo hacer siempre, tomando mis notas, atenta al diálogo que provoca esta conversación que estoy manteniendo con Bioy caminante.

En la travesía por estos cuentos se abre de pronto una nueva ventana que me ha permitido advertir no solo "la clave de amor", sino también una "clave de sol": el vínculo que los textos tienen con la música, cuestión que recojo para incorporar al trabajo (ya mencionado) de investigación sobre las mujeres en la ficción narrativa de Bioy Casares.

Advierto que la música ha estado siempre presente en los textos que he leído durante este viaje.

Entonces desando parte del camino (tantos kilómetros de recorrido), para regresar a *La Invención de Morel,* y rescatar *Té para dos,* la canción que escuchan los "habitantes" de la isla: *Oh can't you see how happy we will be. (How happy we will be).*

Encuentro luego la *Sinfonía en mi menor*, de Brahms, que menciona el gobernador Castel en la carta que le deja a Enrique Nevers en *Plan de Evasión*; y los tangos en "El perjurio de la nieve", en *El Sueño de los héroes* o en "Encrucijada"; y las piezas musicales clásicas en "Clave de amor", y en "Carta sobre Emilia".

En este volumen que estoy transitando escucho *Cuando los santos del cielo vengan marchando* (*The Saints*, himno góspel de EE.UU.) que bailan los personajes del cuento "El gran serafín"; los tangos que resuenan en "Confidencia de un lobo"; el *Preludio* de Berlioz, de Mallarmé y la alusión a Cecilia, la patrona de la música en "Ad porcos"; más la *Zamba de Vargas*, en "Un perro llamado Dos".

En las conversaciones con Noemí Ulla, Bioy Casares cuenta:

> (...) creo que mis padres eran incapaces musicales los dos... creo que no tengo demasiado buen oído para la música, tampoco puedo cantar... de todos modos, me gusta mucho la música y hasta la reconozco (p. 57) [207].

Intuyo que la música, ciertas piezas, que disfrutaba y "reconocía" forman también parte de la biblioteca de Bioy al momento de crear sus ficciones.

No siempre es así, muchos autores necesitan rodearse de un completo silencio al momento de sentarse a escribir. En mi caso, necesito escuchar música; de hecho. lo hago todo el tiempo mientras escribo o leo, casi como un mar de fondo necesario para el vaivén de los dedos.

La cuestión es que Bioy incorpora la música a su ficción, como incorpora otros textos literarios e incluso el cine.

Benditas las ventanas que se van abriendo durante la marcha a estas reflexiones.

También por las que se cuelan las excelentes e imprescindibles notas de Daniel Martino en la edición de la *Obra Completa.*

La trastienda no le quita placer a la obra, la enriquece y aporta algo nuevo para pensar.

En esta lectura dinámica, en la que establezco mi propia conversación a medida que voy leyendo, llego a la versión que se hizo para el cine del cuento "El Gran Serafín", producción española de 1987, a la que se tiene acceso libre por *Youtube.*

A excepción de la actuación, siempre especial y conmovedora de Fernando Fernán Gómez, a cargo del cura del balneario, el resto de la película me pareció desacertado, una composición sobrecargada, oscura, que escapa, a mi entender, del espíritu del cuento.

A veces ciertas adaptaciones del cine, que intentan reproducir en la pantalla textos donde se presentan elementos fantásticos, confunden esa extrañeza propia del relato con un resultado incomprensible, desluciendo el original; por lo que al espectador solo le queda asistir a un disparate; en este caso, además tedioso.

---

[207] Ulla, Noemí, op. cit.

La seguí hasta el final con la ilusión de poder rescatar algo, no sucedió.
No sé si Bioy llegó a verla (imagino que sí); y sí festejó o lamentó el resultado (¡y él era un amante del cine!).
Al respecto escribió en su *Diario*[208]:

> Si mis novelas y cuentos son creíbles, no lo son por la esencia de la historia, sino por las precauciones que tomo al contarla. Mis adaptadores (para cine o televisión) ingenuamente creen en esa credibilidad y no toman las precauciones adecuadas para el cambio de género. Lo que es creíble para el lector (que no ve, que sólo imagina) puede no serlo para el espectador (p. 17).

En el mismo *Diario*, transcribió más adelante una cita textual del libro *Mi último suspiro*, de Luis Buñuel, uno de sus cineastas predilectos[209], como advertencia para quienes hicieran guiones con sus relatos.

> En un guión me parece esencial el interés mantenido por una buena progresión, que no deja ni un instante en reposo la atención de los espectadores. Se puede discutir el contenido de una película, su estética (si la tiene), su estilo, su tendencia moral. Pero nunca debe aburrir (p. 153).

Por mi parte, creo además que la versión fílmica es un desacierto en relación al estilo del escritor. La narrativa de Bioy se caracteriza por la sencillez y economía de palabras; incluso en las historias que abordan lo fantástico.
Así lo expresaba en la entrevista con Ulla[210]:

> Lo que siempre me gustó fue la sencillez (p.103).

> Pienso por qué me he puesto a contar historias en la vida: por una innata facilidad

---

[208] Bioy Casares, Adolfo. *Descanso de caminantes,* Editorial Sudamericana. Bs. As. : 2001.
[209] *https://www.infobae.com/america/cultura-america/2019/03/08/bioy-y-el-cine*
[210] Ulla, op. cit.

> para imaginarlas (...) Si me he puesto a contar historias, es porque ciertas novelas me han atraído con una fascinación extraordinaria, como si entrara en un bosque maravilloso, en el lugar más lindo del mundo, y es el deseo de darle a los demás algo grato con eso (p. 21).

La respuesta denota el arduo trabajo de escritura. Sin embargo, lo arduo se conjuga con el infinito placer que le producía escribir.

Sus relatos son precisos, no dejan cabos sueltos.

Es cierto que demanda la atención en la continuidad de las líneas; la buena literatura lo exige.

Sin embargo, el tránsito, el viaje por sus textos es fascinante, e incluso, perturbando, interpelando, se disfruta. Confidencia de una lectora.

Crónica 12 - 1 de julio

La otra aventura

> No recuerdo quién escribió, ni dónde. *La otra gran aventura* son los libros —ni tampoco sé muy bien cuál era la primera ¿las mujeres? ¿la vida misma? —, pero me atrevo a recoger la frase, porque la encuentro adecuada para el título de este volumen.

I Parte

Continuando el viaje, comienzo la lectura de *La otra aventura* (1968), un conjunto de "prólogos y artículos", como señala Bioy en la Nota preliminar[211].

Sin embargo, de pronto, alzo la vista sorprendida por la súbita llegada de algunos nubarrones grises que ya van oscureciendo la ventana; anuncian frío. Y antes de que me gane la melancolía, porque apenas se ha anunciado el invierno, mi piel ya añora el verano, decido salir a caminar. *Dar la vuelta al perro* para exorcizar por algunas cuadras el encierro.

---

[211] Bioy Casares, Adolfo. *Obra completa II*, op. cit.

Aprovechar el deambular —en que se confunden los pasos que voy dando con los de mis crónicas— para pensar en la sugerencia de lectura, para este volumen de Bioy, que me acaba de hacer Roberto Ferro.

Entonces una imagen se proyecta sobre mi caminata, corresponde a la ilustración de tapa de un libro de Dalí que tengo en mi biblioteca. Así que apuro los últimos pasos para regresar, urgida por la intuición que me lleva a buscar el texto en su estante correspondiente (algún antepasado en mi familia debió ser un esmerado bibliotecario). Encuentro de inmediato el libro *Diario de un genio - Memorias,* de Salvador Dalí, editado por Tusquets, 1998.

Como lo indica el título, se trata de un diario, luego encontraré en los textos de Bioy lo pertinente de mi asociación.

La ilustración de la tapa, que había recordado en mi caminata, luego de la conversación con Ferro, corresponde a una pintura del pintor: *Dalí de espaldas pintando a Gala de espaldas eternizada por seis córneas virtuales.*

Reparo que mi evocación se debe a la perspectiva en profundidad que provoca la pintura, simbolizando el mismo efecto encadenado que descubrí a raíz del diálogo con Ferro. Roberto es la mirada sobre mi escritura, la que a su vez se construye en el recorrido por la obra de Bioy; un Bioy que, y en este libro en particular, es también y, sobre todo, un lector.

Los tres nos reflejamos, finalmente, en la triple mirada sobre los textos, en una suerte de proyección literaria lanzada al infinito.

Sin apartarme del escenario desplegado –por eso dejaré que el libro de Dalí permanezca a mi lado en este mojón de ruta– avanzo con los primeros textos del volumen de *La otra aventura*: "La Celestina", "Agudeza y arte de ingenio", "Ensayistas ingleses", "*Cécile* o las perplejidades de la conducta, y "Lo novelesco y *la novia del hereje*".

En un principio, y como ya he escrito en crónicas anteriores, me siento abrumada por la vasta biblioteca de Bioy, que pone en evidencia las lagunas en mi historial literario.

Sin embargo, su pluma corre con tanta naturalidad y sencillez que me dejo conducir por ella sin que los nombres, las fechas y las citas que refieren a otras lecturas me impidan el disfrute.

Hago una pausa luego de leer "Los manuscritos del Mar Muerto".

Como quien va recorriendo un museo y de pronto busca una banca donde sentarse, no para descansar, sino para poder admirar con el tiempo necesario lo que lo ha conmovido.
¿Qué tuvo de particular esta lectura de tan solo dos páginas que Bioy le dedica al escritor norteamericano Edmund Wilson?
Aventuro a decir (y me descubro en la apropiación de la palabra, en el acto fallido de mi mano al escribirla), que ha sido para admirar el tono íntimo y amoroso que Bioy despliega en su escritura.
Del mismo modo que cuando se refiere al doctor Samuel Johnson, el poeta lúcido del siglo XVIII, a quien admira –o manifiesta sin reparos su afecto por Charles Lamb–, en la escritura del artículo sobre los manuscritos, se percibe el visible entusiasmo que le producen tanto el descubrimiento como el trabajo de Wilson, quien "en una prosa de conversación (...) sin énfasis teóricos", publica su libro contemporáneo a Bioy:

> En 1967, justo antes de la guerra de los Seis Días, y a los setenta y dos años de edad, Wilson visitó de nuevo Israel a fin de añadir una larga segunda parte, una puesta al día del libro que le había granjeado tanta polémica notoriedad[212].

Imagino que el tema debió ser fascinante para Bioy, siguiendo a la distancia las peripecias del hallazgo y la investigación que llevaba a cabo Wilson, leyéndolas como la trama de una novela: Wilson frente a textos desconocidos, apócrifos; el enigma y las sospechas en torno a la resistencia tanto de los hebreos como de sectores católicos por lo que esos rollos podrían develar. La última línea, irónica y aguda, con la que Bioy cierra el artículo, bien podría servir para el final de alguno de sus tantos relatos.

Le sigue luego el texto "Ensayistas ingleses", cuyo contenido sería una excelente guía para un curso de literatura.
Como si hubiera pensado también esa posibilidad, Bioy escribe con humildad:

---

[212] *http://www.elboomeran.com/upload/ficheros/noticias/edmund_wilson.pdf*

> Si yo pudiera iniciar a alguien en las dichas de la lectura de Quincy, le sugeriría… (p. 396).

Bioy expresa en varias entrevistas su predilección por el ensayo.
En la charla que mantiene con Noemí Ulla señala:

> Uno se siente más feliz pudiendo manejar todas las variedades del género literario. Creo que todo escritor debe valerse por sí para no ser desdichado, para conocer su oficio y saber escribir en todas las distintas expresiones que hay en la literatura (p. 35)[213].

Así lo explica también en "Ensayistas ingleses":

> … El novelista y el dramaturgo encaran el mundo a través de personajes, el crítico debe atenerse a la obra que estudia y el poeta, intrínseco y puro, supedita su visión a los criterios de la rima y del metro (…) Un día sentimos que no hay otra esperanza en las letras que el dossier naturalista, o la comedia de enredo, o el sadismo, o el adulterio, o los sueños, o el viaje alegórico, o la novela pastoril, o el alegato social, o los enigmas policiales, o la picaresca; otro día nos preguntamos cómo alguien pudo interesarse en tan desoladas locuras. En medio de esta mudanza, históricamente justificable pero esencialmente arbitraria, hay algunos géneros perpetuos. Porque no depende de formas y porque se parece al fluir normal del pensamiento, el ensayo es, tal vez, uno de ellos (p. 405).

Para finalizar este primer recorrido, cito las líneas con que se inicia la escritura de "Lo novelesco y *La novia del hereje*":

> Un niño no tiene por delante una vida, como un callejón angosto, sino el complejo

---

[213] Ulla, Noemí, op. cit.

> repertorio de las vidas posibles. Porque él podrá serlo todo, atentamente escucha en las prodigiosas proezas que le refieren -guerras, naufragios, cacerías de tigres- su propia historia, sus probables y altos destinos. El eco de la ilusión nunca se apaga y todo en nosotros va envejeciendo, salvo la afición por los relatos (p. 409).

II Parte

En este tránsito por *La otra aventura,* quiero regresar a la imagen del museo que describí anteriormente, por la necesidad de explicar cómo entiendo esos espacios dedicados al arte.

Con los museos –así como con los libros, la música y, por supuesto, la pintura– sucede que algunos pueden conmovernos; otros no lo logran nunca.

Podría nombrar muchísimos por los que he andado con voluntarioso esfuerzo (por ejemplo, *El Louvre*) y otros que, como bien dice una amiga, están construidos a "escala humana", como sucede con el *Marmottan,* dedicado a Monet. Por estos pagos, esa experiencia me la ha producido el *Museo Las Lilas*, en San Antonio de Areco, que expone la obra de Florencio Molina Campos.

Mi recorrido por *La gran aventura* pertenece a este último grupo.

Dicho esto, continuo con esta crónica dividida en partes, una arbitrariedad que me he tomado, teniendo en cuenta que los artículos se leen como una continuidad del pensamiento crítico de Bioy sobre las lecturas de diversos autores.

Ya he confesado mi ignorancia con respecto a muchos de los trabajos mencionados. Me envalentona, sin embargo, que Bioy escriba: "Volviendo a las cosas de los mortales" (p. 427), para hablar de su escritura luego de mencionar las de Russell, Tristram Shandy; y al mismo Léautaud, a quienes está reseñando.

La lectura de *La otra aventura* me ha incitado a investigar, a buscar las obras y los autores mencionados, y ha planteado nuevos desafíos, expandiendo por lo tanto la ruta de viaje.

En "Memorias de Frank Swinnerton" Bioy recoge el consejo que el autor inglés le da a los escritores jóvenes (¿es el mismo Bioy quien se ve reflejado en la cita?): "Ved en vuestra actividad literaria un pasatiempo delicioso, desprovisto de toda trascendencia" (p. 431).

En las reflexiones que se leen en "Diario de Léautaud", sobre la escritura del diario o de fragmentos, pensamientos, frases –un registro vital para Bioy, como puede verse en *Diario de caminante*– hace suya también la cita de Léautaud: " Yo creo que mi placer de escribir podría muy bien circunscribirse a este diario" (p. 429).

Sobre el Padre Ricci, en la reseña sobre el trabajo de Vincent Cronin, "una obra digna de su tema extraordinario, entretenida y riquísima" (p. 418), rescata dos actitudes –que bien le caben al mismo Bioy–:

> (…) fue tolerante, recto, alegre (esto no podía menos que agradar a los chinos, para quienes "el buen humor es la mejor parte de la bondad") y fue capaz de admirar la civilización de ese mundo al que había llegado, tan remoto del suyo (…) en la lucha política que se desarrolló en aquellos años, entre los mandarines —hombres de todas las clases sociales, que obtenían su cargo por exámenes rigurosos— y los eunucos —ávidos, ignorantes, venales, amparados por el palacio— su corazón estuvo del lado de la cultura (p. 417).

También escribe amorosamente sobre Julien Green, David Garnett, Hartley y Mary McCarthy, aunque no siempre le haya agradado el resultado de sus trabajos; nos transmite su pasión por Kipling y Santayana; y adelantándose a los tiempos, imagina y escribe en el artículo "Un tomo de la *Enciclopedia de la Pléiade*":

> (…) Ciertamente, un día alguien descubrirá un sistema analítico —el sistema— que lo incluirá todo y al que deberán ajustarse las enciclopedias del futuro (p. 443).

Leo al final de este mismo artículo que Bioy se incluye en "el prodigioso balance de lo poco que sabemos y de lo mucho que ignoramos" (p. 445), lo que alivia mi pesar o desasosiego por la imposibilidad de abarcarlo todo.

III Parte

Para escribir sobre "Letras y amistad", dedicado a Borges.
No es casual encontrar como epílogo del libro, este título que contiene la palabra "amistad". Porque es el gesto que realiza Bioy con sus lecturas, al establecer "la relación de afecto, simpatía y confianza", que de inmediato también recibe el lector.
Con sincera humildad Bioy nos cuenta cómo se inició su amistad con Borges; el primer trabajo que hicieron juntos para un folleto comercial, y como de ese vínculo nació la certeza de que:

> Aquel folleto significó para mí un valioso aprendizaje; después de su redacción yo era otro escritor, más experimentado, más avezado. Toda colaboración con Borges equivale a años de trabajo" (p. 447).

Luego señala: "Por dispares que fuéramos como escritores, la amistad cabía, porque teníamos una compartida pasión por los libros" (p. 447).
No puedo dejar de extrapolar estas líneas a las actuales circunstancias provocadas por la pandemia. Y cómo ha sido la pasión compartida por la lectura y la escritura el puente para achicar las distancias, incluso profundizándola en la virtualidad.
Bioy nos cuenta sobre la creación de la revista *Destiempo*, tan solo tres números; las distintas colaboraciones junto a Borges, las antologías policiales y fantásticas; la inclusión de Silvina Ocampo en las dialogadas tardes de San Isidro; y, por último, el maravilloso e irónico decálogo de lo que hay que evitar (porque en realidad no hay que hacerlo) en la literatura.

He finalizado la visita al museo.
Con morosidad me levanto de la banca luego de la última recorrida y dirijo mis pasos hacia la salida. La hora que marca el reloj aviva el deseo de un buen café, con preferencia en algún espacio abierto. Siguiendo las señales que conducen al siempre infaltable *shop*, encuentro las mesas blancas adornadas con *alegrías del hogar* multicolores, y ahí me siento.
Como no me he marchado del todo, como todavía tengo a tiro las imágenes y la emoción, disfruto con ellas en la íntima calma del café. Un mozo se va acercando a mi mesa

y entonces, antes de quebrar el silencio con mis palabras, recuerdo las escritas por Bioy: "Diríase que la felicidad es una diosa esquiva".
Sin embargo, hoy tengo la certidumbre de haber vislumbrado la diosa.

Crónica 13 - 6 de julio

Memoria sobre la Pampa y los gauchos

> En aquel entonces yo hubiera preferido que la República incluyera, como la India, selvas y tigres, pero si teníamos pampa y gauchos no les negaría mi veneración patriótica.

Me detengo en la tranquera de un campo cercano a Las Flores. Quizás sea este, aventuro ante la mata de yuyales y al oxidado molino de viento, el sitio sobre el que escribió Bioy Casares.
Un camino sinuoso se pierde tras las casuarinas y no logro ver más allá del entrevero del follaje y troncos. Pero imagino que este debe ser el lugar y que si aguardo pronto veré acercarse a paso lento a Don Gregorio Mendivil, a quien llaman "el Griego".
Saco de mi bolsillo la fotografía y el apunte con las señas que me pasó Bioy:

> (...) solo, pálido, visiblemente enfermo. Diríase que la caja craneana va a aflorar. El pelo es largo, delicado; por oposición a su negrura sorprende la muy alta intimidad de la piel en las partes de la sien y de la frente que el sombrero ciñe (p. 610).

Sin embargo, la memoria de Bioy solo alimenta una ilusión. Y en esta misma "inmemorial soledad", que lo acompañó hasta el final de sus días, comprendo que ya no es posible encontrarlo, el héroe ha partido.
Aun así, he llegado ante esta tranquera, quizás para entender.
La curiosidad me ha traído hasta aquí, después de haber recorrido estas páginas publicadas en la revista *Sur* en 1970.

Algunos gorriones, o tal vez horneros, también algunos benteveos se han ido arrimando y, a su vez, me espían. Por momentos, las voces de los pájaros son el único sonido que me acompaña. Evoco entonces mi poema:

> Bienteveo,
> bichofeo, cristofué.
> En la mañana pálida
> levanto mis ojos
> hacia tu pecho luminoso.
> Quitupí o pitogüé
> te grito, tal vez
> debiera susurrarte
> para que sin otra ilusión
> te quedes[214].

Mi relación con el campo ha sido siempre breve; básicamente por contactos esporádicos. El más reciente fue una estadía en Olivera, provincia de Buenos Aires, un fin de semana, justo antes de que se desatara toda la locura de la pandemia.

Soy mujer de mar. Aun así, amo perder las manos en la tierra para que prosperen las semillas; podo, alimento, acaricio las plantas que me ha tocado cuidar. Y recuerdo increíbles y particulares atardeceres cuando el fuego del sol estalla sobre el horizonte verde, la tenue luminosidad que anuncia, lentamente la llegada de la noche, la aparición desmedida de la luna y el cielo tan estrellado que provoca el roce con tan solo extender los brazos hacia las alturas.

Hasta ahí llega mi dominio del campo. Por la poesía.

Simple turista, convidada esporádica, incluso intrusa.

Ni gauchos de chiripá blanco o de colores. Solo el contacto fugaz desde la ventanilla de un auto en tránsito por rutas que llevan hacia otros destinos, hacia la costa o a las montañas, nunca la pampa misma.

Sin embargo, en este ensayo, Bioy escribe sobre esa geografía y los gauchos. Confronta su propia memoria, al modo de Proust, por lo que ella le provoca; una memoria más proclive a recrear "selvas y tigres", y la mención de poetas y textos de nuestra literatura gauchesca:

> A lo largo de la vida he notado, sin dificultad, que los viejos estancieros dejan entrever la

---

[214] Otsubo, María Claudia. "Bienteveo", en *Diminuto Verde*, op. cit.

> convicción de que los literatos no entendemos mayormente de campo (p. 597).

Busqué otros títulos contemporáneos al ensayo de Bioy. Textos como *El mito gaucho,* de Carlos Astrada (1948), y otros más próximos al inicio del siglo, como los de William Hudson, autor de lengua inglesa nacido y criado en el país, de quien hacen una lectura crítica Borges (En *Otras Inquisiciones,* a propósito de "La Tierra Púrpura") y Martínez Estrada (*El maravilloso mundo de Enrique Hudson,* 1951).
El mismo Bioy menciona también *Los folletos lenguaraces,* de Vicente Rossi.

> Rossi se preocupaba por resaltar la lengua popular viva, el cocoliche inmigrante, el habla del criollo, del negro y del indio, también muy admirado por Borges[215].

Como en otras lecturas de Bioy Casares, aparecen los caminos que se bifurcan ensanchando mis posibles lecturas. Pero hoy, aquí, frente a esta vieja tranquera, solo estoy intentando escribir sobre lo que he leído. Y la pregunta que surge:
Cuando todo tiende a mutar y a extinguirse, ¿qué busca rescatar su memoria?

> Probablemente las perturbaciones y las confusiones ocurren en la procelosa tarea de discernir entre el gaucho que vive en nuestra imaginación y el que vive en el mundo real.

Por eso la semblanza de Don Gregorio con la que cierra el ensayo, intuyo que es la única válida.
Por ella permanezco, aguardándolo. Para verlo llegar, a paso lento, y entonces me susurra historias de la pampa mientras la tarde, como tantas otras cosas de este mundo, inevitablemente, irá desapareciendo.

---

[215] *https://www.diarioalfil.com.ar/2015/07/08/nos-vemos-en-la-imprenta-de-vicente-rossi/*

Crónica 14 - 8 de julio

Breve diccionario del argentino exquisito

Este nuevo atardecer en el camino se convierte en el momento ideal para leer el *Breve diccionario del argentino exquisito*, que Bioy publica en 1971 aunque el texto alcanzará mayor difusión en la reedición, corregida y aumentada por Bioy, en 1978.
Así señala un trabajo de Mireya Camurati[216]:

> A fines de 1971 aparece, en tirada de dos mil ejemplares, el *Breve diccionario del argentino exquisito* de Javier Miranda. Cuando le preguntamos a Bioy Casares las razones de esconderse tras el seudónimo, nos contesta que lo hizo un poco por timidez y otro poco por afán de juego o travesura. Ambas explicaciones son aceptables. En primer lugar, aunque el Diccionario contiene muchos de los elementos habituales en el estilo del autor –ironía, humor, mezcla de lo real y lo apócrifo–, entra también en terrenos propios de lo que podría interpretarse como una normativa lingüística, campo del que Bioy prefiere mantenerse alejado. Además, está la ventaja de que el anonimato preserva de las reacciones antagónicas que siempre provoca una obra satírica.
> La intención de confundir identidades está acentuada en la nota de la tapa, cuando se alude al autor como erudito que "deja atrás sus investigaciones en otros campos, diplomacia, narrativa o historia, para mostrar una disciplina al lector". Según la anécdota que cuenta Bioy, inclusive Victoria Ocampo, tan cercana a mí por relaciones profesionales y familiares, cayó víctima de la travesura.

Bioy escribe en el Prólogo al volumen:

---

[216] Camurati, Mireya, "Bioy Casares y el lenguaje de los argentinos", para la State University New York of Buffalo, (1983), disponible en *https.revista-iberoamericana.pitt.edu*

> Es curioso el hecho de que tanta gente, en una época de penuria como la actual, se vuelque a la tarea de enriquecer el vocabulario. Fonéticamente inventa palabras, o las desentierra de libros (¿no es increíble?) donde dormían el sueño de los muertos, o les confiere acepciones forzadas, incorrectas, fantasiosas, pero nuevas. Piensa que tal vez no sólo de pan vive el hombre y que, afligidos por infinidad de privaciones, a lo mejor encontramos alguna compensación, o por lo menos consuelo, en la certidumbre de que a cualquier hora del día o de la noche podemos recurrir a las palabras fractura, estructura, infraestructura, para no de decir nada del verbo escuchar, que indudablemente ha de engolosinarnos, porque no se nos cae de la boca (p. 613).

Y ya que se trata de una sátira, don Bioy, me sumo a la diversión y le "converso" sobre mi experiencia de esta mañana.
Viene al caso, de esto imagino que usted hablaba:

"Esta mañana, me *anotició* el encargado –acorralándome en el hall de entrada– de *ahora en más,* en *base a* lo chequeado y a las *causales* que permitieron tomar esta decisión, en orden al bien *comunitario* y atendiendo todos los *disensos*, después de repetidas *elaboraciones* y *evacuadas* las consultas con algunos *facultativos* del edificio, se ha *generado*, *habida cuenta de los hechos*, la siguiente disposición:

— Que, *de hoy en más*, según aconsejaron los mencionados e *idóneos* profesionales, se realice mediante el accionar *inédito,* y de acuerdo a los *parámetros jerarquizados,* sin *lentización*, la siguiente acción *masiva*, tanto *a nivel individual como grupal*.
— Dicho lo cual, *de hoy en más*, en definitiva, se ponga en marcha la *operatoria.*
— Que la misma compete a toda persona, incluso *persona de color,* a *corto, mediano y largo plazo,* sin que ello signifique para nadie un *quemo*.

— Por lo tanto, se establece sin *delación,* la responsabilidad de *recolección de residuos* (de la propia basura personal, se entiende).

Para no *sobredimensionar* mis labores, me aclaró en un aparte y *tenso* el encargado, con un gesto de las manos *tipo estoy al tope* de tanto trabajo, que me ubicó enseguida en su necesidad de *vacacionar.*
Como nos sentimos todos, creo que murmuré por lo bajo mientras dejaba el edificio para adentrarme en esta cuarentena que ha hecho crítica la *vivencia* de cada individuo en su correspondiente *zonal".*

Crónica 15 - 24 de julio

El héroe de las mujeres

el héroe de las mujeres no es
siempre el héroe de los hombres

Leo el *Héroe de las mujeres* (1978) a finales de junio, pero recién, casi treinta días después, escribo esta crónica. Han transcurrido un poco más de cuatro meses desde el inicio del viaje con Bioy y el universo, ajeno al ficcional, se parece cada vez más a "un otro lado" muy confuso.
La percepción del tiempo, el limbo en el que se entreveran las horas y las semanas se ajusta tan solo a algunas certezas en el devenir del calendario, algún vencimiento, un encuentro virtual, tal vez un aniversario.
Por otra parte, contemplo los tres tomos de la *Obra Completa*, que se hacen lugar entre los papeles y demás libros –que en todo este tiempo he procurado no ordenar demasiado, apenas lo necesario para no extraviar alguna nota suelta–, y observo los diferentes rostros impresos de Bioy en las sucesivas publicaciones. La cronología se refleja en su cara; un dato concreto, casi anacrónico en la indefinición de estos días.
La última portada, la del tercer volumen, corresponde al autor maduro, igualmente seductor, de mirada honda y apacible. Es una foto sugerente, anterior a la del hombre que aparecerá luego en tantas entrevistas, al que prefiero escuchar más que ver, por esto de que ni al mismo Bioy Casares le gustaba ser un "viejo"; y que en uno de los diarios escribe:

> Las mentiras piadosas que se dicen sobre la vejez me parecen casi deprimentes; deprimentes son las verdades (p. 46).[217]

Cuarenta y dos años más tarde de la publicación de *El héroe de las mujeres*, escribo sobre el libro.

> "¿Qué te dieron las mujeres?" Un placer real de duración breve, un placer imaginario pero alentador, de duración imprecisa, y engorros, molestias, compromisos tan reales como permanentes. Sin embargo, sin ellas no tengo techo para protegerme de las adversidades. Quedé fuera del alero. Está lloviendo y hace frío. (p. 371).[218]

Escribe Bioy casi una década después de la escritura de los cuentos de este volumen.
Me detengo por unos instantes en el título del libro, y en esas dos palabras que gravitan y se confabulan no solo en este texto, sino también durante toda la obra de Bioy: el Héroe y la Mujer.
Según el diccionario de la RAE, hay seis acepciones para la palabra "héroe":

> –la persona que realiza una acción muy abnegada en beneficio de una causa noble;
> –la persona ilustre y famosa por sus hazañas o virtudes,
> –el personaje que actúa de una manera valerosa y arriesgada,
> –la persona a la que alguien convierte en objeto de su especial admiración,
> –el hombre nacido de la cópula de un dios y un ser humano.

Elijo una sexta, más adecuada para mi reflexión, y que resulta ser la más breve: "protagonista de una obra de ficción".
¿Quién es, entonces, para Bioy, el protagonista de sus ficciones?
En la conversación con Noemí Ulla, señala:

---

[217] Bioy Casares, Adolfo, *Descanso de caminantes*, op. cit,
[218] Bioy Casares, Adolfo. *Obra completa III*, Emecé editores, Bs. As.: 2014.

> El héroe de una novela tiene que ser, de algún modo, querible; no tengo ningún inconveniente en que haya personajes despreciables, creo que el personaje central también puede ser torpe, pero hay que poder quererlo (p. 25)[219].

Regreso al camino que ya he transitado para buscar en *Guirnalda con amores*. En el Libro décimo, Bioy había escrito un texto breve: "Retrato del héroe". Lo transcribo:

> Algunos al héroe lo llaman holgazán. Él se reserva, en efecto, para altas y temerarias empresas. Llegará a las islas felices y cortará las manzanas de oro, encontrará el Santo Grial y del brazo que emerge de las tranquilas aguas del lago arrebatará la espada del rey Arturo. A estos sueños los interrumpe el vuelo de una reina. El héroe sabe que tal aparición no le ofrece una gloriosa aventura, ni siquiera una mera aventura –desdeña la acepción francesa del término– pero tampoco ignora que los héroes no eluden entreveros que acaban en la victoria y en la muerte. Porque no se parece a nuestros héroes criollos, no sobrevive para contar la anécdota. ¿Quiénes la cuentan? Los sobrevivientes, los rivales que él venció. Naturalmente, le guardan inquina y se vengan llamándolo zángano (p. 103)[220].

Mariano García, en un ensayo sobre la obra de Bioy Casares señala[221]:

> Bioy Casares desplaza el culto del coraje y los compadritos al eje más general del heroísmo y de lo heroico. El sueño de los héroes, El héroe de las mujeres y Un

---

[219] Ulla, Noemí, op. cit.

[220] Bioy Casares, Adolfo. *Obra completa II,* op. cit.

[221] Mariano García, "Reformulación de lo Heroico Borgiano en la Obra de Adolfo Bioy Casares", *https://p3.usal.edu.ar/index.php/gramma/article/view/789/914*

> campeón desparejo son títulos que atestiguan su frecuentación del tema, recurrencia que muchas veces se revela irónica en la lectura de los textos. En efecto, ya a partir de El sueño de los héroes se presenta el prototipo de protagonista masculino de Adolfo Bioy Casares: un héroe pusilánime que, no obstante, cuenta con el favor algo disonante de una o varias mujeres, como si el varón consciente de sus limitaciones, o capaz de reconocer sus miedos, despertara en ellas una ternura maternal no exenta de sentimientos posesivos ni de deseo sexual.

Y agrega luego García: "El héroe de las mujeres no es por fuerza el héroe egoísta de las aventuras, sino el que se decide por las dulzuras de la intimidad".

Más adelante, en el mismo trabajo, García escribe sobre la íntima relación de Bioy con la obra de Arturo Cancela (1892-1957), mencionado en el cuento "El nóumeno":

> No cabe duda de que hay un tipo de entonación, y una manera de desarrollar las situaciones para desembocar en el humor o en un efecto combinado de humor y seriedad, que Bioy bebe directamente de Arturo Cancela, un escritor "injustamente olvidado".

Descubro también la mención de Cancela en las conversaciones de Bioy con Noemí Ulla: "Este cuento ha querido ser una especie de homenaje tácito a Cancela, para que lo reciba quien conozca a Cancela, para agradecerle eso" (p. 100) [222].

Como en otras estancias de este viaje, y en este caso gracias al texto de Mariano García, Bioy Casares convoca a otros escritores o pensadores que ha leído.

Estas otras lecturas se van acumulando sobre mi mesa de trabajo.

Nuevamente, la ansiedad cercana a la angustia frente a la desmesura.

El horizonte de mi ruta de viaje parece no tener fin.

---

[222] Ulla, Noemí, op. cit.,

Son varios los héroes en los cuentos que componen este libro:
–Correa, el joven estudiante de Derecho en "De la forma del mundo", que descubre, gracias a unos contrabandistas –y al cruzar un túnel vegetal y enigmático que lo ha llevado misteriosamente desde el Tigre a Punta del Este, en Uruguay–, a Cecilia. Vencido luego por el miedo, la geografía desconocida y, además las prohibiciones políticas que no le permiten viajar a la Banda Oriental, Correa no logra regresar a la mujer, de la que se había enamorado. Incapaz entonces de liberarse de las circunstancias que le impiden regresar junto a la mujer, Correa se transformará con el tiempo en un

> Hombre poco dado a la aventura, de carácter parejo, aunque melancólico, únicamente se dejaba arrebatar, según los amigos, en conversaciones que versaban sobre temas de geografía. Entonces Correa se habría mostrado, más de una vez, irritable y soberbio (p.174).

–El empleado del Sanatorio del Dolor, en "Otra esperanza", será el protagonista y quien descubre que, en ese establecimiento, el dolor es usado como fuente de energía eléctrica. Transformar el dolor, a costa del sufrimiento de los pacientes (que él también experimenta), se ha convertido en un objeto rentable.

–En una "Una guerra perdida", un hombre sin "fijarse" en ningún compromiso va pasando de mujer en mujer: "Al principio viví agradablemente con Mercedes porque toda persona es un mundo y porque siempre me entretuvo la paulatina exploración de esa particular especie de mundos que son las mujeres" (p. 185). El hombre no comprende que ellas buscan lo contrario: la estabilidad en arenas movedizas. Un gurú en fijación de médanos "Brémontier" lo enfrentará a esa realidad: ha envejecido, el mundo ha cambiado, y se llenó de "fijadoras de médanos".

–En "Lo desconocido atrae a la juventud", el héroe es Luisito Coria, salvado por la influencia "mágica" de la tía Regina. Como ocurre con *Pinocho,* Luisito, joven e ingenuo, es lanzado al mundo –al pueblo primero, "al Rosario" después– portando en sus bolsillos tan solo los valores inculcados por su madre. Su voz será la que él escuche cuando se vea acechado por las tentaciones (incluso la posibilidad de matar). Finalmente, "caer en un sueño salvador", propiciado por su tía, le posibilitará salir adelante, progresar y casarse con la hija del boticario.

–"La pasajera de primera clase" es el relato de "nuestro cónsul", de un país que, sin dudas (sin ánimo de comparaciones) se me antojó "bananero".

–En el "Jardín de los sueños" reaparece el tema del pasaje, el paso que permite llegar hacia esos "otros lados". El protagonista es "un enviado especial", que ve amenazada su libertad por cuestiones políticas. Con la ayuda de una mujer, una azafata (que recuerda a una heroína de Stendhal) a la que le recita unos versos (tomados de *La Isla del Tesoro*, de Robert Stevenson) logra escapar, y traspasando unos muros llega a un jardín, "un paraje de sueño", creado por un "charlatán", el doctor Veblen (tocayo de Veblen del cuento "El lado de la sombra"), que promete la cura con sueños a millonarios. Finalmente logra escapar, aunque queda atrapado en el compromiso con la muchacha que lo había ayudado.

–El héroe de "Una puerta se abre" se somete a un sueño de cien años para escaparle a Carmen; la "enana" que, sin embargo y sin él saberlo, también se ha sometido a la misma terapia: "quisiste dormir mientras yo dormía, pensemos que hemos dormido juntos, mi amor, y ahora, de veras y para siempre, cuentas conmigo".

Finalmente llego al héroe del "Héroe de las mujeres".
Hago un paréntesis para contar que en el camino me he topado con un artículo de Antonio Muñoz Molina, para el diario *El País*, titulado "Un héroe de las mujeres".
Parafraseando el título del libro de Bioy, Muñoz Molina escribe sobre la relación que mantuvo el torero Mario Cabré con la actriz de cine Ava Gardner. Cito el homenaje de Muñoz Molina al escritor argentino:

> Ahora, cuando los dos están muertos, se ha sabido una de esas verdades que Bioy

Casares suele reservar para las últimas líneas
de sus mejores relatos[223].

En el cuento de Bioy, un joven ingeniero, Lartigue, un maduro hacendado y su esposa Laura se refugian en una estancia abandonada para comprobar si es verdad que existe un tigre que ronda amenazante por los pagos del pueblo. Mientras viajan hacia la estancia donde se alojarán, Don Nicolás, el hacendado, cuenta la historia del hombre que fuera su dueño: taimado, corrupto, dado al juego y a las mujeres. Es entonces cuando Laura desliza "el héroe de las mujeres no es siempre el héroe de los hombres". Lo que sucede luego en el cuento no voy a revelarlo en la crónica, solo señalaré que como bien escribió Muñoz Molina la trama nos conduce a un desenlace digno de los mejores relatos de Bioy.
Al cuento lo antecede un epígrafe del poeta Lord Byron (1788-1824): *Alas! the love of the women!*
Cierro la crónica con la traducción de E. Paz Leston, aportada por Daniel Martino en las "Notas a los Textos" en el volumen III (p. 831).

¡Ay!, el amor de las mujeres, ya se sabe
es algo encantador y temible:
En esa jugada arriesgan toda su suerte,
y si pierden, la vida ya no trae
para ellas sino burlas del pasado
y su venganza es como el saldo del tigre.

Crónica 16 - 28 de julio
La aventura de un fotógrafo en La Plata

Alrededor de las cinco, después de un
viaje en ómnibus, tan largo como la noche,
Nicolasito Almanza llegó a La Plata.

Corría 1985. La Argentina, mi país, transitaba luego de muchos años, un período democrático. No recuerdo mis lecturas de ese tiempo bastante ocupado por cierto entre mi rol profesional –el trabajo como asistente social en una institución privada vinculada con la infancia– y el de mamá

[223] *https://elpais.com/diario/1991/02/23/cultura/667263601_850215.html*

de dos niñas (la segunda recién nacida). Todavía se discutía poco por cuestiones que resuenan hoy como obvias, lo de las tareas compartidas, y aunque la mujer no era como las *housewife* de los sesenta o setenta, tampoco se había liberado del todo de la obligación familiar. En fin. Cada historia es personal como para establecer generalidades.
Corría 1985 y Adolfo Bioy Casares publicaba la novela *La aventura de un fotógrafo en La Plata.*
¡Distraída con otros menesteres, y teniéndolo a Bioy tan a mano! ¡Qué pena haber perdido la oportunidad de conocerlo!
Por eso estas crónicas son una apuesta.
Una correspondencia que intenta atravesar el espacio y el tiempo para conectarme con el autor con el que me hubiera gustado conversar.
Quizás escribo hoy influenciada por *Dark*, la serie alemana de ciencia ficción, atrapante y muy bien hecha, por lo menos en su primera temporada, que explora la posibilidad de viajar en el tiempo.
De cualquier modo, el testimonio de mi andar por los textos de Bioy concentra ese anhelo, poder sentarme a conversar con él.
Se trata de un cuaderno de bitácora. De las impresiones que vuelca el viajero al fin de la jornada. Del diálogo que establezco con la lectura cuando los ojos transitan por la línea, sumando los colores y las voces que se van descubriendo durante el trayecto.

Abro, leo y cierro la novela. De una sentada.
Asisto como espectadora de una obra de teatro, expectante, atrapada hasta al final por el devenir de los personajes.
Noemí Ulla en la "envidiable" conversación que tuvo con Bioy, le preguntó si a él le hubiera gustado transitar el género de la dramaturgia. Esta fue su respuesta:

> Lo que me llevó a escribir teatro fue que un día me dije que, si yo sabía contar cosas a través de diálogos naturales, por qué no iba a poder escribir teatro, y lo hice. Pero es más difícil que eso; el teatro es severo (...) Para escribir teatro tendría que aprender el oficio como cualquiera, porque es otra manera de narrar. Una cosa es narrar una novela y otra es cuento, y otra es escribir teatro. "No pa' todos es la bota' e potro"; hay que aprender, hay escollos que hay que saber solucionar, y

> los narradores no estamos acostumbrados a hacerlo porque escribimos para lectores[224].

La respuesta de Bioy es respetuosa y medida; bien construida, como sus narraciones. No obstante, esta novela, más que otras, tiene muchos elementos, que permitirían con muy buen resultado, una puesta teatral o fílmica.

Bioy escribe (creo que una sola obra): "Siete soñadores. Tragicomedia en un acto", publicada en 1968 para la Revista *Sur*, que Daniel Martino incluyó en "Obra del período no recogida en volumen", en el volumen II de la Obra completa.

Ese texto, señala Martino, tiene su origen en otro relato breve de 1933, "Un puñal en el sueño" (publicado en el Anexo II del mismo volumen). Ambos tratan sobre cómo el sueño de "desear la muerte de alguien" puede llegar a convertirse en realidad.

En el cuento más antiguo, el de 1933, Suna le clava un puñal a Mario:

> (…) lo clavó ferozmente en el pecho de Mario y lo hundió hasta donde pudo, porque le parecía que era en el fondo de ese hombre en donde se ondulaba el plano siniestro del sueño (p. 715)[225]

Regreso al texto que ahora me convoca.

Las mujeres que aparecen retratadas en la novela son diez, incluyendo a Julia, que enamora al protagonista, Nicolás Almanza.

En la investigación que estoy realizando (ya mencionada, para las Jornadas que se llevarán a cabo en el MALBA) me he detenido en cada una de ellas.

Como en otros textos de Bioy, las mujeres desempeñan un rol fundamental.

Cada una, con su impronta, acompaña el devenir de Nicolasito Almanza por el escenario de la ciudad de La Plata, ciudad a la que el joven fotógrafo ha llegado para cumplir un encargo de trabajo. Almanza, por momentos muy parecido a Esteban Gauna (del *Sueño de los Héroes*) es un "muchacho tranquilo, aguantador si lo exigían", que llega de un pueblo pequeño de la provincia de Buenos Aires, Las Flores. No bien pone un pie en la ciudad,

---

[224] Ulla, Noemí, op. cit.

[225] Bioy Casares, Adolfo. *Obra completa II*, op. cit.

“circunstancialmente” se vincula con la familia de don Juan Lombardo, un padre y sus dos hijas. El lazo que establece con ellos se fortalece cuando debe donarle sangre a don Juan, estableciéndose así un “pacto” entre ambos muy estrecho.

La novela plantea desde el inicio el tema del doble o el de las repeticiones.

Es apasionante ir siguiendo las pistas de esa duplicidad que Bioy va anticipando a medida que se avanza por la trama; marcas o guiños que va construyendo con la precisión del buen narrador:

- En el primer párrafo de la novela: “Se dijo: ‘Todo se repite’”.
- El protagonista cuando llega a La Plata tiene las dos manos ocupadas: “No contestó por tener la mano derecha ocupada con la bolsa de la cámara…, y la izquierda, con la valija de la ropa”; una para lo personal, la otra dedicada a su oficio.
- Son dos las hermanas: “dos mujeres jóvenes”, Griselda y Julia, las hijas de Lombardo; una rubia y la otra, morena. La rubia tiene a su vez “dos” hijos. Durante el relato, la acción de una repercute en el obrar de la otra hasta el final cuando Almanza elige y logra quebrar la dualidad. Hay otras dos mujeres, que viven en la pensión: Zulema y Elvira. “Las dos son lindas”, les dice Almanza.
- La coincidencia del nombre Nicolás que hace exclamar a Lombardo no bien se conocen: “¡Tocayos! Mi nombre completo es Juan Nicolás Lombardo”.
- En la ambulancia que llaman para auxiliar a don Juan Lombardo, hay dos hombres. El médico repite: “Permiso, permiso”, “Perfecto, perfecto”.
- Almanza y don Juan tienen la misma sangre y luego de donar, Nicolasito toma un segundo desayuno.
- Un hijo desaparece (Ventura) para Lombardo, mientras el otro (Almanza) le salva la vida.
- Hay una segunda cama en la pieza que comparte con Mascardi, que resulta ser número par, la 4.
- “No lo suelto a dos tirones”, dice Almanza cuando le señalan que cuide sus cosas.

- El fotógrafo de la plaza, que encuentran cuando pasean Julia y Nicolás, le entrega dos copias de la fotografía a la pareja.
- Luego de estar con Griselda, Nicolás llega a la pensión a las "dos" de la mañana. La habitación del hotel donde se han encontrado tiene un precio establecido por "dos" horas.
- Doña Carmen, la patrona de la pensión, una mujer que irá modificando su apariencia de monja civil a gitana, visiblemente enamorada de Almanza, lo intima de este modo: "Ya es hora de que estemos los dos en la cama".
- "El enorme biombo de espejos, que reflejaba y multiplicaba los ataúdes". Como el biombo de la infancia, en el cuarto de su madre, disparador del tema del doble en la ficción narrativa de Bioy.
- "Cortados por la misma tijera, hermano. Sonsos los dos… para mí somos dos tipos a la antigua…", se lee en el diálogo entre Nicolás y su amigo Mascardi.
- Cuando Nicolás escapa del ataque en la funeraria, lo hace así: "Cruzó dos puertas y salió a la calle".
- La dualidad es una certeza para Nicolás: "Almanza pensó: 'Todo se me da en pares'". Así también se cuenta que recibió "dos giros" por su pago, uno era para encargarle un nuevo trabajo, un "segundo" libro sobre Tandil.

La duplicación acentúa la atmósfera de incertidumbre en este relato que incuba la sospecha.

Salvo el protagonista, todos desconfían de la familia Lombardo que parece querer atrapar al muchacho en sus artimañas. Como lectora no puedo menos que sospechar también; sobre todo porque, por momentos, don Juan me recuerda al doctor Valerga del *Sueño de los héroes*.

Nicolas Almanza observa la ciudad y a quienes lo rodean a través del lente de su cámara. Las descripciones de su andar por La Plata son detalladas y resaltan edificios emblemáticos como la estación de trenes, la Catedral, la Casa de Gobierno provincial o el Museo de Ciencias Naturales, entre otros.

Bioy fue un amante de la fotografía.

> Una cámara fotográfica se me antoja un dispositivo para detener el tiempo... Por medio de su cámara, el fotógrafo sustrae del

río del tiempo el mundo que lo rodea. Puede afirmarse que el fotógrafo es artista cuando descubre los momentos más expresivos de la verdad de ese mundo, su modelo, y consigue perpetuarlo hermosamente y tal cual es, como si le robara el alma[226].

Hoy mientras escribo, evoco vagamente haber leído sobre una muestra de fotografías tomadas por Bioy Casares. La reseña de esa exposición, que finalmente busco y encuentro *online*, la realiza en esa ocasión, para el diario *La Nación*[227], Laura Ventura. Conozco a Laura, me hizo una entrevista cuando presenté mi segundo libro de cuentos: *Mujeres al sol, sábanas al viento*, allá por el 2008.

Con el título "Fotos de familia", también se ha subido un artículo publicado en el diario *La Capital,* el 25 de mayo de 2014[228].

Ambos eventos tuvieron lugar al cumplirse el 109° aniversario del nacimiento de Bioy.

La fotografía estuvo presente en la narrativa de Bioy desde el inicio.

Pienso de inmediato en las imágenes que crea Morel, en *La Invención de Morel,* su intento de capturar no solo un instante, sino también "algo" de un alguien para siempre.

> Creo que la buena fotografía es la del clic primero, cuando se aprieta el disparador de la cámara, y si luego se cambia eso en el laboratorio es un bizantinismo. El fotógrafo es el que sabe ver. Y a mí me pasaba que yo sabía ver mejor a través de la cámara que sin la cámara. Sabía bien si una mujer me gustaba y me seguiría gustando cuando la

---

226 Barrera,Trinidad. "Complicidad y fantasía en Adolfo Bioy Casares" en: *http://www.cervantesvirtual.com/obra-visor/complicidad-y-fantasia-en-adolfo-bioy-casares/html/5f6f11aa-7944-4dda-94ec-df791aae506b_2.html*

227 *https://www.lanacion.com.ar/sociedad/las-imagenes-y-las-almas-bioy-fotografo-una-faceta-desconocida-del-autor-fantastico-nid1727061/*

228 *https://www.lacapitalmdp.com/contenidos/fotosfamilia/fotos/9107*

> veía con la cámara. Y eso me salvaba de descubrir después que no me gustara tanto[229].

Regreso a la novela.

Al final, Nicolás Almanza recibe el pago que está esperando por su trabajo, puede saldar sus deudas y recibe un nuevo encargo, fotografiar la ciudad de Tandil. Don Juan deja de pertenecer al bando de los sospechosos; será Mascardi, que se prepara para ser policía, quien nos dirá que, de ahora en más, podemos confiar en él.

En cuanto a la mujer elegida, Julia, el desenlace de la historia de amor será similar a otros anteriores en la narrativa de Bioy: el de la imposibilidad: Almanza acorralado por la urgencia de tener que dejar la ciudad, se va enredando en acciones y pérdidas de tiempo que retrasan el encuentro con la mujer.

La escena de la despedida, mientras él se encuentra ya a bordo del tren que lo alejará de La Plata es determinante:

> Golpeando el vidrio, porque no conseguía abrir la ventanilla, empezó a gritarle:
>
> —Quería decirte…
>
> Julia se tapaba la cara, para que no la viera llorar, y le decía algo, que no oyó (p. 363).

En el prólogo de la edición de 2005, Bioy reconoce que es probable que haya aludido, aun sin proponérselo, al tema de los desaparecidos. Un trabajo de Marcela Walter Salas[230] da cuenta de ello:

---

[229] Martínez, Carlos Dámaso, "Adolfo Bioy Casares: La literatura, la fotografía, el cine y la eternidad". *http://www.cervantesvirtual.com/obra-visor/la-literatura-la-fotografia-el-cine-y-la-eternidad-entrevista-a-adolfo-bioy-casares*

[230] Walter Salas, Marcela, "La aventura de un fotógrafo en la Plata" Biblioteca Virtual Cervantes, https:*//www.cervantesvirtual.com/obra-visor/la-aventura-de-un-fotografo-en-la-plata/html/6b75f680-20dd-4fd7-8ae1-f7ec7bd51e92_3.html*

> En un reportaje de la revista *Puro Cuento*[231], hay un diálogo revelador entre Bioy y el periodista:
>
> P: La alusión en su obra creo que está presente en todo momento y en ese sentido creo que es superior a la de algunos de sus contemporáneos. Quiero preguntarle por cierto si ese hijo perdido en *La aventura de un fotógrafo en La Plata* tiene que ver con la tragedia que vivió el país durante la última dictadura ¿Es un desaparecido?
>
> ABC: Pero naturalmente... Claro que sí... Es de algún modo simbólico de lo que paso. Esa realidad que me rodeaba me obligó a escribir mi historia. Que es como una metáfora, a mi manera, de lo que estaba pasando.

Aunque no ha sido un punto de detención en mis crónicas, debo referir que los textos de Bioy no le escapan, aunque no sea de modo manifiesto, a los contextos sociopolíticos vigentes.

Un día después releo el texto escrito con el asombro de un nuevo descubrimiento.

La narradora de este viaje ha confesado también ser una duplicación: dos mujeres: la del oficio –la que es madre–; la de aquel sueño trunco en el 85 –la mujer del presente–.

Luego, que la aventura en la que me he embarcado, la escritura de estas crónicas, ha sido el intento de reparar una conversación ya imposible con Bioy.

En algunas culturas existe la superstición de que cuando a alguien le toman una fotografía, esa instantánea se apropia no solo de la imagen de la persona retratada sino también de su alma.

Escribo con ese anhelo, quizás como también lo deseó Morel cuando buscaba retener para siempre en una visión eterna a la mujer amada.

---

[231] *Puro cuento* fue una revista creada por Mempo Giardinelli, constó de 36 publicaciones bimestrales entre 1986 y 1992.

Crónica 17 - 5 de agosto

Historias desaforadas

La inteligencia es el arte de
saber salir de situaciones difíciles

Señala Bioy en la conversación con Noemi Ulla[232]:

> Se llama "Historia desaforada" porque en ella hay un gigante. Un día había estado pensando que se podía tomar la definición de la inteligencia de Bergson, para aplicar a un cuento: "La inteligencia es el arte de saber salir de situaciones difíciles" y transformarla en la idea de que la inteligencia, en situaciones completamente herméticas, encuentra un agujerito por donde escapar. Pensé qué aplicación podía tener para una ficción, y se me presentó una situación sin salida, como podría ser la vejez.

Más adelante, continúa:

> Necesito inventar historias con algo desaforado (...) parece que no corresponde de ningún modo a mi estilo literario. Nadie ve nada desaforado, y hasta desean algo un poco desaforado, como si yo fuera un autor muy contenido y muy urbano (...) Estas son las historias de siempre de Adolfo Bioy Casares.

Inicio mi crónica citando a mi compañero de ruta, en esta etapa del viaje que corresponde a la lectura de *Historias desaforadas*[233], publicado en 1986.
Nos hemos sentado a descansar con Bioy.
El trayecto hasta este momento ha sido más que extenso, vertiginoso.
La tarde desnuda con insolencia el calor del día, inusual para el mes de agosto tanto que –y la confusión que provoca la cuarentena así lo amerita– podría pensarse que

---

[232] En Ulla, Noemí, op. cit. p. 91 en adelante para todas las referencias en esta crónica.
[233] Bioy Casares, Adolfo. *Obra completa III*, op cit.

ya estamos en los finales de mes; por las copas de los árboles sobrevuela un cierto *veranillo de San Juan.*

Las primeras historias remiten a un tópico muy presente en esta etapa de la vida de Bioy Casares, como es el de la vejez.

Hago cuentas, no las mías porque aún conservo el prurito de que la edad no se revela, de que Bioy es del 14, así que, al momento de escribir estos relatos, tiene 72 años.

Mucho se ha dicho y escrito sobre la "vejez" en estos días, a raíz de las restricciones como consecuencia del COVID.

En muchos de esos artículos se cita (a veces con total ignorancia sobre el contenido de la novela), *Diario de la guerra del cerdo* para referirse a la situación de los "viejos".

Más allá de la actual coyuntura, que ha llevado incluso a que una querida actriz proclame: "¿Por qué no nos fusilan después de los 70 en orden alfabético?", la vejez es un tema lejano e impensado para los jóvenes y una realidad cotidiana para quienes comienzan a vivir en carne propia el deterioro de la piel y del cuerpo.

La vida se ha extendido mucho. El mismo Bioy superó significativamente la media de los hombres de un siglo atrás.

¿Se ha extendido del mismo modo la calidad de esa vida prolongada?

En algunos lugares sí; en otros, lamentablemente no.

Hay varios estudios al respecto. Uno muy particular es el que reúne la investigación sobre algunas regiones de nuestro planeta donde se pueden encontrar las personas más longevas. Ciertas características comunes posibilitaron agruparlas y darles un nombre: *The blue zones*, "las zonas azules". Se señalan cinco: Cerdeña, en Italia; la isla de Okinawa, en Japón; Loma Linda, California, en EE.UU.; Icaria, una isla de Grecia y la provincia de Nicoya, en Costa Rica.

Diversos factores se combinan en esos lugares provocando que la gente allí vive no solo mejor, también muchos años.

Es lo que persigue Oliden, el personaje de "El relojero de Fausto". Con el deseo de que "alguna vez encontraría a un médico que atrasara mi reloj biológico y me alargara la vida" (p. 401). Procurando que esta no se le escurra entre los dedos, firma un convenio primero con un Fausto de "utilería" (hoy le diríamos "trucho"); luego, con un médico charlatán; por último, con la mujer de la que está enamorado ("el héroe y la heroína") y que ha decidido ayudarlo. Porque si hay algo de lo que tiene certeza el protagonista es que la vida vale la pena vivirla hasta el final: "Yo, por mí, no me voy del cine hasta que la película acabe" (p. 414).

Sin dudas, el deseo de Bioy en palabras de su personaje.

La vejez puede ser un castigo y no tener cabida en una sociedad.

Como se plantea en la historia "Planes para una fuga a Carmelo". La historia se ubica en una imaginaria Argentina, que ha logrado erradicar todas las enfermedades, por lo tanto, prolongar la juventud, aunque con ese avance haya que erradicar a los más viejos. Eso es lo que experimenta un "maduro" profesor, perseguido por las autoridades (como le sucede a Don Isidro Vidal y sus amigos en *Diario de la guerra del cerdo*) por esa razón: hacerse viejo. El profesor debe huir al Uruguay, país que ha logrado superar a su vecino con un paso más allá: conseguir suprimir la muerte. El exilio forzoso del profesor le hará perder, sin embargo, a la joven Valeria. Sin lograr despedirse de ella, antes de partir, le dedica un hermoso y desgarrador adiós: "Dígale, que para mí era lo mejor de mi vida" (p. 373).

Prolongar la juventud es el experimento fallido del profesor Haeckel en "Historia desaforada". Las palabras de *Buey*, el paciente que sufre las consecuencias de una particular terapia, son las que Bioy confiesa a Ulla como motor de su relato: "El Buey me dijo que una situación sin salida era la vejez" (p. 393).

Buey (¿Bioy?) comienza a crecer "desaforadamente" por culpa de ese tratamiento convirtiéndose en un gigante, que buscará vengarse de su suerte convirtiendo el relato fantástico a uno de suspenso: "Esos pasos, que no quiero oír, se acercan. Se abre la puerta. Apago el grabador" (p. 399).

En los cuentos restantes del libro, Bioy se aleja del tema de la vejez y simplemente sigue contando historias. Él prefiere ese término, "contar", al de ficción. Se lo explica así a Ulla:

> Ficción es una palabra más precisa, da la idea de algo más técnico, y por eso mismo tiene un poquito de pedantería. Historia es una palabra completamente aceptada y doméstica, por eso la prefiero (...) Creo que mi tarea literaria consiste en: invención, narración y comentario. Eso es todo lo que yo hago, y me encantan las narraciones.

De las historias de este libro rescato “Máscaras venecianas”, quizás porque ella condensa mi investigación, ya mencionada, sobre las mujeres en la narrativa de Bioy.
Transcribo de mi trabajo de investigación lo que he escrito sobre Daniela, la protagonista del relato:

“El personaje femenino de este cuento reúne muchas de las características de otros relatos anteriores.
¿Cómo es Daniela? No hay descripciones, pero podemos recrearla por lo que el protagonista-narrador nos va relatando de ella: bióloga, decidida, confiada de sí misma, seguramente muy hermosa… ‘la vida sin ella no era imaginable’.
Daniela ha estudiado con dos eminencias del campo de la biología y trabaja con uno de ellos en un experimento denominado: ‘carbónico’, vinculado a la clonación de personas. Por su parte el protagonista padece una ‘extraña enfermedad’, que tiene tratamiento, pero no cura: ‘Yo era un hombre sano, ahora soy otro’.
Esta situación provocará la ruptura de la pareja, sin discusiones porque como dice Daniela: ‘Qué cansadora esa gente aficionada a las peleas y las reconciliaciones’.
La aparición de un tercer personaje, el amigo, Massey: ‘personas que lo consultan profesionalmente (es abogado) lo elogian por decir lo que piensa (...)’ completa el trío amoroso.
La puesta en escena es Venecia, durante el Carnaval.
La necesidad imperiosa de dormir, los sueños que alteran la realidad más la confusión por las fiestas de carnaval: dominó, arlequines; el ir y venir por las calles, casi como un laberinto, de la ciudad, confunden al protagonista quien desde el inicio del relato solo está pendiente de la mujer que ama y que lo ha abandonado por otro.
En el final, la mujer, su identidad oculta tras una máscara, ha logrado clonarse a sí misma para, en definitiva, escaparle a la tríada y no estar con ninguno de los dos hombres.
El relato concentra la imposibilidad y el desconcierto por no saber en realidad quién es Daniela, presente desde el inicio de este recorrido por los textos de Bioy.

El viaje iniciado hace ya algunos meses podría condensarse en los temas que aborda el cuento: La mujer – la belleza – el tema del doble – la enfermedad como impedimento – el trío amoroso – los escenarios – el sueño como otra instancia

de la realidad – la confusión – la identidad y su búsqueda (la máscara) – la imposibilidad.
Sobre esta búsqueda, señala Bioy, e insisto en citarlo porque encuentro ahí las respuestas auténticas: 'La única obsesión que he tenido con dobles no es una obsesión literaria, es la de mi vida'".

Continúo con el resto de los cuentos:
En "El noúmeno" subyace el homenaje a Cancela (ya citado en mi crónica sobre *El héroe de las mujeres*). Dos tangos, "*Cara sucia" y "Mi noche triste*", son considerados como un homenaje al escritor nombrado.
Contesta Bioy, en un juego de desdoblamiento con el otro: "Es que puse a Cancela como si fuera yo mismo".
También está la referencia a la *Crítica Pura* de Kant, quien desarrolla el concepto de noúmeno, teoría que Bioy leyó muchos años antes de escribir este relato. Además, el protagonista está leyendo *La ciudad y las sierras,* una novela de Queirós, que refleja su propia realidad de ese momento. Finalmente, encuentro el guiño al texto de Borges: "la máquina de pensar de Raimundo Lulio"[234].
Disfruté del conjunto de relatos "Trío", compuesto por tres relatos cortos. Leo, en el primero de la serie, "Johanna", donde el narrador se pregunta ¿a quién voy a divertir con esto?
Entonces pienso e investigo sobre el humor en Bioy.
En una entrevista que Jorge Urien Berri le realiza en 1987 –publicada en 2009 y luego en el 2013 en *La Nación*– el periodista señala:

> Fue mi primera entrevista con Adolfo Bioy Casares y me sorprendió que el entrevistado tuviera más miedo que el entrevistador. Aquella mañana de abril de 1987, el flaco y alto caballero de 72 años, ya un poco encorvado, me hizo sentir cómodo e inteligente en su enorme escritorio del quinto piso de Posadas y Schiaffino.

Durante toda la entrevista, Bioy no deja de contestar con humor, incluso al hablar de la vejez y de la muerte. Cuando Urri le dice que se lo ve muy bien, contesta:

---

[234] Cuento de Jorge Luis Borges publicado en la Revista *Hogar* en 1937.

> Eso dicen los que están afuera. Yo, que estoy adentro… Cuando me dicen que no me quitan lo bailado, yo digo, "pero sobre todo no me lo devuelven", que es lo único que me interesa… Haberlo bailado... [sonríe].

Tanto la ironía como el tono humorístico está presente en la narrativa de Bioy
Señala Judith Podlubne, en su trabajo "Fantasía, oralidad y humor en Adolfo Bioy Casares"[235]:

> El humor, que impregna con mayor o menor énfasis, según los casos, el discurso de los personajes, se torna un componente decisivo en la invención de las anécdotas y en la resolución de los relatos.

Ese gesto es lo que le impulsa a escribir, en estos cuentos, sobre:

- Un mundo en el que se ha invertido el clima de los países, sorprendiendo y deprimiendo a un teniente coronel que termina "con una casaca holgada, tal vez de lino, y con un sombrero de paja en unos cafetales de Tierra del Fuego" ("Un viaje inesperado", p. 448).
- Un remedio para la calvicie, que tiene como contraindicación que el hombre que lo usa termina atacando a las mujeres: "… fue detenido por atentar en plena calle contra una mujer no muy joven, que llevaba el ropaje tradicional, con velo y todo" ("El Camino de Indias", p. 462).
- Imaginar el universo como contenido en "un cuarto desnudo, sin ventanas con las paredes descascaradas y musgosas, con el piso gris, de cemento" ("El cuarto sin ventanas", p. 464).

El último cuento de este volumen es un homenaje a Melville. La ballena transmuta en una rata asesina con un final sobrecogedor: "Cuando entraron en el chalet y cerraron la puerta, oyeron un rumor inconfundible" (p. 478).

---

[235] *http://www.cervantesvirtual.com/obra-visor/fantasia-oralidad-y-humor-en-adolfo-bioy-casares/html/038e8f7c-3ddc-4b05-9288-81f15e31e96b_4.html*

Se fue haciendo “la noche”.
Algunas lucecitas marcan el camino invitándome a proseguir. Será mañana. Hoy permaneceré aquí al reparo de las estrellas en esta noche de luna llena, cálida e irreal para un agosto también diferente.
Voy deteniendo las manos y el murmullo de los dedos, mientras tipeo la última respuesta de Bioy en la entrevista que se le realizara en el 87:

> — ¿Escribir es vivir otras vidas?
> — Es como tener otra vida, puede ser. Otra vida hecha con la misma vida. Agregamos cuartos a nuestra casa. A veces, a las casas de los demás. Alguna vez dije que para soportar la historia contemporánea lo mejor era escribirla. Con la vida tal vez pasa algo así. Quiero decir que, si no tuviéramos el consuelo de comentarla, la vida sería más dura.

Crónica 18 - 7 de agosto

Una muñeca rusa

> “Soy un estúpido” pensó. “Con las mujeres no hay que bajar la guardia”.

I parte

Antes de comenzar la lectura, me he detenido en la fecha de publicación del libro, 1991.
En ese instante he sentido la presencia de Cortázar, que no me ha abandonado nunca en este viaje, mucho menos desde aquella primera intuición –porque solo después supe lo mucho que se había escrito sobre ambos– como mencioné en la crónica sobre el cuento “Historia prodigiosa”.
En la conversación con Noemí Ulla, texto al que no dejo de volver una y otra vez con deleite, Bioy Casares señala no haber conocido mucho a su contemporáneo Julio Cortázar, pero que siempre se entendieron muy bien; y entonces narra la siguiente anécdota:

> Una cosa rara que nos pasó una vez con Cortázar, es que los dos escribimos el mismo cuento. La historia ocurre en Montevideo,

> una persona está en un cuarto y en el cuarto de al lado hay dos amantes que están haciendo el amor. Los dos tuvimos la misma idea, escribimos los cuentos casi en los mismos años, y cuando nos enteramos, reaccionamos igual, nos sentimos contentísimos de haber coincidido (p. 78) [236].

Toda esta digresión, o dejarme ir libremente por las asociaciones, surge a partir de la línea inicial de mi crónica y la alusión a la fecha más cercana a este presente, 1991, testigo del escritor de casi ochenta años escribiendo, corrigiendo, pendiente de la publicación de un nuevo libro. Porque la semblanza evocaba aquel otro hombre del cuento de Cortázar en "Continuidad de los parques":

> Arrellanado en su sillón favorito, de espaldas a la puerta que lo hubiera molestado como una irritante posibilidad de intrusiones, dejó que su mano izquierda acariciara una y otra vez el terciopelo verde y se puso a leer los últimos capítulos. Su memoria retenía sin esfuerzo los nombres y las imágenes de los protagonistas; la ilusión novelesca lo ganó casi enseguida. Gozaba del placer casi perverso de irse desgajando línea a línea de lo que lo rodeaba, y sentir a la vez que su cabeza descansaba cómodamente en el terciopelo del alto respaldo, que los cigarrillos seguían al alcance de la mano, que más allá de los ventanales danzaba el aire del atardecer bajo los robles. Palabra a palabra, absorbido por la sórdida disyuntiva de los héroes, dejándose ir hacia las imágenes que se concertaban y adquirían color y movimiento, fue testigo del último encuentro en la cabaña del monte.

Ese hombre que en el atardecer entrevé la llegada de la mujer, luego del amante de la mujer; y, por fin, a la muerte trepando por el respaldo del sillón verde.

Bioy podría haber escrito un texto similar al de Cortázar (y ambos, él y Julio lo hubieran vuelto a festejar).

---

[236] Ulla, Noemí, op. cit.

Cada uno con su estilo propio. En el relato de Bioy, quizás, aparecería una tercera voz que le contaría al narrador sobre ese hombre dispuesto a la lectura, asediado por las sombras y la venganza; y no podría faltar alguna descripción más detallada de la mujer. Pero ambos escribirían con maestría sobre el enigma y la sorpresa.
Y porque la imagen me evocaba, y mucho, al mismo Bioy escritor pensando su escritura.

II parte

Acabo de finalizar el recorrido por los cuentos de *Una muñeca rusa* y he reunido material más que suficiente para mi trabajo sobre las mujeres en la ficción de Bioy, sin dejar de disfrutar, al mismo tiempo, de cada uno de los relatos.
Hemos caminado mucho, don Bioy –le diría– y, sin embargo, no me canso de escucharlo.
Y de admirar su ironía, agrego cuando me siento frente al teclado.
Bioy seguramente me contestaría con brevedad y con cierta timidez, tal vez asintiendo. Con los años, no solo sus respuestas se fueron haciendo más concisas, cuidadosas; también su escritura se fue despojando de artilugios, y fue más austera.
Encuentro en la red un párrafo del libro *Bioygrafía*[237], escrito por Silvia Renée Arias, publicado por Tusquets. Lo cito porque la autora describe con acierto la relación entre el acto físico de escribir de Bioy y el resultado final de ese gesto:

> Las finas hojas del cuaderno (ya no escribía a máquina porque le había provocado lumbago) lo inducían a escribir cada frase como si fuera definitiva. De pronto encontraba una que le parecía formalmente impecable, pero puesto que no traducía su pensamiento, debía hacer esfuerzos por renunciar a ella. De todos modos, lo más importante era que cuando escribía se alejaba de las desdichas; no contaba para él otra

---

[237] Libro citado en:
https://libretadeautor.wordpress.com/2016/09/06/habitos-de-escritura-de-adolfo-bioy-casares/

> realidad que no fuera la de la invención; se iba "a otro mundo".

¿No es así el instante que permite la creación?
Bioy señala en la conversación con Ulla[238]:

> Creo que escribir se parece bastante a cocinar. Las teorías solamente pueden aplicarse con felicidad por alguien que sabe un poco, cuando se dice "se pone tal cosa en cantidad suficiente" en una receta, uno pregunta "¿cuál es la cantidad suficiente" y le responden "¡Ah!, usted lo sabrá".
> (p. 38).

En estos cuentos que acabo de finalizar, el cocinero maneja con soltura todos los ingredientes. No hay excesos, el sabor es el adecuado, el justo.
En estos meses de acompañar a las manos que preparan las comidas, por degustar durante todos estos meses lo por ellas han elaborado, con el paladar adiestrado, ya reconozco ciertos toques:
Por eso creo entrever algo de Faustine en Flora, la mujer de "Bajo el agua":

> (…) divisé a una mujer sentada en los escalones que bajan al lago (…) la mujer era pelirroja; vestía ropa deportiva, holgada y blanca; tenía las manos cruzadas sobre la rodilla; era muy hermosa (…) No estaba seguro de que me hubiera visto. En todo caso, en ningún momento miró hacia donde yo estaba (p. 536).

Nuevamente, es vital la presencia de las mujeres en sus relatos, como leo en "Una muñeca rusa": "Trae adentro muñecas iguales, de menor tamaño. Cuando una se rompe, quedan las otras" (p. 485).
¿Mujeres distintas o, en esencia, iguales?
Así también Bioy regresa a la cuestión del desafío, el dilema frente a los celos y la inseguridad ante el amor vivido como amenaza, que deben afrontar los personajes masculinos.

---

[238] Ulla, Noemí, op. cit.

A veces, el cocinero que es Bioy me deslumbra con un plato especial; como la lectura de "Cantón" y me conmueve con "El navegante vuelve a su patria". O agrega un ingrediente que no suele utilizar con frecuencia, y entonces en el relato aparece una niña, Margarita, del cuento "Tres fantasías menores". Creo, sin temor a equivocarme, que la única niña anterior había sido Carlota en "De los dos lados" (*Historia prodigiosa*). Ambas, como ya he señalado, bien podrían ser personajes de Silvina Ocampo.

Don Bioy se ha convertido en un excelente cocinero; él ya lo sabía a esta altura de su vida, y yo se lo digo cuando mi recorrido también va acercándose a su destino final.

Le digo también que me sigo deslumbrando con sus historias fantásticas, con los giros sorpresivos.

Percibo su melancolía, que va despuntando, con lentitud, pero inevitable, en su narrativa.

La he sentido en el último de los relatos, que forma parte de la trilogía: "Amor vencido", y en la línea final que no solo cierra ese cuento, también el libro: "Me faltó ánimo para explicar" (p. 563).

Melancolía del hombre que sueña (en Cortázar) "Palabra a palabra, absorbido por la sórdida disyuntiva de los héroes, dejándose ir hacia las imágenes que se concertaban y adquirían color y movimiento…".

Crónica 19 - 8 de agosto

Unos días en el Brasil

> Una mañana en que yo desayunaba en el comedor del barco, Opheliña pasó junto a mi mesa y con asombrosa lentitud se desplomó. Me explicaron que se había desmayado "de amor por mí".

Casi finalizando *Una muñeca rusa* entreveo, dentro del tercer tomo de la *Obra Completa*, el título del texto siguiente. Saber que tratará de Brasil apura las ganas de comenzar la lectura.

Unos días en Brasil[239] fue publicado en 1991 y refiere a tres viajes que Bioy hizo a ese país en 1951, 1957 y en 1960, año de escritura del texto en formato de diario personal. La

[239] Bioy Casares, Adolfo. *Obra completa III*, op. cit.

relación entre los tres relatos tiene nombre de mujer: Ophelia, *Opheliña*.

El primer encuentro con ella se produce en 1951.

Un viaje en barco a Europa hace escala en Río. Bioy, apoyado en la baranda de la cubierta, ve subir por la escalerilla, entre el grupo de personas, a dos mujeres: a Shreela, una muchacha vestida de sari, que formaba parte de una comitiva india, "delicadamente, luminosamente bella, con sentido del humor, fina, inteligente" (p. 567); y a Ophelia, una brasilera, "que no era mujer, sino una niña: una chiquilina" (p. 567).

La decisión y el desparpajo de la más joven precipitará el vínculo durante la travesía y, luego, pasar un día juntos al llegar a París. En esa única cita, Ophelia lo contagia a Bioy con una gripe muy fuerte. Cuando logra recuperarse, la muchacha ha desaparecido de la ciudad y ya no la vuelve a ver.

El segundo momento es en 1957.

Bioy vuelve a viajar y aunque no pasa por Río, le escribe una carta a *mi brasilerita*. Al regreso, en Buenos Aires, recibe de ella una cariñosa respuesta.

Finalmente, a principios de junio de 1960, es invitado a participar de la reunión del PEN Club Internacional, que se llevará a cabo ese año en Río de Janeiro.

"—¿Para qué voy a ir si yo no hablo? Soy escritor por escrito", contesta Bioy en un primer impulso. Pero después acepta, tentado por la posibilidad de tener así un encuentro con Opheliña.

Investigo sobre el PEN.

> El PEN Internacional, única asociación mundial de escritores, fue fundado en Londres en 1921 para promover la amistad y cooperación intelectual entre escritores de todo el mundo. Originalmente, el acrónimo PEN se refería a "Poetas, Ensayistas y Novelistas», pero actualmente, con más de 25.000 socios, incluye a todo tipo de personas dedicadas a las letras, tales como periodistas, historiadores, traductores e incluso blogueros. La asociación cuenta con 149 centros PEN International independientes, distribuidos en más de 100 países[240].

---

[240] *https://es.wikipedia.org/wiki/PEN_Club_Internacional*

Escritores de la talla de Graham Greene, Roger Callois, entre otros, figuran entre los disertantes de ese momento. La participación de Bioy en el Congreso se ve reflejada en las notas que toma donde no escatima nombres, detalles de las conferencias y de sus participantes. Contextos políticos, razones que escapan a esta reseña inclusive, se vuelcan en sus comentarios críticos; apreciaciones irónicas sobre las disertaciones, o diferencias con el presidente de PEN Club Argentino, Antonio Aita.
En un artículo de opinión en el diario *El Litoral* (2010) [241] sobre este texto, leo:

> El protagonista, el propio Bioy, se tambalea entre las obligaciones, los fastidios y delirios que acometen a todo escritor en un congreso de semejantes, siempre con una ilusión secreta, la de encontrarse con Ophelia, una muchacha conocida años antes. En los momentos libres, en los momentos muertos, escribe... Durante su estadía brasileña saca fotos también, nunca difundidas... Durante el congreso el autor comparte comidas y complicidades sobre todo con la delegación italiana (Alberto Moravia, Elsa Morante, Giorgio Bassani, Mario Praz y otros) y con Graham Greene. No ahorra ironías deslumbrantes hacia el despliegue de vanidades y de retórica que caracteriza a los congresistas, sobre todo destinadas a Antonio Aita, presidente entonces del PEN Club argentino, quien también es fuente constante de burlas en el mencionado "Borges". Moravia, por ejemplo, "impaciente, dispuesto a guerrear con Aíta, me asegura que éste escribió un artículo sobre él, que era la traducción de la solapa de su último libro. Le digo: "¿De qué se queja? Si Aíta no hubiera tenido a mano esa solapa, ¿imagina lo que hubiera escrito?".

¿Qué es lo que he disfrutado de este relato sobre los días de Bioy en Brasil?

---

[241] *https://www.ellitoral.com/index.php/diarios/2010/09/15/opinion/OPIN-02.html*

Creo que además del humor y de las detalladas descripciones que se narran, poder leer sobre su experiencia en Brasil, más allá de las cuestiones que lo llevaron allí o las que lo acompañaron en los días del Congreso.

Por cierto, que para la fecha que él hace la visita, se trata de un Río de Janeiro muy diferente al actual. Brasilia (a donde vuela por un día) está todavía en construcción; San Pablo aún no se ha convertido en la monstruosa ciudad que es hoy, aunque Bioy ya prevé su desorganización urbana: "en estas ciudades del Brasil aparentemente no hay barrio Norte ni un Centro limpio; el Centro se mezcla con el Bajo".

Con gran acierto, Bioy logra retratar:

> Los brasileros me prueban que una asociación de idea practicada por medio mundo no corresponde a la realidad.
> Yo creía, muchos creen, que hay cierta relación entre progreso —o por decirlo con palabras que me avergüenzan un poco, "espíritu moderno"— y simplicidad retórica. Pues bien, aquí funciona una retórica inflamada y barroca, generosa de epítetos, de aumentativos, de expresiones extremas, junto a una fuerza de progreso como no se encuentra en ninguna parte. Para hablar del mundo brasilero hay que emplearla. Yo diría que en este país hay pujanza en todo. La gente, las casas altas, los túneles crecen y se multiplican de una manera que apabulla a un porteño cansado (p. 570).

En algún momento de su escritura, se divierte copiando las nuevas palabras que ha ido escuchando y aprendiendo. Hoy, conversando con él, le diría que en esa lista ha omitido dos muy importantes: la infaltable *infelizmente,* que exime de toda responsabilidad o culpa a los brasileños frente a lo que salió mal o directamente han decidido no hacer; y la hermosa *saudade* que no tiene traducción en nuestro español, esa mixtura de nostalgia, extrañeza, melancolía, como también de tristeza por la distancia.

No lo confesé al inicio de esta crónica, pero mi vínculo con Brasil es poderoso, tanto como puede fortalecerlo un vínculo de sangre. Thaís, mi nieta, es el lazo para siempre con esa tierra hermosa.

> Tu cara hacia el cielo
> trepada en la cuna
> susurro de olas,
> canta la canción,
> *vovó* y la luna[242].

Hoy que mi cuerpo está anclado al Buenos Aires de la pandemia, cuando parece tan remoto (*aunque pronto pasará*) el momento de volar hacia ella, siento crecer en mi corazón esa palabra no dicha por Bioy, pero que subyace en toda su escritura de esos días, su infinita *saudade* por la búsqueda de Opheliña.
Aun abrazado a Silvina, que lo esperaba en Ezeiza, la recuerda.

> Qué desilusión no encontrar a Opheliña. ¿O más vale así? Vernos tal vez nos probaría que pasado pasó y que nos hemos convertido en otros. A pesar de algunas contrariedades, Opheliña me dejó un recuerdo poético (…) ¿O mi propósito era llevarla a la cama? Eso me parece una simplificación, libre de hipocresía, pero que no se ajusta a la verdad (…) Opheliña fue una pena romántica (p. 583).

Opheliña es más que la mujer deseada. Puedo entenderlo.

Crónica 20 - 9 de agosto

Un campeón desparejo

"tengo que pasar por la óptica. Lo malo es que en el preciso momento en que a uno le acomodan los anteojos la vista se debilita. Todo el mundo lo sabe".

Es domingo.
Más allá de la realidad trastocada por la pandemia, que incita a confundir los días del calendario, mi oficio tampoco hace muchas distinciones por el fin de semana.
Y aquí estoy, tecleando frente a la pantalla, mientras en la ventana se ha formado una nube espesa, sólida, cenicienta,

---

[242] Otsubo, María Claudia."Atardecer", *Diminuto Verde*, op. cit.

espléndidamente gris. Creo que si estirara la mano podría correrla como un velo, ¿qué aparecería entonces? ¿La misma ciudad? ¿Otra?

De fondo suena música barroca, en este momento, Puccini.

A mi lado, el tomo tercero de la *Obra completa* de Bioy Casares. Lo ya leído se sostiene con un broche, con forma de "Paloma" (para tenerla cerca...), que intenta impedir el vaivén de las hojas empeñadas en regresar a su sitio, disgustadas tal vez por la abertura que como un tajo quiebra la compostura del libro.

Un campeón desparejo (1993), que ya promedia físicamente más de la mitad del libro, lucha por imponerse, pero en realidad es el broche lo único que ayuda.

Como tantos otros relatos de Bioy, la historia que cuenta nace de una experiencia real:

> Proyectado desde 1983, basado en un diálogo de febrero de 1978, registrado en sus Diarios, con un taxista, fue redactado entre el 30 de marzo de 1986 y el 26 de mayo de 1993...[243].

¿Cómo habrá sido esa conversación?

De cualquier forma, lo interesante es que el protagonista de la novela, Luis Ángel Morales –alter ego de Luis Ángel Firpo, Campeón Sudamericano de Pesos Pesados en 1920– es un hombre "en tránsito", un taxista que recorre la ciudad, como tantos otros personajes de Bioy; y aunque la zona de pertenencia sea un conventillo de Parque Chacabuco, su deambular lo lleva a otros barrios, incluso a algunos del otro lado de la General Paz.

¿Qué es lo que modifica la vida de Morales? La irrupción de lo fantástico.

El relato comienza *in medias res* cuando dos hombres –que llevan por nombre *Nemo,* como el capitán de Julio Verne, en *Mil leguas de Viaje Submarino*; y Apes que refiere a Edgar Burrough y a Tarzán de los monos, protagonista de la novela *Tarzan of the Apes* (notas de Daniel Martino)– se suben al taxi que conduce Morales.

Una aventura insólita y un nuevo universo que se abre para el protagonista cuando bebe un tónico "milagroso" que le ofrecen los pasajeros.

Es entonces cuando comienza a soñar con Valentina (un amor de la infancia que luego fue su esposa hasta que se

---

[243] Bioy Casares, Adolfo, *Obra completa III*, op. cit. Notas a los textos, p. 853.

produjo la separación). Morales comienza a buscarla, como un modo de que sea otra la mujer y no las que lo rodean en el conventillo donde vive:

> … la señora María Esther: chicuela, rubia, de expresión ansiosa y pálida. La blancura de sus piernas era tan extrema, que a veces Morales la creía con medias blancas. Belinda Carrillo, planchaba. Era una mujer ampulosa, ojerosa, morena, que se decía profesora y que vivía del tarot, de las líneas de la mano, de los horóscopos y del psicoanálisis. Completaban el grupo, en animada conversación, doña Eladia Avendano y Roberta Valdez. Doña Eladia por quien Morales sentía simpatía y respeto, era una mujer bella de tamaño considerable y plácida, que le recordaba las estatuas de la República o de la Libertad; en cuanto a Roberta Valdez, trabajaba por horas en Caballito, usaba anteojos, era linda, sin duda inteligente o por lo menos despierta (p. 592).

Luego de tomar ese "tónico", Morales se convierte, además, sin darse cuenta del todo lo que le está sucediendo, en el "Ángel Justiciero", capaz de defender a una muchacha de su rufián y a Doña Eladia del borracho Avendano.

Morales, antes de eso era el antihéroe: ex–alcohólico, flojo para tomar decisiones; trabajador sí, pero preso de su propio destino en el que no se vislumbra nada nuevo; anclado al pasado y a Valentina, que llegó a ser su mujer, pero que lo abandonó hace varios años.

Es solo con el tónico que logra sentirse fuerte, que se anima con otras mujeres, incluso que llega hasta la casa de Valentina para intentarlo de nuevo.

Finalmente, "las cosas no se encauzaron como él esperaba (…). Como lectora no he sentido más que pena por este Quijote de a pie (o en taxi).

Leo en las notas al texto, aportadas por Martino, que

> Bioy recordaba cuando en 1923 se enteró con "incredulidad y desolación" de que Luis Ángel Firpo había sido derrotado por Jack

> Dempsey, por el título de campeón del mundo (p. 853)[244].

En la reseña de la pelea, que se publica en el diario *Clarín,* se señala que ese combate fue trascendental, tanto que le valió un cuadro en la Real Academia de Bellas Artes de Londres. A pesar de la derrota del argentino, a partir de ese momento, la trascendencia del combate posibilita que se levante la prohibición del deporte en la Argentina[245].

> "Fue un gran campeón, un verdadero toro y me dio una lección importante: yo no era invencible", reconoció casi medio siglo después Jack Dempsey, el hombre que terminó con el brazo en alto aquel 14 de septiembre de 1923 en el Polo Ground de Nueva York.

El periodista escribe el artículo –imperdible porque además agrega fotos y un video del encuentro, incluso para mí que no tengo ninguna afinidad con el boxeo– el 7 de agosto, anteayer se cumplieron los cuarenta años del fallecimiento del boxeador.
¡Increíble coincidencia! pienso, que me encuentre escribiendo este texto de un Bioy conmovido por la derrota en la fecha próxima al aniversario de la pelea de Firpo.

Han pasado algunas horas entre este ir y venir desde el libro hacia la computadora para escribir mi crónica.
Afuera de mi ventana, la nube sigue exactamente igual; y aquí, mientras tanto, se ha confabulado algo más que el tiempo gracias a la lectura.
Escribo mi punto final y cambio de pantalla para ver la tercera temporada de *Dark*, la serie que, sin dudas, podría haber escrito Bioy.

---

[244] Bioy Casares, Adolfo. *Obra Completa*, op. cit.
[245] *https://www.clarin.com/deportes/pionero-simbolo-luis-angel-firpo-pelea-siglo-cambio-historia-boxeo-argentina_0_nvSl5csTj.html*

Crónica 21 - 15 de agosto

Una magia modesta

> Por lo general invento mis relatos, pero si alguien me refiere uno que parece bueno, lo acepto con gratitud.

Señala Daniel Martino que el primer cuento del Libro Primero de *Una magia modesta* fue escrito entre 1984 y 1989, corregido luego en 1994; en cuanto al segundo, quiso ser una novela desde 1953, llegó a tener hasta ciento ochenta páginas, pero luego de abandonarla por un tiempo, se redujo al cuento publicado. Los 38 relatos que conforman el Libro Segundo, a excepción de cinco relatos previos a 1990, fueron escritos entre 1992 y 1996.
Inicio mi crónica con esta cronología detallada, que proporciona Martino en las Notas a los Textos de la *Obra completa*, para destacar el trabajo incansable de mi compañero de ruta. Bioy escribe, escribe, escribe, no se cansa de escribir.

> Escribir me cuesta trabajo. Si bien cuando concluyo un libro creo que ya sé qué escribir y escribiré el próximo rápidamente, cuando empiezo tengo las mismas dificultades de siempre y debo descubrir cómo escribirlo. Muchas veces he dejado libros inconclusos porque iban por mal camino. A los 17 o 22 años era lógico, pero me sucede ahora.

Es la respuesta que le brinda a Urien Berri en la entrevista (ya citada) para el diario *La Nación* en 1987[246], Bioy tenía setenta y dos años.

La segunda parte de este volumen, como en *Guirnalda con amores* (1959), reúne cuentos cortos.
Ya en 1953, Bioy había armado junto con Borges la antología *Cuentos breves extraordinarios*. Ambos escritores que, sin duda, disfrutaban del género, señalan en la Nota preliminar a ese texto:

> Uno de los muchos agrados que puede suministrar la literatura es el agrado de lo

---

[246] *https://www.lanacion.com.ar/sociedad/adolfo-bioy-casares-escribir-da-sentido-a-la-vida*

> narrativo. Este libro quiere proponer al lector algunos ejemplos del género, ya referentes a sucesos imaginarios, ya a sucesos históricos. Hemos interrogado, para ello, textos de diversas naciones y de diversas épocas, sin omitir las antiguas y generosas fuentes orientales. La anécdota, la parábola y el relato hallan aquí hospitalidad, a condición de ser breves. Lo esencial de lo narrativo está, nos atrevemos a pensar, en estas piezas; lo demás es episodio ilustrativo, análisis psicológico, feliz o inoportuno adorno verbal. Esperamos, lector, que estas páginas te diviertan como nos divirtieron a nosotros. J.L.B. y A.B.C., 29 de julio de 1953.

Julio Cortázar (y vuelvo al *hermano Julio*) escribió "Del cuento breve y sus alrededores"[247]. Transcribo solo algunas líneas de un texto que copiaría entero, tanto es lo que me gusta:

> El signo de un gran cuento me lo da eso que podríamos llamar su autarquía, el hecho de que el relato se ha desprendido del autor como una pompa de jabón de la pipa de yeso. Un cuentista eficaz puede escribir relatos literariamente válidos, pero si alguna vez ha pasado por la experiencia de librarse de un cuento como quien se quita de encima una alimaña, sabrá de la diferencia que hay entre posesión y cocina literaria, y a su vez un buen lector de cuentos distinguirá infaliblemente entre lo que viene de un territorio indefinible y ominoso, y el producto de un mero *métier.*
>
> De un cuento así se sale como de un acto de amor, agotado y fuera del mundo circundante, al que se vuelve poco a poco con una mirada de sorpresa, de lento reconocimiento, muchas veces de alivio y tantas otras de resignación. El hombre que escribió ese cuento pasó por una experiencia todavía más extenuante, porque de su

[247] Julio Cortázar, "Del cuento breve y sus alrededores", *Último round*, 1969.

> capacidad de trasvasar la obsesión dependía el regreso a condiciones más tolerables.
> ¿Se sueña despierto al escribir un cuento breve? Los límites del sueño y la vigilia, ya se sabe: basta preguntarle al filósofo chino o a la mariposa.

Escribir, escribir, escribir.
Esta insistencia de mis dedos de repetirme en la palabra, evoca a Marguerite Duras: "Escribir a pesar de todo pese a la desesperación. No: con la desesperación…", y a esa línea que usé como acápite para uno de mis primeros cuentos, allá, por el otro siglo: "Se escribe sin saberlo. Se escribe para mirar morir una mosca"[248].
En un tiempo de pérdidas para Bioy, Silvina, y su hija Marta fallecen con poco tiempo de diferencia, continúa escribiendo.
Tal vez por aquello que ha contestado en tantas entrevistas: que la literatura era para él lo más intenso de la vida.

> Escribo porque probablemente me parezco a un barbero de Tom Jones: cuando se enteraba de una buena historia, tenía que contarla. Yo las invento con facilidad y las cuento con gusto. Creo que antes de conocer la literatura, mi manera de meditar y comentar los hechos que me conmovían fue la imaginación de historias; escribirlas o no, dependía de las circunstancias. Después de descubrir la literatura, un deslumbramiento que me ocurrió a los doce o trece años, traté de contar una historia que provocara en el lector la fascinación que me provocaban algunas novelas (…) Este anhelo, quizá infantil, de producir una magia siempre me acompaña y me incita a inventar y escribir lo mejor que puedo (p. 779)[249].

El autor japonés Haruki Murakami, reacio a las apariciones públicas y a cuestiones de los medios, escribe[250]:

---

[248] Ambas citas son de Marguerite Duras, *Escribir*, Ed. Tusquets, 2006.
[249] Bioy Casares, Adolfo. *Obra Completa III*, op. cit.
[250] Murakami Haruki *¿De qué hablo cuando hablo de escribir?,* Ed. Tusquets, Bs.As.:2017

> (…) nunca he firmado libros y no dejan de preguntarme por qué. La razón es sencilla: soy escritor, nada más que eso. Lo mejor que puedo hacer es escribir, poner todo mi empeño en ello. La vida es breve y el tiempo y la energía de que disponemos son limitados.

Victoria Ocampo dice refiriéndose a Virginia Woolf[251]:

> ¡El Tiempo… la Edad! Vuelve siempre al tema. A los cincuenta años se pregunta si le quedarán veinte para trabajar. El deseo de escribir la devora. Escribir antes de morir, escribir siempre. Y "este sentido devastador de la brevedad febril de la vida" la hace abrazarse como una náufraga al trabajo…

Escribir.

> Las palabras
> –escribió confuso–
> desvelan la hoja[252].

La "pompa de jabón de la pipa de yeso".
El ritual.
Conjuros, invocaciones.
Lo sobrenatural.
Lo extraordinario.
La ilusión.
El asombro.
La experiencia y el festejo.
El tiempo se detuvo y regreso con la sensación de haber visitado por unos breves instantes otro universo.
¿El de la magia o el de la escritura? Bastará preguntarle "al filósofo chino o a la mariposa".

---

[251] Ocampo Victoria, *Virginia Woolf en su diario*, Ed. Sur: 1982

[252] Otsubo, María Claudia. "Otro Limbo", inédito.

Crónica 22 - 19 de agosto

De un mundo a otro

> Me gusta tanto
> el cine que quisiera que
> el fin del mundo me
> pillara en una sala
> cinematográfica.

Por momentos no sé si es Javier Almagro o si es Bioy el que acaba de regresar desde el otro mundo. Cuando los oigo hablar de Margarita, la mujer de *De un mundo a otro*[253], es como si en ella evocaran a todas las mujeres amadas; ni la excepción asombrosa de su profesión, astronauta, la hace, en esencia, diferente al resto.
Margarita desea una relación de pareja libre.

> Yo creo que tuve mucha suerte de encontrarte, pero a veces desearía que hubieras aparecido en mi vida un poco después. Soy muy joven, hay una sola vida y no quisiera morir sin haberla vivido plenamente… (p. 704).

Y yo, sé, ambos me lo confiesan,

> que la vida es implacable y cuando la vejez llega nos aísla, nos tapa los oídos, nos quita la luz de los ojos; por todo eso, por un tiempo, nos sumimos en la tristeza y, por último, lo que es mucho peor caemos en la indiferencia (p. 707).

Tal vez por eso es que, no bien tuvieron la oportunidad, decidieron subirse a esa nave interplanetaria para no perderla.
Así ha sido siempre a lo largo de este viaje junto con Bioy, un deambular incesante; y a él se ha sumado, sin ofrecer resistencias, Javier.
La relación con Margarita será una utopía durante el largo trayecto que los exilia de la Tierra; en la soledad compartida y, asimismo, infinita del universo, el amor no puede consumarse. La pareja ocupa espacios

---

[253] Bioy Casares, Adolfo. *Obra completa III*, op. cit.

intercambiables dentro de la nave, no hay convivencia, solo un mudar de roles para seguir adelante con la misión.
Luego, cuando el accidente los deposite en un mundo desconocido, la distancia se ampliará y hasta el final del relato no lograrán volverse a ver.

De eso trata esta breve novela publicada en 1998.
En ella Bioy además ahonda en otra cuestión: su incondicional amor al cine.
Esa predilección, tema también comentado en crónicas anteriores, era uno de los pasatiempos favoritos de Bioy; tanto es así que la magia particular de las imágenes está presente desde el inicio de su obra publicada, comenzando por *La Invención de Morel.*
"Bioy no mantuvo una relación crítica con el cine, sino de pura fascinación (…) el interés estaba en la relación entre cine, narrativa y vida", escribió Gonzalo Aguilar, en el prólogo de *Bioy Casares va al cine*[254], el libro de Adriana Mancini que aborda la relación entre Bioy y el séptimo arte. Emilia Perassi la cita a Mancini en una reseña sobre el mismo libro[255]:

> Es su frontera (…) Como asegura en su vejez, la sala de un cinematógrafo es "el lugar en donde elegiría esperar el fin del mundo" (2014:15).

Y más adelante:

> De los diarios íntimos, de los recuerdos en *Memorias*, de sus cartas de *En viaje* y de las copiosas entrevistas a las que Bioy se ha expuesto a lo largo de su vida de escritor, surgen reiteradas escenas en las que el cine y sus circunstancias son protagonistas. Las salas de espectáculos, ya sean las del cinematógrafo, ya sean las de los famosos teatros porteños de revistas de las primeras décadas del siglo XX, fueron espacios testigos de amores y fantasías de muchacho;

---

[254] Mancini Adriana, *Bioy Casares va al cine*, Libraria Ediciones Bs. As. : 2014.

[255]*https://www.researchgate.net/publication/299220310_Adriana_Mancini_Bioy_Casares_va_al_cine*

> las imágenes de bellas mujeres magnificadas en la pantalla imprimieron sus sueños (2014:15).

Adriana Mancini relata, además, un viaje que Bioy realiza en 1967 por Europa al volante de un Peugeot alquilado:

> (...) utilizando como base de operaciones unas veces París y otras Londres, Bioy recorre Francia, Gran Bretaña, Suiza, Alemania, Austria, Italia e incluso Andorra. En realidad, todo ser humano siente en algún momento de su vida la necesidad de emprender un viaje que quizás, en el fondo, no le lleve sino al encuentro de sí mismo. Pero no todos disfrutarán, además, del infinito placer de recrear sus vagabundeos en una continuada correspondencia con una escritora como Silvina Ocampo, su mujer, y con su hija Marta.

Destaca Emilia Perassi la empatía que logra transmitir Mancini con el autor que está investigando.
Comparto el sentimiento.
Don Bioy despierta estas pasiones. Lo he experimentado a lo largo de mi propio andar junto a él.

Regreso a la reseña de la novela *De un mundo a otro*.
Es en el espacio del cine, prácticamente al inicio del texto, donde Javier Almagro descubre que Margarita le es infiel. Será ese mismo espacio, un cine al que entra desorientado, en ese mundo paralelo al que ha llegado, donde la reencontrará por fin lo que permitirá la huida de ambos y el regreso a la Tierra.
Con maestría, en un círculo perfecto, Bioy sitúa en ese ambiente (la sala de un cine) el lugar donde se producirá el pasaje de un mundo a otro, el original del protagonista y el otro poblado por hombres pájaros.
¿No es justamente eso lo que ocurre cuando asistimos a la proyección de una película, la posibilidad de conectarnos con otra realidad, con otro universo?
"El secreto de las películas es que son una ilusión", dice el director de cine George Lucas.
"(...) En su imaginación (...) vieron en un instante (...) una ilusión perfecta del mundo exterior en sonido, color y

relieve", señala André Bazin, crítico y teórico del cine, refiriéndose a los precursores tecnológicos.
Me adentro en otra bifurcación.
No sé si Bioy ha leído a Bazin (1918-1958), pero leo en la solapa de su libro *¿Qué es el cine?* (que ya deseo leer y está publicado en internet) lo siguiente:

> Para Bazin, la novedad y la fascinación del cine radican en su origen fotográfico. La fotografía es para él una especie de duplicado —ciertamente imperfecto— del mundo, un reflejo petrificado del tiempo en el que el cine se hace vida.

Y pienso entonces en *La invención de Morel* o reparo en esta novela que, en cuatro oportunidades, en un texto que no es extenso, Javier Almagro se refugia en el cine:

-en las dos ya mencionadas: cuando la descubre a Margarita acompañada de un hombre y cuando se la encuentra en el otro mundo;

-en el deambular por Buenos Aires, antes de lanzarse fuera del planeta y al ingresar a un teatro donde pasan películas de Sofía Bazán ("de quien, años atrás, llegó a enamorarse");

-e incluso dentro de la nave, aburrido (recordemos que casi no tenía contacto con Margarita más que por las cuestiones técnicas del viaje) "cuando descubre un proyector cinematográfico no más grande que una cámara corriente (...) Se trataba de una de las consabidas comedias en que hay una persecución, rica en peripecias".
La otra cuestión planteada en la novela, que Javier Almagro vivirá con zozobra y Bioy, seguramente, escribió con ironía, es la existencia en ese otro planeta donde viven las particulares hembras-pájaros, con las que Javier establecerá vínculo, como con uno de los machos, llamado "Grum", al punto que, por momentos, la relación entre ambos me recuerda la de Emilio Gauna con Larsen, en *El sueño de los héroes,* quizás por la lealtad que evidencia Grum hacia ese hombre llegado de otro mundo: Grum le brinda alojamiento, lo pone en contacto con sus amistades ("en una institución que en nuestro planeta llamaríamos Club de escritores", p. 722) y también lo defiende de los nacionalistas (xenofóbicos) al punto que perderá su vida por protegerlo de ellos.
En cuanto a las hembras-pájaro se diferencian de sus pares machos por la contextura física:

> Un pájaro alto y corpulento que a veces le traía la comida tenía una barriga prominente y en punta. Almagro dedujo primero que era hembra, después que estaba embarazada y que en este mundo las hembras eran más altas y más corpulentas que los machos (p.717).

Una de ellas será quien lo cuide cuando lo pongan en "cuarentena". En la descripción de ese vínculo, recordé a las enfermeras de otros textos de Bioy: personajes casi maternales y solícitos; por ejemplo, en el cuento "La Trama celeste".

> (...) la hembra lo tomó de las manos, compulsivamente lo arrimó a su cuerpo, lo besó con la boca abierta, y él sintió que por momentos recibía saliva y que por momentos le bebían la suya... ¿Hacían de ese modo el amor en aquel mundo? (p. 718).

La siguiente experiencia similar la tiene con otra hembra que también lo toma de las manos "y, al pretender poner en sus labios un delicado beso, consiguió tan sólo aplicarle un cabezazo que lo dejó mareado". Esta acción de la mujer parece ofender a los otros miembros del club que están presentes. Como Javier no entiende qué pasó, Grum, testigo de lo sucedido, le explica "que el acto de amor consiste en tomarse de las manos y besarse. No son cosas que se hagan en público".

Dado los tiempos que corren, no pude dejar de reparar en la mención de la obligada "cuarentena" a la que debe someterse Almagro al llegar al otro mundo, como también la que debe hacer con Margarita al llegar a la Tierra. Veintidós años después, comparto con los personajes de la novela una prolongada cuarentena, a pesar de no haber salido del planeta.

La novela plantea un final abierto. No se sabe que será de la relación entre Javier y Margarita luego del forzado distanciamiento hospitalario.

¿Quedará entre ellos algo para compartir luego de esa distancia forzosa?

Esa es la cuestión de estos tiempos.

Hoy también están en riesgo los vínculos, porque los afectos necesitan de la presencia cotidiana para crecer y no morir.

¿Cuáles sobrevivirán a la pandemia?
Quizás los verdaderos. Aquellos vínculos que, como los barcos en la tempestad, consigan emerger por entre las bravas olas, las velas henchidas dispuestos a seguir navegando.

Crónica 23 - 21 de agosto

De las cosas maravillosas

Hoy, en esta isla, ha ocurrido un milagro…

Ha sucedido por primera vez, desde que inicié estas crónicas, que he perdido lo que venía escribiendo.
La computadora, que con paciencia infinita hasta este momento ha ido archivando por su cuenta mucho de mis olvidos de guardar los avances de estas crónicas, ha bajado los brazos..
La hoja ha quedado en blanco titilando, la línea vacía de contenido en la pantalla y por más que busco, con la esperanza de recuperar lo tecleado, no encuentro nada.
Por lo que debo superar el primer desasosiego que producen las líneas extraviadas, las que ya no podrán volver a escribirse, y comenzar nuevamente.
Intento no preguntarme si el acto no habrá sido un gesto defensivo para extender así el recorrido hacia el punto final de este viaje.
¿Cómo escribir si no es con esa melancolía de lo irreparable?
Insisto, empero, en el esfuerzo de recordar lo antes formulado.
Evoco haber tipeado algo así como que este último texto de Bioy de ningún modo me enfrentaba a un fin de camino, porque el viaje es infinito, como así también lo es la literatura.
El mismo Bioy escribió en uno de los breves ensayos que conforman este volumen: "Para felicidad de los lectores, la literatura es una biblioteca inagotable"[256](p. 750).
La travesía me ha permitido, además de conocer a Bioy, ponerme en contacto con el universo amplísimo de sus propias lecturas; y ha despertado la magia, el ansia, la curiosidad por saber más, quizás para por fin decir con él:

---

[256] Bioy Casares, Adolfo. *Obra completa III,* op. cit.

> Entre las cosas maravillosas que se manifiestan en la posesión, algunas duran toda la vida, otras un instante. Durables: la lectura... (p. 738).

De esa primera escritura extraviada, también evoco la emoción que me produjo saber que la fecha de este libro coincidía con la de su muerte.

Aunque Bioy había escrito el texto entre junio y agosto de 1990 –publicado en los diarios *ABC* (Madrid) y en *La Nación* (Buenos Aires)–, el libro se editó recién en 1999.

Adolfo Bioy Casares fallece en marzo de ese mismo año.

Mientras escribo, Roberto Ferro me envía un texto de Manuel Arranz sobre "E. W. Said y el estilo tardío"; trabajo que se inicia con un acápite: *Para poder escribir bien sobre un asunto, es necesario que ya no tenga ningún interés para nosotros,* una cita de F. Schlegel, de *Fragmentos críticos*.

Como primer punto, me detengo en la elección de Schlegel, poeta, filósofo, pero fundamentalmente escritor de fragmentos.

Es atinado el vínculo que este trabajo tiene con mi crónica.

Aunque Arranz escriba sobre Said –y yo lo intente sobre Bioy–, en la intersección de las dos escrituras se ha establecido un común denominador, el fragmento.

Para Roland Barthes, "un fragmento es como un islote que proporciona placer o goce al sujeto que lo lee".

Eso es exactamente lo que le producía a Bioy, hacedor de maravillosos relatos breves, recolector de versos y fragmentos en prosa, como según él mismo cuenta en el prólogo a la edición de *De jardines ajenos* (1997).

Regreso a la cita de Schlegel.

Por un lado, entiendo que la distancia, como sucede con el vínculo amoroso, es un espacio necesario para que pueda circular el deseo por el otro, en este caso sería el de la escritura. Pero, por el otro, la cita plantea una "no-subjetividad".

Leer con la emoción que el texto despierta, escribir despojado ya de ese sentimiento.

¿Así deviene la escritura crítica?

¿Mientras que escribir abrigada por la caricia de la emoción resulta en poesía, en prosa poética, incluso en el ensayo o en esta suerte de crónicas?

El otro tema planteado es el del "estilo tardío".

Señala Arranz:

> El concepto de estilo tardío, para referirse no ya a las obras últimas de un autor, sino a aquellas en las que éste es consciente de su final, lo acuñó Adorno en sus escritos sobre las últimas composiciones de Beethoven. Consciente de su final es una simplificación que conviene ser explicada. No significa únicamente consciente de la proximidad de la muerte, consciente de la decadencia física, del término de la vida, del paso inexorable del tiempo, sino, sobre todo, consciente de que la obra propia ha cerrado ya su ciclo, de que ya no hay nada más allá (...) Las obras tardías por lo tanto se caracterizarán por su apertura, por una sensación de abandono, de irresolución, que contrasta fuertemente con las obras sólidamente construidas, en las que el autor no parece dejar nada al azar ni a la improvisación. Pero si son obras por tanto producto del desencanto, desequilibradas, inarmónicas, inestables, como se nos dice, hay que suponer entonces que ese es también el estado de ánimo del hombre al final de su vida, o de su periodo creativo[257].

¿Corresponde este texto *De las cosas maravillosas* al estilo tardío?

El volumen está conformado por seis breves ensayos o reflexiones. En todos ellos Bioy dialoga con los temas que lo han conmovido durante toda la vida, los importantes, por lo tanto, para él imprescindibles.

En el primero, cuenta justamente de las "cosas maravillosas" y "al azar" hace una lista:

> un rostro de mujer; la libertad para quién está preso, la salud para quien está enfermo: algo que ve un chico en una juguetería; un cambio de luz después de la lluvia, que infunde intensidad en los colores de la tarde; una música; un poema; un premio inesperado; para algunos, por increíble que parezca, la

---

[257] Manuel Arranz, "E. W. Said y el estilo tardío". *http://www.ub.edu/las_nubes/critica/articulos/said.html*

esperanza de escribir una buena historia… (p. 737).

Es una enumeración melancólica y, ciertamente, responde al estado de ánimo del hombre anudado a una única razón: escribir. Cuando todo lo demás para él pasa a ser una ilusión, un sueño, encuentra en el acto de escribir su pervivencia.
En este sentido, me figuro que estos son textos "cocinados" en la quietud, en el ya no necesario deambular para encontrar las respuestas.
Los ingredientes son solo los necesarios; la cocción, a fuego lento.
Aunque fue redactado algunos años antes de su partida, Bioy se ha sentado a conversar consigo mismo para escribir sobre lo que le interesa: las mujeres y el amor, los libros, los autores preferidos y, por fin, con muchísimo humor sobre el mismo humor.
Mientras leía, iba descubriendo que muchas de las marcas que fui haciendo a lo largo de las hojas leídas, que los dilemas de los héroes y la aparente mansedumbre de las mujeres, que mi propia ansiedad por tanta desmesura –que se fueron planteando en y durante el viaje con Bioy– podían llegar a encontrar una respuesta en estas pocas páginas.
Aunque esta última línea indique un fin, la travesía no ha concluido, como tampoco la relación con Bioy Casares.
Siguiendo a Barthes, diría que la lectura con y junto a Bioy ha sido, y sigue siendo, de placer como así también de profundo goce[258].
Como debe ser.
Y así lo agradezco. -

Buenos Aires, 2020

[258] Texto de placer: el que contenta, colma, da euforia; proviene de la cultura y está ligado a una práctica confortable de la lectura. Texto de goce: el que pone en estado de pérdida, desacomoda (tal vez incluso hasta una forma de aburrimiento), hace vacilar los fundamentos históricos, culturales. (Barthes, 1982, 25).

LEER LEVANTANDO LA CABEZA DE MARÍA CLAUDIA OTSUBO. LA MIRADA Y EL TRAZO DE UNA TENUE ILUSIONISTA

Roberto Ferro

Lea estos versos como si fueran *de* otro, *y sentirá en lo más hondo del alma cuán suyos son.*
Rainer María Rilke

Las crónicas de las lecturas de *Leer levantando la cabeza* alientan cualquier acercamiento que privilegie una topología del fragmento; puesto que cada uno de ellos tienen autonomía, se podrían desprender de la sucesión y ser leídos como formas breves, es decir como unidades sin vínculos que las condicionen. En este punto, mi lectura crítica se enfrenta a otra suspensión: la textualidad se hace en el encuentro, la diferencia, la contaminación, el deslinde, de formas genéricas más o menos establecidas y reconocibles, pero tensadas en un entramado que las trastorna. La configuración inestable con que se presenta la urdimbre narrativa a la mirada lectora disloca las taxonomías tradicionales de normalización genérica.

Hay marcas propias del diario íntimo como la minuciosa constatación de hechos cotidianos, la localización precisa del momento de la escritura, la intensificación de la subjetividad de la voz narrativa que se limita a un ámbito interior.

La escritura del diario se despliega encubierta, secuestrada a la mirada del otro; un diario exhibe desaforadamente un estadio narcisista fundado en la mostración de su propia producción; refleja desnudando, enmascarando en la letra una constante relación de los linajes, las genealogías literarias. La mano que escribe y el ojo que lee se confunden en un acontecimiento sincrónico, exponiendo la escenografía de una figuración íntima. En *Leer levantando la cabeza* las zonas de la escritura que participan de los rasgos del diario se desplazan para mostrarse, es decir para incluir una otredad que lo lea, esa otredad no es un simple observador sino un copartícipe, involucrado en todas las modulaciones del secreto de una subjetividad dispersa; esa otredad es, en primer término, la de una lectora, que no puede afiliarse simplemente a la que ha escrito y se detiene para leer, sino una otra que puede ser considerada como una intérprete que ha sido alcanzada por la perturbación de un envío que ha cambiado de destinatario:

> Leo la novela de una sentada. Como ocurre cuando me embarco en esta clase de lectura, al atravesar el punto final, la mirada, en el regreso a la realidad, al universo que me rodea, está cargada de extrañeza.

Por empezar, al levantar la vista enfrento la inmensidad del mar (y evoco nuevamente a Barthes, creo que lo evocaré demasiadas veces y espero no agotarlo en mi insistencia). El mar es un horizonte que no deja de asombrarme.

También son frecuentes los procedimientos propios de las memorias, género en el que se impone la exigencia de una exposición más amplia de la realidad y la de los otros partícipes, más allá de que se haga en función de voz narrativa asume el relato como un escrutinio de su pasado:

> Vagos recuerdos de haberla leído cuando era chica. Los Galgos y El país del humo, ambos de mi madre, forman parte hoy de mi biblioteca. Libros que llegaron junto a otros heredados y atesorados, como la obra –nunca investigué si completa– de Graham Greene, que ocupaba el estante central de la biblioteca blanca de la casa donde crecí.

La forma genérica del ensayo se disemina por todo el texto de Otsubo, en tanto que una escritura que se desarrolla sin responder a una estructuración establecida, que se presenta como una exposición argumentativa que no excluye las digresiones y no presupone una pretensión de exhaustividad:

> La recurrencia a ciertos temas que, como la punta de un iceberg, asoman en la narrativa poética del escritor, de la escritora es, a veces, involuntaria, incluso para el propio autor. Como el trazo del pincel sobre la tela, la mano se dirige, misteriosamente, hacia un algo, procurando retener con palabras la imagen, el sentimiento, la emoción, la idea.
> Más adelante, por la lectura de los otros o por el propio camino de madurez sobre el

> continuo desplegarse de la letra, se van advirtiendo esas marcas, las recurrencias (prefiero más esta palabra que obsesiones) con las que el escritor ha ido construyendo su narrativa.

El detalle minucioso de los rasgos genéricos que se marcan y demarcan en *Leer levantando la cabeza* no es el objetivo de estas líneas, pero sí se impone la exigencia de un señalamiento preciso de su importancia constructiva. Hay capítulos que participan del microrrelato ficcional, de las memorias, del ensayo, del cuaderno de bitácora de la escritora –la enumeración no pretende ser exhaustiva- entregándose a la mirada lectora en perpetua mutación. La escritura de Otsubo perturba la pertinencia de las demarcaciones genéricas porque la textualidad que va urdiendo debilita la nitidez de su funcionamiento. No es que se produzcan corrimientos de límites, las constantes recurrencias hacen ostensible que la impronta prescriptiva de los géneros ha quedado suspendida en su valor de legalización del sentido textual. En cada itinerario de lectura se producen posibles simultáneos y sucesivos sin que esa paradoja cancele alternativas, sino que más bien las potencia. La liquidación de los modelos y de las prescripciones genéricas aparece como una condición de posibilidad de emergencia del texto.

Una cartografía posible de *Leer levantando la cabeza* se configura como una dramatización que pluraliza lo que es un yo, voz de la escritura, y a la vez un yo sujeto de la representación de la lectora que, en ese pasaje, a la manera de una cinta de Moebius, aparece implicada como una otra de la anterior, distribuyendo roles en un escenario y, de ese modo, se disponen las diferentes instancias con que cada una se confabula con la otra.

Un motivo reaparece insistentemente en el hacerse texto de la letra escrita: se narran las variadas peripecias de las escenas de lectura; por lo tanto, no sería arriesgado referirme a la imagen de un escenario con todos sus compartimentos y adyacencias: decorado, tramoyas, proscenio, apuntadores, iluminación, telones, bambalinas, para intentar caracterizar esa puesta en movimiento del proceso narrativo; un escenario en el que se representa un yo que escribe las lecturas, se multiplica y convierte en actriz-narradora, que es la misma y la otra, exigiendo simultáneamente un yo espectadora-lectora comprometida y representada.

> Llueve en Imbassaí. Por momentos a la lluvia se le suman el viento arremetiendo contra los ventanales y el quejido del mar. Ese mar que avanza sobre la playa con olas remotas y abundantes, desplegándose desde el horizonte. Un horizonte que, incluso, se disuelve en la bruma fantasmal confundiéndose con el cielo gris.
> "Mientras escribo, Thaís está sentada a mi lado dibujando".
> Así hubiera podido comenzar esta crónica, que en realidad es un imposible. Junto a Thaís no puedo hacer otra cosa que jugar, saltar, estar en movimiento. Junto a ella no podría estar escribiendo, menos aun con el universo abierto de la computadora frente a sus ojos.
> Así que voy pensando en mi escritura mientras la espío.

Un relato de la memoria como cifra del pasado que se construye y descifra en la escena presente de una lectura comprendida en el teatro de la escritura dramatizada en el texto como un más acá del futuro.

Ficción de escena compartimentada, que una vez que va configurando el espacio que el texto da a leer como viaje interior inscripto en la letra, forja la dramatización de la lectura y la re-lectura como otro pliegue de la textualización, transformando y deslizando el estatuto de la escritura en todos los niveles.

Otsubo una y otra vez regresa al momento primordial y agónico de comienzo de la escritura. Reescribe la escena del origen, reescribe el aparecer en la letra de una otra, lo que supone la mostración del valor distintivo de ese proceso: un texto que se constituye jugando a establecer y borrar las diferencias entre la posición de enunciación y los enunciados producidos y a través de una práctica de construcción/desconstrucción, entrelaza, teje, trama, las dos dimensiones para hacerlas proliferar. Se trata de una articulación coral apoyada en una sola relatora que maneja la instancia codificadora y decodificadora conjuntamente, depositando y propagando su vacilación retórica en una fingida sucesión lineal, que se irradia en puntos de fuga.

> Así como las palabras que se eligen desechando otras, que no por eso dejaran de existir o tener valor.
> Así también como los caminos que se toman, que no hacen desaparecer los otros.
> Así en este relato, elijo desde donde mirar, para situarme entonces en ese movimiento de la Virgen y en su deseo.
> Observo al hombre, un negro desnudo que no puede negarse a sus pedidos, convirtiéndose tan solo en un instrumento. Como sus manos sirvieron para matar al "bruto blanco" (que asesinó a su Hijo, dice la Virgen), ahora ellas se entregan para satisfacer a la mujer.

El motivo de la ventana en conjunción con el efecto metafórico del umbral funciona como una puesta en abismo de *Leer levantando la cabeza*, en particular por la heterogeneidad genérica, la reaparición de motivos, la tensión con la alteridad y el ritmo de la espacialización con que se escanden las secuencias. La narración se va extendiendo como una suma explícita de restos tramados, en la que la tensión estructural entre el enunciado y lo anunciado, es decir, entre lo que la escritura asume como proceso en curso, por una parte, y la enunciación representada, por otra. El relato se constituye como una textualidad anterior, injertada en un escenario en el que se está representando la emergencia y escisión de un sujeto que escribe sus lecturas para ser otra, para inventarse o ser inventada.

> Pienso que las fotografías son nuestras "ventanas" al pasado y al recupero de la memoria.
> La renovada lectura me permitía superar el primer sentimiento de melancolía –provocado por el contraste entre esos tiempos "de esplendor cultural" y nuestro desangelado presente– para fijar la mirada en ella, la única mujer, vestida de sirena, reina y dueña total de la situación.

En *Leer levantando la cabeza* aparece intersticios, sutiles fisuras en un decorado inexistente que separa el escenario de los lectores; se presenta como una puesta en abismo de la escena narrativa, una escritura que, en tanto participa de la generación de su trazado, propone una poética de su propio origen. La lectora que escribe y el texto que va produciendo, por lo tanto, no alcanzan nunca un grado de estabilidad. Su especificidad es especulativa, es decir: no se deja atrapar en ninguna asignación de identidad, todo intento de fijación se deconstruye por la propia dinámica textual.

En *Leer levantando la cabeza* las fechas no conforman una serie lineal y sucesiva, no se instalan en una trayectoria, al estar dichas todas en enunciados presentes, son figuradas en una planicie, quedan emparentadas con un movimiento de desmontaje de la ley del género, perturban su legalidad porque reniegan de su función indicial de una referencia anterior y, diría por comodidad, aunque erróneamente, externa. Se deslindan de los protocolos de lectura de los géneros autobiográficos.

Pero ese deslinde de las fechas que opera la escritura de Otsubo, esa retirada de la función referencial enviada hacia afuera no borra, sino que amplifica la datación textual. Leo la fecha como una incisión que el texto presenta (la elección de la inflexión verbal es sintáctica y semánticamente deliberada) en el cuerpo de la escritura como si fuera una herida abierta hacia el pasado o hacia la consistencia de la rememoración. *Leer levantando la cabeza* hace presente sus marcas en el cuerpo de la escritura, muestra sus heridas en sus fechas.

La práctica cervantina amplificada por Borges de hacer ficción de la lectura (una materia prima con apariencia de producto terminado), tiene en María Claudia Otsubo una continuadora de esa tradición. Con un enfoque diferente al de Cervantes, quien prefirió no enredarse en al submundo sedentario de las lecturas críticas, y tomando cierta distancia de Borges, aceptó el desafío de ficcionalizar a los escritores en el marco de viajes de ficción por las rutas imaginarias de una lectora.

Otsubo les da a sus lecturas el máximo espacio de proliferación para que de cada una parta, como un barco hacia altamar, una idea de relatos en formación, transitoria y fugitiva. En sus crónicas de sí misma, la lectura es la literatura, y su forma es la de las intuiciones escritas, asediadas por la memoria personal y una licencia para imaginar combinaciones que tanto digitan la razón como el delirio. No hay viaje más profundo ni aventura más incierta que la del acto de leer, la gran aventura de la inquietud sedentaria.

Otsubo desata sus relatos rozando asuntos de una manera sensual tanto para argumentar como para dejar caer rastros, de un modo cotidiano surgen el dato inesperado, la asociación nueva y la iluminación de asuntos personales

Nombrar a Cixious, Bejamin o Jitrik, por ejemplo, es un riesgo que asume sin temblor. Pero María Claudia como avanzando a ciegas por una carretera atiborrada de tránsitos se fija en las zonas marginales de la obra que está leyendo y la remite a su memoria personal.

El arte de Otsubo consiste en negarse a entrar a las lecturas por las puertas abiertas por múltiples guías, ni el de recorrer las grandes superficies gastadas por maratones de hermeneutas que se codean para llegar primero a la misma meta. Prefiere, como Henri Bergson, que la lectura sea una "experiencia de adivinación" a cambio de que esa adivinación sea la de una realidad arcana a la que la lectura está todavía por llegar.

Otsubo lleva a cabo una labor propia de un detective turbado por la exigencia de desentrañar los recovecos de la sensibilidad a la que llegan las palabras que recorren sus ojos. Hay también instancias en que la lectora lee para salvarse, que busca y encuentra en un texto el sentido de sus búsquedas, temples de ánimo o agobios. La lectura es así una fuente en la que quiere encontrar sentido a su vida, es decir, hallar en la lectura una razón para la construcción de sus proyectos vitales. Esta cronista es sin embargo una lectora que bien se podría llamar de elite, alusión que incomodaría a Otsubo. En efecto, ese tipo de lectora es, básicamente, en mi opinión, la que tiene en la escritura creativa su oficio por excelencia. Asimismo, el ojo afinado que con un inusual estrabismo escribe lo que va leyendo exponiendo la forma cómo está urdida la trama de las crónicas que se despliega con su propia escritura. Como creadora, en esencia, por eso, no tiene, ni aceptaría tenerlo, un patrón modélico para su talento de bordadora. Otsubo es, en todo caso, una especie de ilusionista que, al atraer la atención sobre la figura de esa lectora, la alude sin cesar, la que dispone de una vasta sensualidad imaginaria para recorrer los transitados senderos del mundo literario y descubrir nuevos itinerarios para su escritura. La nombro como ilusionista porque lo que surge en la superficie de la letra deja asomar una modalidad de la escritura que finge esconder lo que exhibe desembozadamente.

Es decir, la conjetura que articula esta aproximación es que en las crónicas de mí misma, a diferencia de las formas discursivas del espacio autobiográfico, hay una potenciación de los mecanismos del recuerdo en detrimento del carácter sistemático y organizativo de la memoria; y que es esto justamente lo que permite la entrada de la ficcionalización en el relato de la propia vida.

La voz narrativa, la cronista, levanta las censuras que presenta la memoria y pone en funcionamiento una trayectoria íntima que desborda la subjetividad. A partir de esa estrategia, crea una lengua propia y un registro genérico para contar escenas de una vida centrada en la lectura. Las crónicas sacuden la noción misma de la identidad personal que funda la escritura del yo cuando pone en evidencia su carácter inasible.

Las crónicas se extienden como un entretejido de deslindes genéricos y en una primera lectura pueden aparecer como la invención literaria de una existencia, la invención de un yo, es decir, hacer del yo un elemento literario, un sujeto imaginario. Sin embargo, entiendo que en el proceso de la escritura de Otsubo se trata justamente de lo inverso: su existencia se hace ficción porque se expone a lo desconocido. Esa existencia no se convierte en imaginaria, sino que se trata de una exposición ficticia sobre el carácter real de su existencia. Narración de un pase de ilusionista tan sutil y sensual que convierte al lector en cómplice de su tenue seducción.

Las crónicas de sí misma que van deshilando los viajes de lectura de María Claudia Otsubo encuentran en el borde de la página un muelle en el que recostarse; se dejan mecer levemente sobre el blanco, el ojo del lector los acaricia antes que la mirada los lea, el cuerpo de la letra es una incisión en la piel blanca de la hoja que se pliega y se despliega tendiendo a una perspectiva cribada por puntos de fuga. La voz se apaga, cuando la mano se desliza y deja la línea lanzada en el cuerpo de la letra que insiste en decirse siempre otra cada vez.

Los fragmentos en su ilación rapsódica desorganizan la insistencia de la imitación de lo mismo, el lector, que muta en *voyeur*, ya no puede elegir su lugar en ese muelle, ese tan apacible refugio que ha ocupado hasta hace apenas un instante; ya instalado en cada recorrido asiste al pase de prestidigitación por el que han desaparecido los cómodos guías, los críticos/acomodadores se han esfumado, mientras el texto se niega a hacerse solo. El muelle en todo caso no se deja constituir solo en el afuera, se sitúa en un lugar en que se podría tener que re-escribir con el ojo que espía y la mirada que lee lo que desde siempre le ha aparecido dado, es decir pasado, donde apenas habría que reconocer lo ya escrito. El lector teniendo que componer la escena, se pone en escena y suelta amarras. La letra marca el ojo y a partir de entonces se inscribe en su cuerpo, que es repuesto en escena por el vaivén de las mareas que mueven las palabras.

En la imposibilidad de tener que revisar lo leído para hacerlo pertenecer a alguna tipología anterior a la palabra leída y recién entonces reconocerla como eco, el lector debe penetrar en el texto, abriendo aquí, situando la estatura de su vuelo imaginativo, mostrando la composición de su postura, las resonancias son superficies vueltas al revés, el lector escribe, la mirada distante e inminente afronta el sentido.

De ese modo, en esas entretelas, trascurren las crónicas de sí misma de *Leer levantando la cabeza* en una constelación que exhibe aquello que puede hacerse con los textos y, al mismo tiempo, trama la red inasible e incalculable que se tiende entre la mirada lectora y el trazo perenne de la escritura. Ansiada confabulación que excede la propuesta, la desborda en las páginas de un libro que deja intuir largos recorridos en un tiempo enriquecido por la sensualidad, el pensamiento y el deseo de entrega por ese territorio de infinitudes tan arcanas como intensas que solemos llamar literatura. El arte de María Claudia Otsubo consiste en trasladar al lector de sus crónicas de lecturas a un punto fronterizo en el que el pensar y el imaginar figuran la disolución de su diferencia, haciéndolo partícipe de sus pases lúdicos de tenue ilusionista.

Buenos Aires, Coghlan, julio de 2022.

ÍNDICE

www.ingramcontent.com/pod-product-compliance
Lightning Source LLC
LaVergne TN
LVHW091249150826
845673LV00006B/1367
* 9 7 8 9 8 7 4 8 5 4 6 6 7 *